Nick Vujicic
Freihändig

Nick Vujicic

Freihändig

*Warum mich und dich
so schnell nichts aufhält*

Aus dem Englischen von Julian Müller

Originally published under the title:
Unstoppable: The Incredible Power of Faith in Action
by Waterbrook Press
12265 Oracle Boulevard, Suite 200
Colorado Springs, Colorado 80921
Copyright © 2012 by Nicholas James Vujicic

This translation published by arrangement with WaterBrook Press, an imprint of the Crown Publishing Group, a division of Random House, Inc.

Um die Identität von Personen zu schützen,
wurden einzelne Details oder Namen verändert.

Bibelzitate folgen in der Regel der Übersetzung Hoffnung für alle®.
Copyright © 1983, 1996, 2002 by Biblica Inc.™
Verwendet mit freundlicher Genehmigung des Verlags.
Alle weiteren Rechte weltweit vorbehalten.

Alle weiteren Übersetzungen sind wie folgt gekennzeichnet:
NL – *Neues Leben. Die Bibel.* © Copyright der deutschen Ausgabe 2002 und 2006 SCM R.Brockhaus im SCM-Verlag GmbH & Co. KG, Witten.
L – *Lutherbibel in der revidierten Fassung von 1984.*
© 1984 Deutsche Bibelgesellschaft, Stuttgart.
EÜ – *Einheitsübersetzung der Heiligen Schrift*
© 1980 Katholische Bibelanstalt, Stuttgart.

2. Auflage 2013

© der deutschsprachigen Ausgabe: 2013 Brunnen Verlag Gießen
www.brunnen-verlag.de
Lektorat: Konstanze von der Pahlen
Coverfoto: © Allen Mozo / Hochzeitsfotos: © Cherie Steinberg Coté
Umschlaggestaltung: Sabine Schweda
Satz: DTP Brunnen
Druck: GGP Media GmbH, Pößneck
ISBN 978-3-7655-1583-5

*In Gedenken an Kiyoshi Miyahara, meinen Schwiegervater,
den ich erst im Himmel kennenlernen werde*

*Dieses Buch widme ich
meiner Frau Kanae Loida Vujicic-Miyahara,
meinem allergrößten Geschenk, gleich nach Gottes Erlösungstat.*

Inhalt

Einleitung		9
Kapitel 1	Alle Mann auf Station!	13
Kapitel 2	Frontalcrash	37
Kapitel 3	Herzensdinge	59
Kapitel 4	Lebe nicht auf Sparflamme	88
Kapitel 5	Schwacher Körper, starker Geist	113
Kapitel 6	Ich, mein größter Feind	137
Kapitel 7	Mach dir Luft und wehr dich	158
Kapitel 8	Absprung nach oben	186
Kapitel 9	Kleine Tat, große Wirkung	206
Kapitel 10	Leben im Gleichgewicht	232
Danksagung		247

Einleitung

Willkommen in meinem zweiten Buch! Ich heiße Nick Vujicic (ausgesprochen Wu-ji-tschitsch). Auch wenn du mein erstes Buch, *Mein Leben ohne Limits*, nicht gelesen hast, kennst du mich vielleicht aus YouTube-Videos oder von einem meiner Auftritte als Motivationstrainer und Prediger.

Wie du wahrscheinlich weißt oder auf dem Buchumschlag erkennst, wurde ich ohne Arme und Beine geboren. Was man nicht gleich sieht: Das hält mich nicht davon ab, ein aufregendes Leben, einen erfüllenden Beruf und ein Netzwerk aus guten Beziehungen zu haben. In diesem Buch möchte ich dir zeigen, woher ich trotz meiner Behinderung immer wieder die Kraft bekomme für mein unverschämt gutes Leben.

So viel vorab: Man muss das, woran man glaubt, einfach in die Tat umsetzen. Man muss an sich selbst glauben, seine Talente, einen Lebenssinn und daran, dass Gott einen liebt und man nicht umsonst auf dieser Erde ist.

Die Idee für dieses Buch ist so entstanden: Immer wieder bitten mich junge wie alte Menschen von überall her um Rat, weil sie Probleme in ihrem Leben haben. Sie wissen, dass ich in meinem Leben so einige Hindernisse überwunden habe: Selbstmordgedanken als Kind, die Angst, nie für mich selbst sorgen zu können oder eine Frau zu finden, die mich liebt, Erfahrungen mit Mobbing und so einige andere Schwierigkeiten und Ängste, die viele von uns kennen.

In den einzelnen Kapiteln widme ich mich also den Problemen, die in diesen Mails oder Briefen am häufigsten zur Sprache kommen. Dazu gehören:

- persönliche Krisen
- Beziehungsprobleme
- Herausforderungen im Berufsleben
- gesundheitliche Probleme und Behinderungen
- selbstzerstörerische Gedanken, Emotionen und Suchtverhalten
- Mobbing, Verfolgung, unmenschliche Behandlung und Intoleranz
- der Umgang mit Dingen, die außerhalb unserer Macht liegen
- wie man sich einbringt und anderen Menschen hilft
- wie man Körper, Geist, Herz und Seele in Einklang bringt

Ich hoffe, dass meine eigenen Erlebnisse und die von anderen, die oft noch mehr Schwierigkeiten und harte Umstände durchgemacht haben als ich, dir helfen werden, die Herausforderungen deines Lebens zu meistern. Natürlich habe ich nicht auf alle Fragen eine Antwort. Aber ich habe selbst von guten Ratschlägen profitiert, die mir viele weise Leute gegeben haben.

Was auf den folgenden Seiten steht, soll dir helfen und dich auf neue Ideen bringen. Beim Lesen möchte ich dir jetzt schon einen wichtigen Gedanken ans Herz legen: Du bist nicht allein. Freunde, Familienmitglieder, Lehrer, Berater, Pastoren – man kann sich an vielen Stellen Hilfe holen. Denk nicht, du müsstest deine Sorgen ganz allein tragen.

Mit welchen Problemen du auch immer konfrontiert bist: Vor dir gab es schon viele, die eine ganz ähnliche Situation meistern mussten. Deswegen erzähle ich in diesem Buch nicht nur von mir, sondern auch von Bekannten und anderen Menschen, die mir ihre Geschichte erzählt haben. In manchen Fällen habe ich die Namen geändert, aber die Begebenheiten sind echt. Sie sagen etwas über den Mut, das Vertrauen und das Durchhaltevermögen derer aus, die sie durchlebt haben.

Als ich als Kind versuchte, mich mit meiner Behinderung abzufinden, machte ich einen großen Fehler: Ich dachte, niemand hätte je so gelitten wie ich und meine Probleme wären unlösbar. Dass ich keine Gliedmaßen hatte, war für mich der Beweis dafür, dass Gott mich nicht liebte und mein Leben sinnlos war. Dummerweise dachte ich auch, ich könne das niemandem sagen – noch nicht einmal denen, die mich liebten und denen ich wichtig war.

Dabei lag ich falsch – in jeglicher Hinsicht. Ich war gar nicht allein in meinem Schmerz. Und es haben Leute noch mit viel größeren Schwierigkeiten fertig werden müssen. Und Gott? Er liebt mich nicht nur, sondern hat mir Möglichkeiten eröffnet, von denen ich nie gewagt hätte zu träumen. Was er alles mit mir anfangen kann, erstaunt mich immer wieder.

Solange du auf dieser Erde bist, hat dein Leben auch einen Sinn. Das Päckchen, das du zu tragen hast, mag beängstigend sein. Aber wie du auf den folgenden Seiten sehen wirst, hat man mit der richtigen Portion Gott- und Selbstvertrauen unglaubliche Kraftreserven.

Ich sage das nicht nur so daher. Auch ohne Arme und Beine reise ich um die Welt, erreiche Millionen von Menschen und fühle mich dabei über alle Maßen beschenkt. Dabei bin ich genauso unvollkommen wie jeder andere. Ich habe gute und schlechte Tage, und manchmal haut mich eine Herausforderung geradezu um. Und doch weiß ich eins: Gerade da, wo ich schwach bin, ist Gott stark. Ich setze meinen Glauben in die Tat um, und deshalb hält mich so schnell nichts auf.

KAPITEL 1

Alle Mann auf Station!

Kurz vor Ende meiner Rednertour durch Mexiko 2011 rief mich jemand von der amerikanischen Botschaft in Mexiko City an. Er erklärte mir, dass mein Arbeitsvisum wegen einer „Ermittlung zum Schutz der nationalen Sicherheit" auf Eis liege.

Ich lebe mit Arbeitsvisum in den USA, weil ich gebürtiger Australier bin. Ohne dieses Visum konnte ich nicht nach Hause nach Kalifornien zurück. Dummerweise hatte mein Mitarbeiterstab auch noch eine ganze Reihe von Vorträgen in den USA angesetzt. Ich hatte also ein ernstes Problem.

Am nächsten Morgen stand ich früh mit meiner Pflegekraft Richie bei der Botschaft auf der Matte, um herauszufinden, was mein Visum mit der nationalen Sicherheit zu tun haben konnte. Als wir ankamen, war der Wartesaal schon voll. Wir mussten eine Nummer ziehen. Die Wartezeit war so lang, dass ich ein hübsches Nickerchen machen konnte, bevor wir aufgerufen wurden.

Wenn ich nervös bin, fange ich oft an, Witze zu machen. Leider bringt das nicht immer den gewünschten Erfolg. „Stimmt etwas mit meinen Fingerabdrücken nicht?", scherzte ich. Der Beamte sah mich nur mit versteinerter Miene an. Dann rief er seinen Vorgesetzten. (Vielleicht war ja mein Humor eine Gefahr für die nationale Sicherheit?) Der Vorgesetze kam und schaute genauso grimmig drein. Ich sah mich schon in einer Zelle sitzen.

„Ihr Name taucht im Rahmen einer Ermittlung auf", sagte er teilnahmslos. „Sie können erst wieder in die Vereinigten Staaten einreisen, wenn diese Sache geklärt ist. Das kann bis zu einem Monat dauern."

Mir gefror das Blut in den Adern. *Das ist doch ein Scherz, oder?!* In diesem Augenblick ging Richie zu Boden. Zuerst dachte ich, er sei ohnmächtig geworden, aber er kniete sich tatsächlich vor allen Leuten hin und betete. Er ist wirklich ein fürsorglicher Kerl. Er hob die gefalteten Hände gen Himmel und bat um ein Wunder.

Um mich herum schien alles zugleich in Zeitlupe und im Zeitraffer zu geschehen. Während mir tausend Gedanken durch den Kopf schossen, sagte der Beamte, mein Name tauche wohl deswegen auf, weil ich so viel herumreise.

Hielten die mich für einen internationalen Terroristen? Konnte ich denn plötzlich eine Waffe ziehen? Ich schwöre, ich hatte gegen niemand die Hand erhoben. (Siehst du, was passiert, wenn ich nervös bin? Ich kann nichts dafür!)

„Hören Sie, was soll denn von mir für eine Gefahr ausgehen?", fragte ich den Botschaftsangestellten. „Ich treffe morgen den mexikanischen Präsidenten und seine Frau im Präsidentenpalast zu einer Dreikönigstagsfeier. Dort werde ich offensichtlich nicht als Bedrohung gesehen."

Der US-Beamte blieb unbeeindruckt. „Und wenn Sie Präsident Obama treffen. Sie reisen erst in die Vereinigten Staaten von Amerika ein, wenn diese Untersuchung beendet ist."

Die Situation wäre sicher komisch gewesen, wenn nicht eine lange Liste von Vorträgen in meinem Terminplan gestanden hätte. Ich musste dringend nach Hause.

Eins wollte ich auf keinen Fall tun: Herumsitzen und warten, bis irgendjemand entschieden hatte, dass Amerikaner sich ohne Bedenken mit mir im selben Haus aufhalten konnten. Also versuchte ich minutenlang den Beamten zu überzeugen. Ich erklärte ihm meine Situation, erwähnte mächtige Freunde und versuchte ihm klarzumachen, dass eine Firma von mir abhing und ich doch die Waisenkinder nicht im Stich lassen könnte.

Er rief einen weiteren Vorgesetzten an. „Alles, was ich für Sie tun kann, ist, die Angelegenheit zu beschleunigen. Dann dauert es aber auch noch mindestens zwei Wochen", sagte er.

Ich hatte bestimmt ein Dutzend Vorträge für diese Zeit geplant. Aber der Beamte zeigte kein Erbarmen. Wir mussten unverrichteter Dinge ins Hotel zurückkehren, wo ich sofort alle möglichen Leute anrief und um Hilfe und ihre Gebete bat.

Jetzt sollte sich zeigen, wozu Glaube in Aktion fähig ist.

Einfach zu sagen „ich glaube" reicht nicht. Wer etwas in dieser Welt bewegen will, muss seinen Glauben in die Tat umsetzen. In diesem Fall ging es um meinen Glauben an die Kraft des Gebets. Ich rief das Team meiner gemeinnützigen Organisation *Life Without Limbs* (LWL) in Kalifornien an und bat sie, eine Gebetskette in Gang zu setzen. „Wir machen das Ganze jetzt zur Chefsache!", sagte ich.

Die Leute bei LWL machten eine Menge Anrufe und verschickten eine Flut von E-Mails, Tweets und SMS. Innerhalb von einer Stunde waren schon hundertfünfzig Leute dabei, für eine schnelle Lösung meines Visumproblems zu beten. Darüber hinaus rief ich einflussreiche Freunde und Unterstützer an, kontaktierte Bekannte, Nachbarn und ehemalige Studienkollegen im Außenministerium.

Drei Stunden später bekam ich einen Anruf von der Botschaft. „Ich weiß nicht, wie Sie das angestellt haben, aber Ihr Name ist wieder sauber", sagte der Beamte. „Die Ermittlung ist eingestellt. Sie können Ihr neues Visum morgen abholen."

Dazu ist Glaube in Aktion fähig! Er kann Berge versetzen und sogar Nick aus Mexiko herausholen.

AUGEN ZU UND DURCH

Überall, wo ich bin, fragen mich Menschen um Rat. Oft wissen sie längst, was zu tun ist, aber sie fürchten sich vor der Veränderung oder trauen sich nicht, den ersten Schritt zu gehen und um Hilfe zu bitten. Vielleicht stehst auch du vor Problemen und fühlst dich hilflos, ängstlich, in der Klemme, wie versteinert und unfähig zu handeln. Ich weiß, wie das ist. Das habe ich auch alles durchgemacht. Wenn Jugendliche und junge Erwachsene zu mir kommen und mir erzählen, dass sie gemobbt werden, sich einsam fühlen oder wegen ihrer Krankheit, Behinderung oder selbstzerstörerischer Gedanken nichts Schönes am Leben sehen können, kann ich wirklich mit ihnen mitfühlen.

Meine körperlichen Beeinträchtigungen sieht man auf den ersten Blick. Aber man muss sich nur kurz mit mir unterhalten oder mich reden hören, um zu bemerken, wie viel Lebensfreude ich trotzdem habe. Ich werde oft gefragt, wie ich es schaffe, Optimist zu bleiben. Woher nehme ich die Kraft, mich von meiner Behinderung nicht unterkriegen zu lassen? Ich antworte jedes Mal: „Ich bitte Gott um Hilfe, und dann lege ich los." Ich bin nun mal gläubig. Ich glaube an vieles, was ich nicht beweisen kann – Dinge, die man nicht sehen, schmecken, berühren, riechen oder hören kann. Am allermeisten glaube ich, dass es Gott gibt. Obwohl ich ihn nicht sehe oder anfassen kann, glaube ich, dass er mich liebt. Und wenn ich meinen Überzeugungen gemäß aktiv werde, dann schenkt er mir Flügel.

Kriege ich immer, was *ich* will? Nein. Aber ich kriege immer, was *Gott* will. Dasselbe Prinzip gilt übrigens auch für dich. Ob du nun Christ bist oder nicht: Es reicht nicht, einfach nur an etwas zu glauben. An deine Träume zu glauben, ist gut, aber du musst schon aktiv werden, damit sie wahr werden. Vertrauen in deine Fähigkeiten und Talente zu haben, ist wichtig, aber wenn du sie nicht entwickelst und einsetzt, was nützen sie dir dann? Du kannst davon überzeugt sein, ein guter und hilfsbereiter Mensch zu sein, aber wenn du zu anderen nicht nett bist und ihnen deine Hilfe nicht anbietest, wo ist dann der Beweis?

Du hast die Wahl. Du kannst an etwas glauben oder nicht. Aber *wenn* du glaubst – woran auch immer –, dann handle auch entsprechend. Wozu sonst glauben? Ich nehme an, du hast in der Schule, im Berufsleben, deinen Beziehungen oder gesundheitlich schon Rückschläge wegstecken müssen. Vielleicht bist du ausgegrenzt oder sogar missbraucht worden. All diese Dinge, die dir zustoßen, machen dich aus, *es sei denn*, du beschließt, aktiv zu werden und selbst zu entscheiden, was dich ausmachen soll. Du kannst von deinen Fähigkeiten überzeugt sein. Du willst vielleicht Liebe verschenken. Du hältst daran fest, dass du deine Krankheit oder Behinderung überwinden kannst. Das ist gut, aber das Glauben allein wird keine positiven Veränderungen in deinem Leben bewirken.

Du musst es in die Tat umsetzen.

Wenn du der Meinung bist, dass du dein Leben positiv verändern oder in deiner Stadt, deinem Land oder in der Welt ein positives Zeichen setzen kannst, dann tu es! Wer eine großartige Geschäftsidee hat, muss schließlich auch Zeit, Geld und Kraft investieren, um sie Wirklichkeit werden zu lassen. Was nützt sonst die beste Idee? Und wenn du jemanden gefunden hast, mit dem du den Rest deines Lebens verbringen möchtest, warum nicht deiner Intuition folgen und aktiv werden? Was hast du zu verlieren?

WER A SAGT ...

Selbstvertrauen, Überzeugungen und einen Glauben zu haben, ist gut, aber letzten Endes zählt, was man daraus macht. Wer entsprechend handelt, hat gute Chancen auf ein erfülltes Leben! Ich habe mein Leben auf die Überzeugung gebaut, dass ich Menschen Mut machen und angesichts von Problemen Hoffnung bringen kann. Diese Überzeugung wiederum beruht auf meinem Glauben an Gott. Ich glaube, dass er mich ins Leben gerufen hat, um meine Mitmenschen zu lieben, sie anzuregen und zu ermutigen. Darüber hinaus möchte ich natürlich so viele Menschen wie möglich mit ihm bekannt machen. Damit möchte ich mir übrigens keine Eintrittskarte in den Himmel „verdienen"; dafür gibt es das Erlösungsangebot von Jesus. Mir geht es vielmehr um eine lebendige Beziehung mit Gott und die Freude zu sehen, wie er in den Menschen Gutes bewirkt.

Dass ich ohne Arme und Beine geboren wurde, ist keine Strafe Gottes. Das weiß ich inzwischen. Mir ist klar geworden, dass meine Beeinträchtigung sogar ein Gewinn ist, um besser als Motivationstrainer arbeiten zu können. Das hört sich wahrscheinlich leicht gesagt an – schließlich halten die meisten Menschen meine Behinderung für ein riesiges Handicap. Aber es ist wahr: Meine fehlenden Gliedmaßen ziehen die Leute magisch an. Ich kann ihnen Mut machen, Mitgefühl zeigen und in ihnen Hoffnung wecken.

Schon in der Bibel steht, dass unser Verhalten und nicht unsere Worte zeigen, was in uns steckt. Zum Beispiel in Jakobus 2,18: „Nun könnte jemand sagen: ‚Der eine glaubt, und der andere tut Gutes.' Ihm müsste ich antworten: ‚Zeig doch einmal deinen Glauben her, der keine guten Taten hervorbringt! Meinen Glauben kann ich dir zeigen. Du brauchst dir nur anzusehen, was ich tue.'"

Jemand hat einmal gesagt, dass die Taten zu den Überzeugungen gehören wie der Körper zum Geist. Der Körper ist die Behausung für unseren Geist und der wandelnde Beweis dafür, dass es ihn gibt. Genauso sind die Taten der Beweis für die Existenz von Überzeugungen. Bestimmt kennst du die Redewendung: „seinen Worten Taten folgen lassen". Deine Familie, Freunde, Lehrer, Chefs, Kollegen und Kunden erwarten, dass du gemäß den Überzeugungen handelst, die du vorgibst zu haben. Sonst würden sie dich sehr bald darauf hinweisen, oder nicht?

Unser Umfeld beurteilt uns nicht danach, was wir sagen, sondern danach, wie wir uns verhalten. Wer behauptet, eine gute Ehefrau und Mutter zu sein, muss dann und wann die Interessen der Familie über die eigenen stellen. Wer als Künstler durchs Leben gehen will, wird anhand der Kunstwerke beurteilt werden, die er erschafft, nicht anhand derer, die er ankündigt. Worten muss man Taten folgen lassen, sonst ist man wenig glaubwürdig – auch vor sich selbst. Erfüllung und inneres Gleichgewicht findet man nur dort, wo Worte und Taten übereinstimmen.

Als Christ bin ich davon überzeugt, dass Gott das letztendliche Urteil über unser Leben fällt. Und auch dieses, so sagt die Bibel, beruht auf unseren Taten, nicht unseren Worten. In Offenbarung 20,12 steht: „Und ich sah alle Toten vor dem Thron Gottes stehen: die Mächtigen und die Namenlosen. Nun wurden Bücher geöffnet, auch das Buch des Lebens. Über alle Menschen wurde das Urteil gesprochen, *und zwar nach ihren Taten*, wie sie in den Büchern beschrieben waren." Ich setze meine Überzeugungen in die Tat um, indem ich durch die Welt reise und die Menschen zu mehr Liebe untereinander ermutige. Diese Tätigkeit bringt mir Erfüllung. Ich bin wirklich der Meinung, dass das meine Bestimmung ist. Und wenn du deine Glaubensüberzeugungen in die Tat umsetzt, wirst auch du Erfüllung finden. Lass dich nicht davon entmutigen, wenn du dir nicht immer hundertprozentig sicher bist, was als Nächstes zu tun ist. Das geht mir nicht anders. Ich habe oft zu kämpfen, mache Fehler und bin alles andere als perfekt. Aber eins habe ich verstanden: Taten sind die Frucht einer tiefen Überzeugung – aber nicht irgendeiner, sondern einer Überzeugung der Wahrheit. Die Wahrheit macht frei, nicht die Bestimmung. Ich habe meine Bestimmung gefunden, weil ich die Wahrheit suchte.

Unter schwierigen Umständen etwas Gutes oder gar eine persönliche Bestimmung zu entdecken, ist nicht leicht, sondern oft eine beschwerliche Reise. Warum ist das so? Wieso kann mich nicht ein Helikopter abholen und an der Ziellinie wieder absetzen? Weil man an den schweren Zeiten wächst, etwas über sich selbst lernt und Verständnis für den Nächsten entwickelt.

Frederick Douglass, ein ehemaliger Sklave, der sich für die Abschaffung der Sklaverei stark machte, sagte einmal: „Ohne Kampf keinen Fortschritt." Unser Charakter wird von den Herausforderungen geformt, die wir anpacken und überwinden. Unser Mut wächst, wenn wir uns unseren Ängsten stellen. Die innere Kraft und unser Vertrauen werden in dem Maße gestärkt, wie sie auf die Probe gestellt werden.

DAS SONDERMODELL

Immer wieder habe ich erlebt, dass man keine Angst zu haben braucht, wenn man zuerst Gott um Beistand bittet und dann loslegt. Das haben mir schon meine Eltern durch die Art und Weise beigebracht, wie sie das alltägliche Leben meistern. Sie sind mein größtes Vorbild, was das Anpacken und Durchbeißen betrifft.

Obwohl an mir „ein paar kleine Bauteile fehlen", wie meine Mutter sagt, bin ich in vielerlei Hinsicht gesegnet. Meine Eltern waren immer für mich da. Sie haben mich nicht verhätschelt. Wenn es nötig war, wurde ich gemaßregelt, und ich durfte meine eigenen Fehler machen. Meine Eltern sind wahre Helden für mich.

Ich war ihr erstes Kind und auf jeden Fall ein ziemliches Überraschungspaket. Obwohl meine Mutter alle Schwangerschaftsuntersuchungen absolvierte, entdeckten die Ärzte keinerlei Anzeichen dafür, dass ich ohne Arme und Beine auf die Welt kommen würde. Meine Mutter war erfahrene Hebamme und hatte Hunderte von Kindern zur Welt gebracht. Sie wusste genau, worauf man während der Schwangerschaft achten muss.

Natürlich waren sie und mein Vater völlig perplex, als ich ohne Gliedmaßen „geliefert" wurde. Meine Eltern sind gläubige Christen, mein Vater sogar Laienprediger. Also gingen sie auf die Knie und baten um Hilfe von oben, während ich im Krankenhaus erst einmal tagelang durchgecheckt wurde.

Wie bei allen Babys fehlte auch bei mir die Betriebsanleitung, und meine Eltern hätten sich sicher über einen kleinen Leitfaden gefreut. Sie kannten kein anderes Paar, das ein Kind ohne Gliedmaßen in einer Welt für „normale" Leute aufgezogen hatte.

Zunächst waren sie völlig bestürzt. Wut, Schuldgefühle, Angst, Niedergeschlagenheit, Verzweiflung – eine Woche lang spielten ihre Emotionen verrückt. Sie vergossen viele Tränen. Sie trauerten um das perfekte Kind, das sie sich gewünscht, aber nicht bekommen hatten. Und sie grämten sich, weil sie befürchteten, dass ich ein sehr schweres Leben haben würde.

Meine Eltern konnten sich nicht vorstellen, was Gott mit einem Kind wie mir anfangen konnte. Aber als sie sich vom ersten Schock erholt hatten, beschlossen sie, ihm zu vertrauen und das Beste daraus zu machen. Sie versuchten nicht länger zu verstehen, warum Gott ihnen so ein Kind anvertraut hatte. Stattdessen ließen sie sich auf seinen Plan ein – was auch immer er sein mochte – und machten sich daran, mich so gut zu erziehen wie möglich: liebevoll und Schritt für Schritt.

MASSGEFERTIGT UND KEIN IRRTUM

Als meine Eltern die medizinischen Möglichkeiten in Australien ausgeschöpft hatten, gingen sie in den Vereinigten Staaten, Kanada und dem Rest der Welt auf die Suche. Eine vollständige medizinische Erklärung für meinen Zustand bekamen sie jedoch nirgendwo. Theorien gab es natürlich viele. Mein Bruder Aaron und meine Schwester Michelle wurden ein paar Jahre später mit der Standardausrüstung von Gliedmaßen geboren, also schien ein Gendefekt nicht infrage zu kommen.

Irgendwann trat das *Warum* für meine Eltern in den Hintergrund und machte Platz für das *Wie*. Wie sollte der Junge sich ohne Beine fortbewegen? Wie sollte er sich versorgen? Wie sollte er zur Schule kommen? Wie sollte er als Erwachsener je für sich selbst sorgen? Der kleine Nick machte sich darüber natürlich noch keine Gedanken. Ich wusste überhaupt nicht, dass mein Körper eine Sonderanfertigung war. Ich dachte, die Leute starrten mich an, weil ich so hübsch sei. Genauso war ich davon überzeugt, unaufhaltsam und unkaputtbar zu sein. Meinen armen Eltern blieb oft das Herz stehen, wenn ich mich wie ein menschlicher Sitzsack vom Sofa auf den Boden, quer über die Autositze oder im Vorgarten hin und her warf.

Wahrscheinlich kannst du dir ihre Angst vorstellen, als ich zum ersten Mal auf dem Skateboard einen steilen Hügel hinunterfuhr. *Guck mal, Mama, freihändig!* Obwohl sie mir liebevoll Rollstühle und andere Hilfsgeräte zur Verfügung stellten, arbeitete ich stur an meiner eigenen Mobilität. Ich bekam Hornhaut auf der Stirn von dem hartnäckigen Versuch, mich an Mauern, Möbeln oder sonst einem festen Objekt aufzurichten, indem ich den Kopf dagegenpresste und dann Zentimeter für Zentimeter hochrutschte.

Zum Entsetzen der Leute zögerte ich auch nicht, mich in Swimmingpools und Seen plumpsen zu lassen, nachdem ich herausgefunden hatte, dass ich mit etwas Luft in der Lunge an der Oberfläche blieb und mich mit meinem kleinen Füßchen fortbewegen konnte. Dieser kleine Fortsatz wurde unentbehrlich für mich, vor allem nachdem in einer OP zwei zusammengewachsene Zehen voneinander getrennt wurden. Ich entwickelte geradezu „Fingerfertigkeit" damit. Als Mobiltelefone und Laptops ihren Siegeszug antraten, übte ich mit meinem Füßchen das Tippen und SMS-Schreiben.

Im Lauf der Zeit lernte ich, mich nicht auf Probleme, sondern auf Lösungen zu konzentrieren, nicht zu grübeln, sondern die Sache anzugehen. Sobald ich etwas ins Rollen brachte, kam es nämlich zu einem Schneeballeffekt. Es entstand eine Eigendynamik, und meine Problemlösungskräfte wuchsen. Fleiß wird belohnt, sagt man, und in meinem Fall trifft das wirklich zu.

Jeden Tag verstehe ich ein bisschen mehr, warum es mich gibt. Versuch es ruhig selbst einmal: Wenn du dich auf Lösungen konzentrierst und einfach loslegst, entsteht eine Eigendynamik und deine Ängste und Sorgen werden an Gewicht verlieren.

Natürlich wird es weiterhin Enttäuschungen und Herausforderungen geben. Die gehören zum Leben nun mal dazu. Aber wenn du deine Überzeugungen in die Tat umsetzt, wirst du dich von all dem nicht aufhalten lassen. Hindernisse siehst du fortan als Gelegenheiten, um daran zu wachsen und daraus zu lernen. Ich gebe zu, dass ich nicht Hurra schreie, wenn ein Problem auftaucht. Manchmal möchte ich Gott fragen: „Habe ich nicht schon genug aufgehalst bekommen?" Aber bis jetzt habe ich jedes Mal von so einer Erfahrung profitiert und konnte das Gelernte anwenden, egal wie schwer mir das auch fiel.

Ich bin schon so vielen Wachstumsgelegenheiten begegnet, dass ich eigentlich Weltmeister im Hindernislauf sein müsste. Wie du dir sicher vorstellen kannst, war die späte Kindheit und Pubertät die schwierigste Zeit für mich. Jeder versucht herauszufinden, wer er ist und ob er dazugehört – oder nicht.

Obwohl ich in der Schule viele Freunde hatte und recht beliebt war, gab es auch gemeine Leute, die mich gern ärgerten. Mehr als einmal bekam ich fiese Kommentare an den Kopf geworfen. Und obwohl ich von Natur aus Optimist und zielstrebig bin, wurde mir Stück für Stück klar, dass ich nie so aussehen würde wie die anderen oder die Dinge tun würde, die normale Leute tun können.

Ich machte zwar ständig Witze über meine fehlenden Gliedmaßen, aber innerlich quälte mich der Gedanke, dass ich für meine Familie eine ewige Last sein würde, weil ich mich nicht selbst versorgen konnte. Meine andere große Angst war, dass ich nie heiraten und eine Familie gründen würde. Welche Frau will schon einen Mann haben, der sie nicht umarmen, beschützen oder die Kinder auf dem Arm halten kann?

Diese jungen Jahre verbrachte ich damit, mir ständig Sorgen zu machen. Finstere Gedanken beherrschten mich. Ich konnte nicht verstehen, wie Gott mir dermaßen viel Entbehrung und Einsamkeit aufbürden konnte. War das eine Strafe, oder wusste er vielleicht gar nichts von meiner Existenz? *Bin ich ein Irrtum? Wie kann Gott so grausam sein?*

Im Alter zwischen acht und zehn lösten die finsteren Gedanken in mir richtige Verzweiflung und selbstzerstörerische Impulse aus. Ich fing an, über Selbstmord nachzudenken. Immer wieder plante ich, mich von einer Klippe zu stürzen oder in der Badewanne zu ertränken, weil meine Eltern mich dort unbeobachtet ließen, seit ich schwimmen konnte.

Letzten Endes startete ich mit zehn einen Selbstmordversuch. Mehrfach drehte ich mich im Badewasser mit dem Gesicht nach unten, aber ich brachte es dann doch einfach nicht übers Herz. Mir ging nicht aus dem Kopf, wie viel Trauer und Schuldgefühle ich meinen Eltern für den Rest ihres Lebens bescheren würde. Das konnte ich ihnen nicht antun.

An diesem Tiefpunkt sah ich keinen Sinn in meinem Leben

mehr. Wenn ich nicht selbst für mich sorgen konnte und nicht verdient hatte, dass eine Frau mich liebte, wofür war ich denn dann noch gut? Ich hatte Angst, für immer einsam durchs Leben zu treiben und meiner Familie eine ewige Bürde zu sein. Meine jugendliche Verzweiflung hatte verschiedene Ursachen: Ich hatte kein Selbstvertrauen, glaubte nicht daran, ein sinnvolles Leben führen zu können, und traute Gott nichts zu. Weil er mein Flehen um ein Wunder und neue Arme und Beine nicht erhört hatte, verlor ich mein Vertrauen in ihn.

Vielleicht ist es dir auch so ergangen. Womöglich hast du gerade mit einer Sache schwer zu kämpfen. Falls ja, lass mich dir erzählen, wie falsch ich lag und wie eng mein Sichtfeld geworden war, nur weil ich an nichts mehr glaubte. Ich vergaß, dass Gott keine Fehler macht und dass er immer einen Plan in petto hat.

Im Lauf der Jahre begriff ich nämlich, welchen Weg er für mich vorgesehen hatte. Mein Leben entfaltete sich in einer Weise, die ich nie für möglich gehalten hätte. Meine Eltern brachten mir bei, auf meine Mitschüler zuzugehen und darauf zu vertrauen, dass die meisten von ihnen mich akzeptieren würden. Als ich das ausprobierte, merkte ich, dass sie meine Versuche, die Behinderung zu überwinden, regelrecht begeisterten. Manche fanden mich sogar witzig! Ihre Akzeptanz motivierte mich, vor Studentengruppen und Kirchengemeinden zu sprechen. Und die positiven Reaktionen auf meine Auftritte öffneten mir die Augen. Mir dämmerte allmählich, dass es meine Bestimmung ist, Menschen Mut zu machen, ihre Probleme anzupacken und – sofern sie wollen – Kontakt mit Gott aufzunehmen.

Ich fing an, von meinem Wert überzeugt zu sein. Mein Vertrauen in Gott wuchs mit jedem Mal, als ich darauf baute. Als ich den Sprung wagte und den Beruf des Motivationstrainers ergriff, landete ich in einem erfüllten Leben. Seitdem bereise ich die ganze Welt und lerne Millionen von Menschen kennen – jetzt auch *dich*!

EIN MANN, EIN WEG

Wir wissen nicht, was Gott alles für uns geplant hat. Und deshalb sollte man nie davon ausgehen, dass sich die schlimmsten Ängste bewahrheiten werden oder es nie wieder besser werden wird, wenn man ganz unten ist. Man braucht Selbstvertrauen, muss an sein Ziel glauben und daran festhalten, dass das Leben kein Zufall ist. Dann kann man seine Ängste überwinden und darauf vertrauen, dass man seinen Weg schon gehen wird. Auch wenn ich nicht weiß, was vor mir liegt, bin ich lieber Spieler auf dem Feld als nur Zuschauer am Rand.

Wenn du an etwas glaubst, dann brauchst du keine Beweise – du lebst es einfach. Du brauchst auch nicht alle Antworten zu kennen, dafür aber die richtigen Fragen. Die Zukunft kennt niemand von uns, und meistens übersteigt sie sowieso unsere Vorstellungskraft. Als zehnjähriger Junge hätte ich mir doch nie träumen lassen, dass ich zehn Jahre später um die halbe Welt reisen und Millionen von Menschen Mut machen würde. Und genauso hätte ich im Traum nicht daran geglaubt, dass die Liebe meiner Familie eines Tages noch übertroffen werden würde – von der Liebe einer intelligenten, gläubigen, mutigen und wunderschönen Frau, die ich vor Kurzem heiraten durfte! Der kleine Junge, der bei dem Gedanken an die Zukunft verzweifelte, hat seinen Frieden als Mann gefunden. Ich weiß jetzt, wer ich bin, und gehe Schritt für Schritt voran. Gott ist an meiner Seite. Mein Leben fließt geradezu über von Erfüllung und Liebe. Habe ich deswegen keine Sorgen mehr? Herrscht bei mir immer eitel Sonnenschein? Nein. So funktioniert das Leben nicht. Aber ich bin für jeden Augenblick dankbar, in dem ich auf meinem Weg ein Stück vorankommen darf. Ich habe meine Bestimmung gefunden, und du solltest meine Geschichte als Zeichen dafür sehen, dass auch du deinen Weg gehen wirst.

WUNDERKNABE

Wenn du ab jetzt daran glaubst, dass du deine Bestimmung finden wirst und auf dieser Grundlage Schritt für Schritt vorangehst, wirst du merken, dass Gott nicht kleckert, sondern klotzt. Ich habe zwar nie das Wunder erlebt, Arme und Beine zu bekommen, aber dafür bin ich selbst zum Wunder für andere geworden. Durch meine Erfahrungen, die Verzweiflung mit eingeschlossen, die mich fast in den Selbstmord trieb, kann ich mich in die Schwierigkeiten anderer Menschen hineinfühlen.

Lass mich das Wunder sein, das dir die Augen öffnet, dich anregt, Mut in dir freisetzt, dir versichert, dass du ein geliebter Mensch bist, und dich auf dem Weg zu deinem Ziel durchstarten lässt!

DER MOTOR

Glauben in die Tat umsetzen, hat immer mit Liebe zu tun. Ich diene anderen, helfe ihnen, leihe ihnen mein Ohr, rege sie zum Nachdenken an und ermutige sie, weil ich Menschen liebe. Letzten Endes hat alles mit Liebe zu tun. Wir haben ein gewaltiges Reservoir an Liebe in uns, und wenn wir nicht nur unsere persönliche Bestimmung finden, sondern auch dazu beitragen wollen, dass die Welt als Ganzes ihren Frieden findet, dann müssen wir es anzapfen. Deine Reise beginnt mit Liebe und mündet in Liebe, und ich möchte mein Quäntchen Liebe als Reiseproviant gern dazugeben.

Der Apostel Paulus sagte einmal: „Wenn ich in allen Sprachen der Welt, ja, mit Engelszungen reden kann, aber ich habe keine Liebe, so bin ich nur wie eine dröhnende Pauke oder ein lärmendes Tamburin. Wenn ich ... einen Glauben habe, der Berge versetzt, aber ich habe keine Liebe, so bin ich nichts" (1. Korinther 13,1+2).

In einer hartherzigen und grausamen Welt vergessen wir oft,

dass es einen Gott gibt, der uns liebt. Er ist immer für uns da. Wenn man Gottes Macht einmal erfahren hat, dann möchte man ihm und den Mitmenschen nur noch Liebe entgegenbringen. Manchmal vergisst man das natürlich. Ich jedenfalls. Aber zugleich habe ich gemerkt: Wenn ich überhaupt nicht mehr weiß, wohin mein Weg führt und was ich überhaupt beitragen kann, dann stellt er mir jemanden in den Weg oder schafft eine Situation, die mir mein Ziel wieder vor Augen führt. Oder das Ganze ist ein Test, ob ich meinen Worten auch Taten folgen lasse. Mein Erlebnis mit Felipe Camiroaga ist das aktuellste und schlagendste Beispiel dafür.

Felipe war der langjährige Co-Moderator einer chilenischen Talkshow, die dort so bekannt ist wie die *Oprah Winfrey Show* in den Vereinigten Staaten. Zusammen mit Carolina de Moras moderierte er das beliebte Frühstücksfernsehen mit dem Namen *Buenos Dias a Todos*, was so viel heißt wie „Guten Morgen alle zusammen". Bei meinem zweiten Besuch in Chile im September 2011 hatte mich der Sender TVN dorthin eingeladen. Das Interview mit mir sollte zwanzig Minuten dauern, was ein ziemlich langer Beitrag ist, vor allem, wenn man bedenkt, dass ich einen Dolmetscher brauchte. Mein Besuch bei Felipe und Caroline dauerte jedoch vierzig Minuten, ein geradezu beispielloser Fall in so einer Sendung. Was aus meiner Sicht noch besser war: Die Moderatoren ließen mich ausführlich darüber sprechen, was mir mein Glaube bedeutet und wie ich ihn als Motivationstrainer in die Tat umsetze. Felipe schien ernsthaft interessiert an dem, was ich zu sagen hatte. Das überraschte mich.

Ich kannte ihn nicht persönlich, aber ich hatte von seinem Ruf als Chiles bekanntester Junggeselle gehört – ein Mann, dessen Liebesleben oft in den Medien thematisiert wurde. Viele hielten Felipe für einen oberflächlichen Promi, aber im Interview stellte er mir plötzlich ernsthafte Fragen zu geistlichen Themen.

Zum Beispiel wollte er wissen, wie ich zu Gott gefunden hatte.

Ich erzählte ihm, dass dazu Vertrauen gehört, weil man an etwas glauben muss, das man nicht beweisen kann. Frei sprach ich von Jesus als dem Weg zu Gott und zum ewigen Leben. Ich beichtete Carolina, Felipe und den Zuschauern, dass ich ein ziemlich gieriger Mensch bin: Neunzig Jahre reichen mir einfach nicht. Ich will ewig leben. „Aber es gibt noch etwas Besseres, als in den Himmel zu kommen, und das ist, noch jemand anderen dafür zu begeistern", sagte ich. „Und das treibt mich an. Ich habe ein Paar Schuhe zu Hause, weil ich an Wunder glaube, aber das größte Wunder ist, wenn jemand zu Gott findet."

Während ich so sprach, rollte eine Welle der Dankbarkeit über mich hinweg. Ich war froh, so frei und so ausführlich im Fernsehen über meinen Glauben sprechen zu dürfen. Mir fiel auch auf, dass meine Worte ihre Wirkung bei Felipe nicht verfehlten. Ihm standen sogar Tränen in den Augen. Auch Carolina hörte mir aufmerksam zu.

In mir schlägt das Herz eines Predigers, also interpretierte ich ihr Zuhören als Einladung, munter weiterzureden. Sie fragten mich, ob mein Glaube auch seine Grenzen habe. Mit meinem Glauben sei mir zwar nicht alles möglich, antwortete ich, aber „meine Lebensfreude und mein innerer Frieden kennt keine Grenzen, egal was passiert." Manchmal würde ich den Leuten gern erzählen, dass sie nur an Gott zu glauben brauchen und alles würde gut werden. Aber das Leben ist nicht auf einmal perfekt. Es gibt trotzdem Krankheiten, finanzielle Schwierigkeiten, zerbrochene Beziehungen, geliebte Menschen sterben. Jeden ereilen Schicksalsschläge, und ich glaube, wir sollen daran wachsen. Ich hoffe einfach, dass Menschen, denen es schlecht geht, meine Lebensfreude sehen und denken: *Wenn dieser Nick – ohne Arme und Beine – dankbar sein kann, dann will auch ich für diesen Tag dankbar sein und das Beste daraus machen.*

Ich erzählte Carolina und Felipe, dass ich gerade ein paar harte

Monate zu überstehen hatte (davon später mehr). „Ich weiß zwar, dass Gott da ist, aber manchmal bringt er mich auch ganz schön durcheinander. Durchs dunkle Tal zu gehen, fällt keinem leicht. Aber ich versuche mich in diesen Situationen zu ermahnen: ‚Ich werde in diesem Tal etwas lernen, was ich sonst nicht gelernt hätte. Schließlich haben mich die durchgestandenen Kämpfe zu dem Menschen gemacht, der ich heute bin'", sagte ich.

Vielleicht bist auch du schon einmal an der Frage verzweifelt, wie ein bestimmtes Ereignis in deinen Lebensplan passen soll oder wie Gott dir das zumuten konnte. Aber Schritt für Schritt kommt man auch durch das dunkelste Tal. Man darf nur die Dankbarkeit nicht verlieren. „Die größte Gefahr ist eigentlich, zu denken, man brauche Gott nicht", erklärte ich Felipe und Carolina.

Während ich so redete, wunderte ich mich die ganze Zeit, dass niemand den Moderatoren signalisierte, sie sollten mich unterbrechen und das Interview beenden. Irgendwann holte Felipe einen Fußball hervor und bat mich, mein Weltklasse-Fußballtalent zu demonstrieren. Wie du dir vielleicht denken kannst, beschränkt es sich auf Kopfbälle und kurze Pässe.

Zu meinem großen Erstaunen spielte der Sender auch noch mein komplettes Musikvideo ein, das gerade herausgekommen war. Als dann schließlich das Ende der Sendung kam, war ich so dankbar für alles, dass ich fünf Minuten damit verbrachte, Felipe, Carolina und den Zuschauern zu danken. Ich betete sogar bei laufender Kamera mit ihnen.

Wieder rechnete ich damit, dass mich jemand mit einem großen Haken von der Bühne zerren würde, aber nichts dergleichen geschah. Ich war so lange auf Sendung, dass ich schon dachte, meine Eltern, Cousins und andere Unterstützer hätten heimlich das Studio überfallen, den Platz des Regisseurs besetzt und Kontrolle über die Kameras übernommen. Später fand ich heraus, dass der Regisseur der Talkshow selbst Christ war und ein großer Fan von mir. Er hatte angeordnet, dass die Filmcrew die Kameras einfach weiterlaufen lassen sollte. Auch ihm standen nach der Sendung Tränen in den Augen, und er bedankte sich sehr herzlich bei mir. Dann erzählte er, dass der Sender noch nie so viele positive Anrufe während der Show bekommen hatte. Leute meldeten sich, die mir für meine Geschichte danken wollten.

DER RICHTIGE RIECHER

Mein Fernsehauftritt im Frühstücksfernsehen bei Felipe und Carolina machte mir so viel Spaß, dass ich noch am Nachmittag, als wir wieder im Hotel angekommen waren, bester Laune war. Ich war ziemlich überdreht, also machte ich mir Musik an und surfte im Internet. Da klingelte das Zimmertelefon. Meine Dolmetscherin aus der Sendung war dran. Sie sagte, es hätte einen Unfall gegeben und ich sollte den Fernseher einschalten. Dort gab es eine Eilmeldung, man sah ein Foto von Felipe und eine Absturzstelle. Ich verstand gerade genug Spanisch, um mitzubekommen, dass es vor einer kleinen Insel einen Flugzeugabsturz gegeben hatte. Zu meinem Entsetzen sah ich, dass auch Felipe unter den einundzwanzig Passagieren war, gemeinsam mit noch einigen anderen Mitarbeitern des Fernsehsenders.

Rettungseinheiten waren bereits losgeschickt worden. Die Absturzstelle lag vor den Juan-Fernández-Inseln, gut hundertfünfzig Kilometer vor der chilenischen Küste, insofern gab es nur lückenhafte Informationen. Niemand wusste, ob es Überlebende gegeben hatte. Felipe und fünf TVN-Mitarbeiter waren auf dem Weg zu einer der Inseln gewesen, um einen Beitrag über den Wiederaufbau nach dem Erdbeben und Tsunami vom Februar 2010 zu drehen, die die Hauptstadt der Insel völlig zerstört hatten. Die Nachrichtensprecher sagten, dass das Flugzeug der Chilean Air Force bei schlechtem Wetter zwei Landungsversuche gestartet hatte, bevor es abstürzte. In der Nähe des Flughafens hatte man Gepäck und Trümmerteile auf dem Meer treiben sehen.

Ich starrte auf die Mattscheibe und mir wurde übel. Felipe kannte ich nur ein paar Stunden, aber ich hatte gemerkt, wie sehr ihn unser Gespräch beeindruckte. Mein Wunsch nach einem ewigen Leben bei Gott hatte ihn wirklich bewegt. Die Art seiner Fragen, sein interessierter Gesichtsausdruck und seine emotionale Reaktion hatten mir gezeigt, dass dieser Mann auf der Suche war.

Ich konnte nur noch an Felipe, die anderen Passagiere und ihre Familien denken. Immer wieder betete ich. Ich konnte mich kaum auf etwas anderes konzentrieren, aber am nächsten Abend sollte ich vor fünftausend Leuten sprechen, also musste ich mich trotz der Tragödie meiner Vorbereitung widmen.

In den Medien bezeichnete man meinen Auftritt nur noch als „Felipes letztes Interview". Wenn sie nicht gerade über die traurigen Details der Rettungsaktion berichteten, zeigten die Sender Ausschnitte daraus. Die Stunden schlichen ohne Neuigkeiten über Überlebende dahin. Zuerst wurden nur Trümmerteile gefunden, dann einzelne nicht identifizierte Leichen.

Am späten Nachmittag rief mich ein leitender Angestellter von TVN an und fragte, ob ich im Sender ein live ausgestrahltes Gebet für die Opfer, ihre Familien und Kollegen sprechen könnte. Ich sagte zu und fragte mich, wie ich zugleich Raum für Hoffnung und für Trauer lassen konnte. Wir hatten noch immer nicht erfahren, ob alle Passagiere gefunden waren und ob jemand überlebt hatte. In meiner Fernsehansprache sagte ich, dass meine erste Reaktion auf die schrecklichen Bilder gewesen war: „Zum Glück gibt es wenigstens den Himmel." Trauer für die Opfer hatte mich sofort erfüllt, aber auch Trost, weil sie nach dem Tod Gottes Frieden und Liebe erwartete. „Der Himmel ist real, und Gott ist real. Darum sollten wir darauf bedacht sein, dass unsere Beziehung zu ihm genauso real ist", sagte ich in die Kameras. „Wir werden diese Tragödie durchstehen, wie ich es von meinen Eltern gelernt habe: einen Tag nach dem anderen und mit Gott an unserer Seite."

HINTER DEN KULISSEN

Nachdem die Kameras ausgeschaltet waren, baten mich die Chefs von TVN, noch zu ihrer gesamten Belegschaft von über dreihundert Leuten zu sprechen. Es kostete mich meine ganze Überwindung, vor der trauernden Mitarbeiterschaft ruhig und gefasst zu bleiben, die Angst um ihre Kollegen hatte. Auch mich übermannten die Emotionen, vor allem als die Dolmetscherin aus Felipe und Carolinas Sendung zu mir kam und mich weinend umarmte. Für sie war Felipe ein echtes Vorbild gewesen. Sie hatte ihn bewundert und war nun am Boden zerstört.

Nachdem ich versucht hatte, die Dolmetscherin zu trösten, nahm mich einer der Fernsehregisseure beiseite. „Nick, ich möchte Ihnen erzählen, was mit Felipe nach der Sendung gestern los war", sagte er. Ich war zunächst verwirrt, weil er fast fröhlich schien und das überhaupt nicht zu der traurigen Situation passte. Aber als er mir die Geschichte erzählte, verstand ich seine Gefühle. Er war derjenige, der während meines Auftritts Regie geführt und meine Interviewzeit kurzerhand verdoppelt hatte. Er bestätigte meinen Eindruck von Felipe. Der Fernsehstar war schon lange Zeit auf der Suche gewesen.

Der Regisseur erzählte mir, dass er schon oft mit Felipe über den Glauben gesprochen hatte. Felipe war kurz davor, mit Jesus ernst zu machen, aber er konnte sich nicht zum letzten Schritt durchringen. Vor vielen Jahren hatte der Regisseur Felipe von seinem Traum erzählt, einmal Pastor zu werden und in Chile den Menschen in Not zu helfen. Nach meiner Sendung hatte Felipe gesagt, er könne diesen Wunsch nun zum ersten Mal nachvollziehen.

Ich, so der Regisseur, habe Felipe nur wenige Stunden vor dem Absturz womöglich geholfen, Gott noch näherzukommen. Als ich das hörte, schickte ich ein kurzes Dankgebet nach oben. Der Gedanke, dass Gott mich als sein Werkzeug benutzt, macht mich glücklich und bescheiden zugleich.

WENN CHANCEN EINMALIG SIND

An diesem Abend hatte ich in Santiago de Chile gerade fünf Minuten meines Vortrags vor fünftausend Leuten in der Movistar Arena absolviert, als eine junge Frau auf die Bühne kam und mir ins Ohr flüsterte, dass die Regierung offiziell den Tod aller einundzwanzig Passagiere und der Flugzeugbesatzung bestätigt hatte.

Manchmal kommt einem das Leben so unfair vor. Der Tod eines Freundes, eine Krankheit, eine zerbrochene Beziehung oder ein finanzieller Abgrund lassen uns oft an Gott zweifeln. Aber es lohnt sich, ihm trotz allem zu vertrauen. Er schenkt Kraft, inneren Frieden und Trost.

Der Verlust ging mir sehr nah, und vor allem taten mir die Familien der Opfer leid. Aber zugleich war ich dankbar dafür, dass meine Antworten auf Felipes Fragen ihn vielleicht einen Schritt näher in Gottes Arme gebracht hatten.

Nachdem ich die traurige Information bekommen hatte, wurde ich einen Moment still. Dann weihte ich das Publikum ein. Die Leute trösteten sich gegenseitig. Viele legten ihren Kopf an die Schulter des Nächsten und weinten leise vor sich hin. Ich rief alle Versammelten dazu auf, mit mir ein Gebet für die Familien und Freunde der Opfer, für die Mitarbeiter von TVN und für das Land Chile zu sprechen. Chile hatte nicht nur diesen Absturz, sondern auch die Folgen der Erdbeben und eines Minenunglücks zu verkraften, bei dem dreiunddreißig Männer verschüttet worden waren – gerade zu dem Zeitpunkt, als ich zum ersten Mal dieses schöne Land besucht hatte. Dem Publikum berichtete ich dann von meiner Begegnung mit Felipe und Carolina am Vortag. Ich erzählte ihnen, wie großzügig sie meine Redezeit von zwanzig auf vierzig Minuten aufgestockt hatten. Und dann sagte ich: „Ich wusste nicht, dass meine erste Begegnung mit Felipe auch meine letzte sein würde."

Was für ein bittersüßer Gedanke. Bitter, weil Felipe und ich auf einer Wellenlänge gewesen waren und ich mich insgeheim schon darauf gefreut hatte, ein anderes Mal noch ausführlicher mit ihm über Gott zu sprechen. Diese Gelegenheit werde ich nun nie bekommen. Das Süße dieses Gedankens liegt aber darin, dass ich meine größte Chance bei Felipe nicht habe verstreichen lassen. Ich bin ein Mann des Glaubens, und diesen Glauben habe ich vor Felipe bezeugt, ohne zu zögern.

Es tut mir leid, dass Felipe und die anderen Passagiere nicht mehr bei uns sind. Aber was meinen Kontakt mit dem Moderator betrifft, bereue ich nichts. Ich bin dankbar dafür, dass ich so offen mit ihm sprechen konnte.

Man sollte nie die Gelegenheit verstreichen lassen, für seine Überzeugungen einzutreten – schließlich könntest du der Letzte sein, der einen anderen Menschen beeinflussen, ermutigen oder voranbringen kann. Niemand weiß, wann seine Zeit gekommen ist. Deswegen solltest du nicht zögern, deine Bestimmung zu finden. Sammle alle nötigen Fakten und füge das hinzu, worauf du ohne Beweise vertraust. Und dann folge deiner Bestimmung. Diesen Weg wirst du nie bereuen.

Ich habe vor Felipe, Carolina und ihren Millionen Zuschauern nicht hinter dem Berg gehalten. Ohne mich besser darzustellen als ich bin, habe ich ihnen erzählt, was ich denke und warum. Ich habe zugegeben, dass ich nicht immer der Starke bin, dass mich manchmal Zweifel plagen und ich oft nicht weiterweiß. Mein

Glaube ist stark, aber trotzdem verstehe ich nicht immer, wieso dies oder jenes passiert. Aber mein Ziel ist klar: Ich möchte anderen Mut machen, ihre Lebensreise anzutreten und zu wissen, dass sie nicht allein sind.

Ehrlich und offen über meinen Glauben gesprochen zu haben, bereue ich nicht. Was auch immer dein Lebensziel ist, du solltest genauso handeln. Wenn du deine Überzeugungen in die Tat umsetzt, dann wirst du das Leben finden, das du suchst.

KAPITEL 2
Frontalcrash

Ich bin gerade erst dreißig geworden, habe in meinem Leben aber schon einiges erreicht. Dank meiner gemeinnützigen Organisation (*Life Without Limbs*) und meiner Firma für Motivationstraining (*Attitude Is Altitude*) bin ich schon um die halbe Welt gereist. In den vergangenen sieben Jahren habe ich in bisher dreiundvierzig Ländern vor mehr als vier Millionen Menschen gesprochen und halte bis zu zweihundertsiebzig Vorträge pro Jahr.

Aber im Dezember 2010 rauschte ich schnurstracks gegen die Wand.

Manchmal läuft im Leben alles glatt, und man fährt mit voller Kraft voraus. Doch plötzlich tut sich ein riesiges Schlagloch auf, und es macht *Rumms!* Wenn man dann die Augen wieder aufmacht, stehen Freunde und Familie ums Bett, streichen einem über den Kopf, klopfen einem auf die Schulter und sagen, dass schon alles wieder gut wird.

Hast du das schon erlebt? Vielleicht bist du ja jetzt gerade in so einer Situation, liegst hilflos auf dem Rücken und hast das Gefühl, als könntest du nie wieder aus diesem dunklen Loch herausfinden.

Ich weiß nur zu gut, wie sich das anfühlt. Wenn ich in meinen Vorträgen dem Publikum vermitteln will, dass man nie aufgeben sollte, demonstriere ich meine Methode, ohne Arme und Beine aufzustehen. Ich lasse mich auf den Bauch plumpsen und wende meine patentierte Stirn-gegenpress-und-hochdrück-Technik an, bis ich wieder aufrecht stehe. Dann verkünde ich dem Publikum, dass es immer einen Weg gibt – auch wenn man keinen sieht. Im Lauf der Jahre habe ich dank dieser Methode ordentliche Nacken-, Schulter- und Brustmuskulatur bekommen.

Aber auch ich muss Rückschläge erst verdauen. Eine handfeste finanzielle Krise, den plötzlichen Arbeitsplatzverlust, eine zerbrochene Beziehung oder den Verlust eines lieben Menschen steckt niemand so einfach weg. Und wenn man sowieso schon labil oder empfindlich ist, dann reicht auch eine Kleinigkeit, um einen aus der Bahn zu werfen. Merke ich, dass jemand sich mit einem Problem schwerer tut als normal, dann empfehle ich ihm Folgendes: Stütz dich dankbar auf die Leute, denen du wichtig bist; habe Geduld mit deinen empfindlichen Gefühlen; versuche trotzdem so gut es geht einen unverstellten Blick auf die Realität zu bekommen, und setze deine Überzeugungen in die Tat um. So schwer es auch fällt: Mach einen Schritt nach dem anderen. Versuch, einen Tag nach dem anderen anzugehen. Durch jede Herausforderung lernst du wertvolle Lektionen und baust neue Kräfte auf.

Mir bringt es inneren Frieden zu wissen, dass es einen Plan für mein Leben gibt. Ich weiß, dass mein Wert, mein Lebensziel und meine Bestimmung nicht davon abhängen, was mir im Leben passiert, sondern wie ich darauf reagiere.

DEN SCHALTER UMLEGEN

Mein Lösungsansatz für schwere Zeiten und Krisen steht auf drei Säulen. Erstens: Nimm eine innere Korrektur vor, damit du die Oberhand über deine Gefühle hast und nicht andersherum. So bekommst du dein Leben unter Kontrolle und kannst Schritt für Schritt überlegt handeln. Zweitens: Denke an die Notsituationen zurück, die du überstanden hast und die dich stärker und weiser gemacht haben. Drittens: Bleib nicht allein, sondern wende dich an andere – nicht nur, um Ermutigung und Hilfe zu bekommen, sondern auch um sie weiterzugeben. Sowohl Nehmen als auch Geben birgt Heilungskräfte.

Nun zurück zu meinem letzten Tiefpunkt, der mich eine ganze Weile ins Taumeln gebracht hat – länger als je zuvor in meinem Erwachsenenleben. Am Ende wusste ich einmal mehr, dass es nicht reicht, Glaubensüberzeugungen zu haben. Man muss sie im täglichen Leben praktisch umsetzen.

Ich werde dir nun ganz offen davon erzählen. Meine erste Reaktion auf diese schwierige Situation ist nämlich ein gutes Beispiel für ein schlechtes Beispiel. Hoffentlich kann mein Schmerz dir einiges ersparen. Aber dafür musst du mir versprechen, dass du dir meine Ratschläge zu Herzen nimmst. Mir fällt es nämlich nicht gerade leicht, darüber zu schreiben. Abgemacht?

Ich wünsche niemandem schwere Krisen, aber irgendwie scheinen sie zum Leben dazuzugehören. Durststrecken sind dafür da, dass ich etwas über mich lerne, zum Beispiel, wie stark mein Charakter oder wie tief mein Glaube ist. Du hast wahrscheinlich selbst schon Tiefpunkte erlebt und einiges daraus gelernt. Persönliche, finanzielle oder berufliche Krisen passieren leider viel zu häufig, und gerade emotional damit fertigzuwerden, fällt schwer. Aber wenn man sie als Gelegenheiten für persönliches Wachstum und als Lernchancen sieht, dann kommt man schneller wieder auf einen grünen Zweig. Sollte deine Verzweiflung jedoch nach einer Weile nicht wieder abklingen und das bedrückte Gefühl dein Dauerbegleiter werden, dann ziehe eine vertraute Person oder einen Psychologen zu Rate. Manches emotionale Trauma bedarf professioneller Hilfe. Sich an einen Experten zu wenden, ist nichts, wofür man sich schämen muss. Millionen von Menschen haben so ihre Depressionen überwunden.

Ein Schicksalsschlag oder eine schwere Krise kann in jedem von uns lähmende Traurigkeit, Verzweiflung und Trauer auslösen. Unerwartete und aufreibende Ereignisse können einen überwältigen und die Gefühlswelt auf den Kopf stellen. In solchen Situationen ist es wichtig, dass man sich nicht zurückzieht und isoliert. Besser ist es, Familie und Freunde an sich heranzulassen, um von ihnen getröstet zu werden. Geduld ist gefragt, mit ihnen und mit einem selbst. Heilung braucht Zeit. Nur bei den wenigsten Leuten ist „auf einmal" alles wieder gut – rechne also lieber nicht damit. Heilung ist auch kein passiver Prozess, sondern etwas, woran man arbeiten muss. Also leg den Schalter um und zapfe die Kraftquellen an, die durch dich hindurchfließen, z. B. deine Willenskraft und die Kraft, die in deinem Glauben steckt.

ALTE WUNDEN KÖNNEN HEILEN

Wenn du merkst, dass du übermäßig gestresst und empfindlich bist und nichts mehr auf die Reihe bekommst, dann versuche zweierlei zu trennen: das, was dir passiert ist, und das, was *in* dir passiert. Wer von uns hat keine emotionalen Narben von früheren Erlebnissen? Manchmal sind diese nicht völlig verheilt, und die alten Wunden reißen wieder auf, wenn sich eine Krise ankündigt. Dein momentaner Schmerz wird dann von alten Verletzungen und wiedererwachten Ängsten angeheizt. Wenn du also merkst, dass du auf eine schwierige Situation überreagierst oder davon überwältigt wirst und nicht weißt, wohin mit dir selbst, dann solltest du dich fragen: *Warum trifft mich das jetzt so schwer? Reagiere ich hier auf die Situation oder auf etwas aus der Vergangenheit?*

Wie wichtig es ist, seine Gefühle und ihre Auswirkungen zu analysieren, merkte ich Ende 2010. Wenn ich heute zurückschaue, sehen die Ereignisse gar nicht wie ein großer Schicksalsschlag aus.

Aber damals fühlten sie sich so an, weil ich von meinen ganzen Reisen und dem ununterbrochenen Arbeiten einfach mental, geistlich und emotional erschöpft war. Damals rutschte meine Firma zum ersten Mal in ernsthafte finanzielle Schwierigkeiten. Ironischerweise brachte mich ausgerechnet meine Vertriebsfirma für meine Motivationsvorträge und DVDs zu Fall. Trotz der Wirtschaftskrise war die Nachfrage gestiegen, also hatte ich neue Leute eingestellt und den Betrieb vergrößert. Ich dachte, die Firma wäre in guter Verfassung und war dementsprechend geschockt, als mir die Mitarbeiter eröffneten, dass wir Schwierigkeiten hatten, Gehälter und Rechnungen zu bezahlen. Trotz der schlechten Wirtschaftslage ging es uns eigentlich gut, aber auf einmal gab es einige Großkunden, die uns für DVDs oder Vorträge Geld schuldeten und entweder in Zahlungsverzug geraten waren oder gar nicht zahlten. Geld, mit dem wir gerechnet hatten, fehlte plötzlich.

Ein anderes Problem war dieser Dickkopf namens Nick Vujicic. Ich hatte schon länger davon geträumt, ein christliches Musikvideo aufzunehmen und zu vertreiben. Als das Geschäft brummte und mein erstes Buch überall auf der Welt die Bestsellerlisten stürmte, blickte ich sehr optimistisch in die Zukunft. Also beschloss ich, dem Produktkatalog von *Attitude Is Altitude* das Musikvideo hinzuzufügen. Wegen der ausstehenden Zahlungen und der Kosten für das Musikvideo, die viel höher waren als erwartet, stand die Firma plötzlich mit fünfzigtausend Dollar in der Kreide. Wir waren mit Tempo 200 unterwegs, und ich musste von einem Moment auf den nächsten in die Klötzer gehen. Ich übertreibe nicht. Wir hatten siebzehn verschiedene Projekte auf dem Tisch, und ich musste fast alle davon entweder vertagen oder abbrechen. Ich sagte den Beschäftigten, dass wir jetzt in den Überlebensmodus schalten müssten. Schnell wachsende Unternehmen sehen sich oft mit solchen Problemen konfrontiert, vor allem wenn die allgemeine Wirtschaft in einer Rezession ist. Trotzdem war ich auf diese Entwicklung nicht vorbereitet. Ich machte mir große Vorwürfe. In meinem ganzen Bestreben, Menschen zu begeistern und ihnen zu helfen, hatte ich mich übernommen. Nur weil ich die Ressourcen und eine gute Idee hatte, hieß das noch lange nicht, dass das Timing stimmte. Ich hatte nur auf meinen Zeitplan gehört, nicht auf Gottes Plan.

Als mir klar wurde, dass meine Firma in die Miesen gekommen war, plagten mich Schuldgefühle, ich hätte die Leute enttäuscht, die für mich arbeiteten und an mich glaubten. Meine Verzweiflung wurde schnell größer als das Problem selbst. Ich war so überreizt, dass ich kaum noch normal arbeiten konnte – und das nicht nur für einen Tag oder zwei. Über einen Monat lang resignierte ich total. Es dauerte noch zwei weitere Monate, bis ich meinen Schock überwunden hatte. Mein Selbstvertrauen war am Boden, und ich muss leider bekennen, dass mir alles entglitt. Ich verlor mich in Frust und Entsetzen.

Jetzt war ich wieder der labile und unsichere kleine Junge von einst. Ich konnte die negativen Gedanken einfach nicht aufhalten. *Habe ich Gottes Plan für mich vermasselt? Wer bin ich, dass ich anderen Leuten Rat geben und sie begeistern will? Und wenn ich nicht mehr als Motivationstrainer arbeiten kann, was dann? Was bin ich dann noch wert?* Immer wieder kämpfte ich mit den schlimmsten Ängsten aus meiner Kindheit. Die finanziellen Probleme, hinter denen nur das kurzfristige Stocken des Kapitalflusses steckte, ließen meine alte Panik wiederauferstehen, zeitlebens eine Last für meine Familie zu sein.

Wie du dir vorstellen kannst, waren meine Eltern nicht gerade begeistert, als ich mit vierundzwanzig allein in die Vereinigten Staaten zog. Ich war wild entschlossen, meine Selbstständigkeit zu beweisen und meinem Traum vom international tätigen Motivationstrainer zu folgen. Seitdem hatte ich schon einiges erreicht und eine große Wegstrecke zurückgelegt. Meine Eltern hatten sogar beschlossen, mir hinterherzuziehen, damit mein Vater, ein erstklassiger Buchhalter, in meiner Firma mitarbeiten konnte.

Es fiel mir unglaublich schwer, nachdem ich von den Problemen bei *Attitude Is Altitude* erfahren hatte, meinen Vater anzurufen und ihm zu sagen, dass er drauf und dran war, bei einer Firma anzuheuern, die Schulden machte. Er hatte die Umzugsentscheidung getroffen, ohne zu wissen, worauf er sich einließ. Es war mir so unendlich peinlich. Ich fühlte mich wie ein Versager.

Während ich eher der Träumer bin und impulsiv handle, denkt mein Vater analytisch und praktisch. Mom und Dad hatten mich noch vor meinem Umzug in die USA ermahnt, gut auf mein Geld achtzugeben. Und gerade, als sie bei mir einsteigen wollten, hatte ich es vermasselt. Außerdem würden die anderen bestimmt denken, dass meine Eltern kamen, um mich zu retten – ihren Sohn ohne Arme, ohne Beine und ohne Kohle!

Was noch schlimmer war: Ich hatte einen meiner Cousins bei *Attitude Is Altitude* eingestellt, damit er lernte, wie man eine Firma gründet. Jetzt dachte er bestimmt, er würde seine Lehre bei einem Loser machen.

Diese Gedanken nagten an mir und quälten mich. Meine alten Versagensängste und Befürchtungen, nur eine Last zu sein, griffen mich wie ein Schwarm wild gewordener Wespen an. Ich hatte so hart gearbeitet und mit der Veröffentlichung meines ersten Buches endlich Licht am Ende des Tunnels gesehen. Und dann knipste jemand das Licht aus.

AUF DER DUNKLEN SEITE

Ich wurde depressiv. Wollte mein Bett nicht verlassen. Aber obwohl ich in keiner Verfassung war, andere zu motivieren und ihren Lebensmut zu wecken, musste ich ein paar bereits vereinbarte Auftritte hinter mich bringen. Ich werde diese Tage nie vergessen, weil ich sie nur mit Gottes Hilfe und Gnade überstand. Vor einem Motivationsseminar heulte ich zwei geschlagene Stunden lang. Ein Freund von mir war während dieses Heulanfalls dabei und besuchte dann auch das Seminar. Hinterher sagte er, es sei mein bestes gewesen! Ich glaubte ihm kein Wort, bis ich eine Videoaufnahme davon sah. Der, der da sprach, war nicht ich; Gott leistete an diesem Abend Schwerstarbeit.

Das Seminar hatte ich gut bewältigt, aber am nächsten Tag war die Verzweiflung zurück. Ich konnte nichts essen. Nicht schlafen. Eine Angstwelle nach der anderen überrollte mich. Es war verrückt, mein Körper gehorchte mir nicht mehr. Als Kind hatte ich die Angewohnheit gehabt, auf der Lippe zu kauen. Und jetzt fing ich wieder damit an! Wo kam das auf einmal her? Ich wälzte mich die ganze Nacht hin und her und wachte dann mit wunden und geschwollenen Lippen auf. Mein Magen war ein einziger dicker Knoten.

Komischerweise vergingen vier oder fünf Tage, bis ich zum ersten Mal daran dachte zu beten. Ich bete sonst regelmäßig. Und jetzt machte mir auch noch meine Unfähigkeit, mit Gott zu reden, Angst. Als nach mehreren Tagen noch nicht *ein* kleines Gebet über meine Lippen gekommen war, fing ich an, um meine Seele und meinen Verstand zu fürchten.

Meine mentale Lähmung verhinderte, dass ich mich auch nur zu den kleinsten Entscheidungen durchringen konnte. Normalerweise rausche ich durch den Tag und treffe im Vorbeigehen Dutzende wichtiger Entscheidungen über meine Pläne, meine Projekte und alles Mögliche. Aber jetzt konnte ich mich noch nicht einmal dazu aufraffen, aufzustehen und etwas zu essen.

Meine Lethargie war eine demütigende Erfahrung, um es milde auszudrücken. Ich war wie ausgewechselt. Eines Tages versammelte sich eine Gruppe von Angestellten und Vertragspartnern von

Attitude Is Altitude bei mir zu Hause, und ich versuchte, ihnen die Situation zu erklären.

„Der Nick, den ihr alle kennt, der große Träumer und Überflieger, den gibt es nicht mehr", bekannte ich ihnen unter Tränen in den Augen. „Er ist weg. Tut mir leid, dass ich euch alle so enttäuschen muss." Meine Familie, meine Geschwister, Freunde und Berater versuchten mich zu trösten, und als ich mich weiter in meiner Verzweiflung suhlte, rauften sie sich zusammen, um mich aus meinem Loch herauszuholen. Sie umarmten mich und redeten mir gut zu. Auch die Mitarbeiter waren liebenswürdig wie nie, bedrängten mich nicht, aber waren jederzeit mit einem Witz, einem Lächeln und einer ermutigenden Umarmung zur Stelle. Sie zitierten mich sogar selbst. „Nick, du sagst doch immer, so lange man auf*sehen* kann, kann man auch auf*stehen*. Schau dir deine DVDs und Videos an und denk an das, was du längst weißt!", schlugen sie mir vor. „Du kannst aus dieser Situation etwas für die Zukunft lernen. Du stehst das durch, und dann bist du noch stärker als vorher! Es wird schon einen Grund haben, warum Gott das zulässt."

Es hatte etwas Komisches, mit meinen eigenen Zitaten aufgebaut zu werden. Aber sie hatten recht. Ich musste mir die Dinge vor Augen führen, die ich sonst zu anderen sage. Weil ich mich wegen der Finanzprobleme meiner Firma so schämte und schuldig fühlte, geriet mein Glaube ins Wanken. Ich stellte meinen Wert als Mensch, meinen Weg und mein Ziel infrage. An Gottes Perfektion zweifelte ich nicht, aber durch die Mutlosigkeit fehlte mir der Zugriff auf mein Glaubensgebäude.

Ein anderer Freund, der mir zu helfen versuchte, war ein Rechtsanwalt und Arzt aus Dallas, Dr. Raymund King. Er hatte mir einen Auftritt auf einer Medizinerkonferenz verschafft, und ich wollte ihn auf keinen Fall enttäuschen. Aber als ich vor ihm stand, sah er sofort, wie erschöpft ich war.

„Du musst dich zuallererst um dich selbst kümmern", sagte er.

„Wenn du deine Gesundheit einbüßt, verlierst du alles, was du dir erarbeitet hast." Behutsam nahm er mich beiseite und machte mir klar, dass ich meine Prioritäten ordnen sollte. Dann sprach er ein kurzes Gebet und umarmte mich. Es hatte mich viel Kraft gekostet, überhaupt dort hinzufahren, aber Dr. Kings fürsorgliche Worte waren genau das, was ich brauchte. Wahrscheinlich war das die beste Motivationsrede, die ich je gehört hatte. Was er sagte, ging mir noch lange Zeit nach, weil ich ihm offensichtlich wirklich am Herzen lag.

Die kleine Unterredung erinnerte mich an ein ganz ähnliches Gespräch, das ich als Sechsjähriger mit meinem Vater geführt hatte. Ich neigte damals dazu, es mit dem Herumspringen und Herumwerfen etwas zu übertreiben. Einmal hatte ich mir beim Spielen mit einem Klassenkameraden eine ordentliche Beule eingehandelt. Ich saß im Rollstuhl und wollte ihm wie ein Affe eine Banane direkt aus der Hand fressen. Dabei kippte ich nach vorn, fiel aus dem Rollstuhl und knallte mit dem Kopf so auf den Boden, dass ich kurz ohnmächtig wurde.

Mein Vater machte sich große Sorgen, und ich werde nie vergessen, wie er zu mir sagte: „Eine neue Banane kannst du jederzeit kriegen, aber einen neuen Nicky kriegen wir nicht. Also pass bitte auf."

Wie mein Vater drang auch Dr. King darauf, dass ich darauf achtete, was ich tat und was das für Auswirkungen hatte. Ich hatte mich die ganze Zeit selbst angetrieben, weil ich dachte, mein Erfolg hinge von mir selbst ab. Stattdessen hätte ich mich viel mehr auf Gott, seine Kraft und sein Timing verlassen sollen.

Dieser Mangel an Demut und Vertrauen führte letztendlich zu meiner Krise und dazu, dass ich für einige Zeit alle Lebensfreude verlor. Meine Auftritte sah ich zunehmend nicht mehr als Bestimmung, sondern als Pflicht. Aus Angst, nicht das Richtige sagen zu können, lehnte ich sogar die Anfrage einer Schule ab, wo sich ein

Schüler umgebracht hatte. Hinterher weinte ich um die verlorene Gelegenheit, weil zu Menschen zu reden eigentlich meine größte Leidenschaft ist. Anderen zu helfen bereitet mir doch die größte Freude!

MEINE LEKTION

Ich wünschte, ich könnte dir berichten, dass ich eines Tages mit klarem Kopf und frischem Geist aufwachte, aus dem Bett sprang und rief: „Da bin ich wieder!" Aber so war es leider nicht, und falls du gerade eine schwere Zeit durchmachst, kannst auch du nicht damit rechnen, fürchte ich. Aber verlass dich drauf: Es kommen wieder bessere Tage.

Mein Comeback bestand aus vielen kleinen Schritten und erstreckte sich über mehrere Monate. Ich hoffe, dass es bei dir schneller geht, aber auch so eine langsame Genesung hat ihre Vorteile. Als sich der Nebel der Verzweiflung lichtete, war ich dankbar für jeden Lichtstrahl, der hindurchdrang. Außerdem war ich froh über die Zeit zum Nachdenken, als die selbstzerstörerischen Gedanken allmählich meinen Kopf frei machten. Wie war ich überhaupt so tief gestürzt?

Ich brauche wohl nicht zu erwähnen, dass es kein passiver Vorgang ist, seinen Glauben in die Tat umzusetzen. Bewusst und bestimmt muss man einen Fuß vor den anderen setzen, um wieder auf den richtigen Weg zu kommen. Wer so wie ich davon abkommt, sollte sich irgendwann hinsetzen und fragen, was da eigentlich passiert ist, warum es passiert ist und was man jetzt tun kann, um wieder auf Kurs zu kommen.

Die schlimmsten Zeiten, in denen unsere Überzeugungen auf eine harte Probe gestellt werden, können gleichzeitig die besten Zeiten sein, um sie zu erneuern und auf Herz und Nieren zu prüfen. Ein alter Fußballtrainer sagte einmal zu mir, er fände Verlieren genauso wichtig wie Gewinnen. Beim Verlieren würden nämlich Schwächen und Versäumnisse offenbar, die wahrscheinlich die ganze Zeit vorhanden waren und angegangen werden müssen, wenn die Mannschaft langfristig erfolgreich sein will. Zu verlieren würde seine Spieler außerdem motivieren, die Fähigkeiten zu trainieren, die man zum Gewinnen beherrschen muss.

Wenn es einem gut geht, dann setzt man sich für gewöhnlich nicht hin und stellt sein Leben auf den Prüfstand. Die meisten Leute nehmen sich erst Zeit dafür, wenn im Beruf, den Beziehungen oder sonst einem Lebensbereich die gewünschten Ergebnisse ausbleiben. Und das nicht ohne Grund: Aus jedem Rückschlag, Misserfolg und Scheitern kann man wertvolle Erkenntnisse ziehen und sogar Gutes daran finden.

Zu Beginn meiner Krise wegen der Firmenschulden hatte ich natürlich wenig Lust, nach Erkenntnissen Ausschau zu halten. Aber im Lauf der Zeit hatte ich einige Aha-Erlebnisse, und mir wurde allmählich auch klar, was gut daran war. Ich denke nicht so gern über diese Phase nach, aber manchmal zwinge ich mich dazu, weil ich jedes Mal tiefer eindringe und mit neuen Erkenntnissen zurückkehre. Deswegen kann ich dich nur ermutigen, deine „Problemzonen" danach zu durchforsten, was du daraus lernen kannst. Am liebsten möchte man schwere Zeiten natürlich vergessen und hinter sich lassen. Niemand fühlt sich gern verletzlich. Mir macht es auch keineswegs Spaß, mich daran zu erinnern, wie ich mich in meiner Verzweiflung gesuhlt, Mitleidsorgien gefeiert und überreagiert habe, obwohl es letztendlich nur ein temporärer Rückschlag war.

Trotzdem befreit man die Erfahrungen der Vergangenheit am besten von ihrem Schmerz, indem man ihn durch Dankbarkeit ersetzt. Die Bibel sagt uns: „Wer Gott liebt, dem dient alles, was geschieht, zum Guten. Dies gilt für alle, die Gott nach seinem Plan und Willen zum neuen Leben erwählt hat" (Römer 8,28).

Mein Onkel Batta Vujicic, der mit seinem Immobilienhandel auch schon echte Krisen durchstehen musste, hat mir mit seinem Lieblingsmotto oft geholfen: „Auch aus dem größten Mist kann Gott noch den besten Dünger machen."

ICH GLAUB, ICH SEH NICHT RECHT

Als ich auf meinen Tiefpunkt zusteuerte, stellte sich ein Effekt ein, den du vielleicht aus deinem eigenen Leben kennst. Durch das Aufreißen von alten Wunden und das Schüren alter Ängste sah für mich alles noch viel schlimmer aus, als es in Wirklichkeit war. Ein Zeichen dafür, dass deine Sichtweise nicht zur tatsächlichen Situation passt, sind übertriebene Reaktionen wie:

Das bringt mich noch um.
Wie soll ich mich je davon wieder erholen?
Das ist mit Abstand das Schlimmste, was mir je passiert ist.
Wieso hasst mich Gott nur?
Und der Favorit: Mein Leben ist endgültig im Eimer!

Ich gebe natürlich nicht zu, dass solche lächerlichen Phrasen über meine Lippen gekommen sind, aber der eine oder andere in meiner Umgebung könnte sich vielleicht an solches Gejammer erinnern. (Oder an noch Schlimmeres!)

Wie gesagt halte ich gern als gutes Beispiel für ein schlechtes Beispiel her. Solche übertriebene Sprache zu benutzen, hätte für mich ein Signal sein sollen, dass meine Verzweiflung überzogen war.

Meine Wahrnehmung sah ungefähr so aus: *Ich bin ein Versager! Bald bin ich endgültig pleite. Also werden meine größten Ängste doch wahr! Meine Unabhängigkeit geht flöten! Ich bin eben doch nur eine Last für meine Eltern. Und ihrer Liebe bin ich nicht wert.*

Und so sah die Realität aus: Meine Firma musste während einer Wirtschaftskrise eine kurzfristige Verzögerung des Kapitalflusses wegstecken. Wir standen mit fünfzigtausend Dollar in der Kreide, was nicht gut war. Aber ein überwältigendes Defizit war das auch nicht, gemessen an den Wachstumsaussichten, die die steigende weltweite Nachfrage mit sich brachte. Ich habe Rechnungswesen und Finanzplanung studiert, und Ökonomie gehörte zum Lehrplan. Ich wusste sehr wohl, was Angebot und Nachfrage und Kapitalfluss sind, aber mein Wissen wurde von meinen Gefühlen überlagert.

Kennst du das? Warst du schon einmal von einer Situation regelrecht überwältigt, obwohl sie in Wirklichkeit gar nicht so schlimm war? Gefühle beeinflussen unsere Wahrnehmung, und mitten in der Verzweiflung kann es sehr schwer sein, die Dinge realistisch zu sehen.

ICH SEHE WAS, WAS DU NICHT SIEHST

Man sollte versuchen, nie den Überblick zu verlieren, auch nicht mitten in der Krise. Das habe ich inzwischen erkannt. Angst facht nämlich noch mehr Angst an, und Sorgen lassen sich hervorragend stapeln. Natürlich kann man Trauer, Gewissensbisse, Schuldgefühle, Wut und Angst nicht einfach abschalten. Aber man kann sie als rein emotionale Reaktion auf das Problem erkennen und dafür sorgen, dass sie nicht das Handeln bestimmen.

Einen kühlen Kopf zu bewahren, setzt Reife voraus, und Reife braucht Erfahrung. So eine Situation hatte ich noch nie erlebt, und weil ich vom vielen Reisen auch körperlich erschöpft war, zeigte ich mich nicht gerade von meiner reifsten Seite.

Mein Vater und andere schlaue Freunde und Familienmitglieder versuchten mir Mut zu machen. Sie erzählten von ihren eigenen Erfahrungen und davon, wie sie Krisen durchgestanden hatten.

Wie ich bereits erwähnte, ist Onkel Batta in Kalifornien im Bereich der Liegenschaftsverwaltung und Immobilienentwicklung tätig. Er hat schon viele Hochs und Tiefs erlebt. Ein Betriebsdefizit von fünfzigtausend Dollar sind in seiner Firma von der Kategorie „Peanuts", und er versuchte mir klarzumachen, dass das auch für meine Firma kein unüberwindbarer Schuldenberg sein musste.

Auch wenn ich wirklich gern von anderer Leute Fehler lernen und auf ihre Ratschläge hören würde, scheint es so, als müsse ich die meisten Fehler erst selbst machen, bevor ich daraus schlau werde. Aber ich habe mir vorgenommen, in Zukunft ein besserer Schüler zu sein. Stell dir vor, du und ich würden von jeder Person, die wir kennen, einen guten Ratschlag beherzigen. Wie viel weiser wären wir? Wie viel Zeit, Kraft und Geld würden wir sparen?

Warum fällt es uns eigentlich so schwer, von anderen Ratschläge anzunehmen, sie zu verinnerlichen und die entsprechenden Änderungen vorzunehmen? Lieber machen wir uns unnötig Stress und denken: „Ich muss das Problem *jetzt sofort* lösen!" In manchen Krisen besteht natürlich sofortiger Handlungsbedarf, aber das kann schließlich auch einen stufenweisen Lösungsansatz beinhalten, der Schritt für Schritt und einen Tag nach dem anderen zum Erfolg führt. Aus meinem Beraterstab hat das jemand einmal sehr gut auf den Punkt gebracht. Er sagte: „Nick, weißt du, wie man am besten einen Elefanten isst? Einen Happen nach dem anderen."

EINMAL DEMUT, BITTE!

Jahr um Jahr hatte mir mein Vater, der Buchhalter, in den Ohren gelegen, ich solle auf meine Finanzen achten, nie mehr ausgeben, als ich einnehme, und immer ein Budget im Kopf haben, wenn ich ein neues Projekt startete.

Aber ich hörte nicht mehr auf ihn. *Ich bin eben ein Risikomensch;*

er denkt konservativ. Wir haben nun mal verschiedene Persönlichkeiten. Jetzt ist außerdem nicht Sparen dran, sondern Investieren und Durchstarten. Demut ist eine spannende Tugend: Wer sie nicht schon hat, bekommt sie früher oder später frei Haus. Kannst du dir vorstellen, wie klein mit Hut ich plötzlich war, als ich das Angebot meines Vaters annehmen musste, meiner Firma mit einem privaten Kredit von fünfzigtausend Dollar aus der Patsche zu helfen? Das tat weh, aber die Schmerzen hatte ich mir selbst zugefügt. Aus Sprüche 16,18 stammt der bekannte Satz: „Hochmut kommt vor dem Fall." Falls du eine Bibel zu Hause hast: Ich wette, neben diesem Vers ist ab jetzt ein Foto von mir abgebildet!

Beim Nachdenken über meinen Tiefpunkt fiel mir auf, dass mir in mehreren Lebensbereichen die Demut abhanden gekommen war. Aber wozu braucht man sie überhaupt in Krisenzeiten? Zunächst einmal ist es dir wahrscheinlich sehr peinlich, wenn die Situation durch persönliches Versagen oder einen eigenen Fehler verursacht worden sein sollte. Anders ausgedrückt: Du hast dich selbst gedemütigt. Nun kannst du wütend werden, einen Heulkrampf kriegen oder alles hinwerfen, aber an der Situation selbst wirst du damit nichts ändern. Negative Emotionen werden sie nur noch verschlimmern und dafür sorgen, dass die Leute um dich herum das Weite suchen.

Deswegen schlage ich vor, dass du diese neue Demut mit offenen Armen begrüßt. Manche Fußballer reagieren mit Wut, wenn sie einen Elfmeter verschießen. Sie feuern ihre Schuhe durch die Gegend, treten die Wasserflaschen am Spielrand in die Menge oder schlagen eine Beule in ihren Spind. Andere Fußballer akzeptieren demütig, dass auch verschossene Elfmeter zum Fußball gehören, und nehmen sich vor, das nächste Mal nicht in dieselbe Ecke zu schießen. Gedemütigt zu werden, ist also gar nicht so schlimm – wenn man daraus etwas lernt. Es gibt Menschen, die sind sogar der Meinung, der Weg zur Erleuchtung führe zwangsläufig über die Demut.

Als ich noch jünger war, entwickelte ich eine starke Abneigung dagegen, andere um Hilfe zu bitten. Es ist nämlich ziemlich demütigend, wenn man nicht allein essen oder auf die Toilette gehen kann. Ich mochte diese Rolle als Bittsteller nicht. Deswegen versuchte ich schnellstmöglich so unabhängig wie möglich zu werden. Das ist an sich eine gute Sache, aber mein eiserner Wille zur Selbstständigkeit führte manchmal auch dazu, dass ich andere Leute manipulierte oder sogar dazu zwang, Dinge für mich zu tun. Anstatt einfach um Hilfe zu bitten, verschaffte ich mir auf krummen Wegen das Recht auf Gefälligkeiten von meinem Bruder Aaron und anderen Leuten. Aaron behandelte ich manchmal eher wie einen Pfleger als wie meinen Bruder. Tut mir echt leid, Aaron!

Dann und wann musste Gott mir eine Lektion in Sachen Demut erteilen. Mir war nämlich noch nicht aufgegangen, dass ich manchmal ziemlich egoistisch, ungeduldig und stolz sein kann. Ich war der Meinung, eine Sonderbehandlung verdient zu haben. Inzwischen habe ich Aaron um Verzeihung gebeten, und obwohl wir uns wegen der räumlichen Entfernung nicht so oft sehen, ist er mein bester Freund. Ich bewundere ihn sehr. Im Nachhinein überrascht es mich, dass er mich nicht einfach in einen Schrank gesteckt und abgeschlossen hat, als er groß genug dafür war. Manchmal hätte ich das wirklich verdient gehabt.

Mittlerweile sehe ich meine depressive Phase als eine Art Denkzettel, der mich wieder auf Kurs bringen sollte. Ich hatte nämlich so getan, als würde das gesamte Gewicht unserer Projekte allein auf meinen Schultern lasten. Diese Haltung war reichlich arrogant und konnte nur zum Scheitern führen. Mir fehlte das Vertrauen in Gott und die Leute um mich herum.

Mose, der Prophet und Anführer des Volkes Israel, war einer der demütigsten Männer, die je gelebt haben. Er wusste, dass man kein Anführer sein kann, wenn niemand bereit ist, einem zu folgen und an seiner Seite zu arbeiten. Ein arroganter Mensch bittet niemanden um Hilfe und ist letztendlich hilflos. Ein arroganter Mensch behauptet, alles zu wissen, und ist letztendlich ahnungslos. Aber ein demütiger Mensch zieht sowohl Helfer als auch Lehrer an.

Einmal wurde ich Zeuge, wie ein Vater seinem Sohn zum Collegeabschluss sagte, er solle seinen ersten Arbeitstag mit der richtigen Einstellung angehen. Er meinte: „Versuch den Leuten nicht zu zeigen, was du alles drauf hast. Zeig ihnen lieber, wie lernwillig du bist."

Wenn dich eine Krise überwältigt, dann solltest du Demut beweisen und andere um Hilfe bitten. Da ist wirklich nichts Falsches dran! Niemand kann seine Träume ohne die Hilfe anderer verwirklichen. Was ist dir wichtiger: das Gefühl, überlegen und unabhängig zu sein, oder deine Träume mit einer Gruppe von Unterstützern tatsächlich wahr werden zu lassen?

Demut hat viel mit Dankbarkeit und Wertschätzung zu tun, beides Kräfte, die Heilung und Zufriedenheit bringen. Kein Mensch ist wertvoller als der andere. Diese simple Erkenntnis war mir abhanden gekommen. Stolz brachte mich nicht nur zu Fall, sondern beeinträchtigte auch meine Sicht und mein Gedächtnis. Ich musste mir klarmachen, dass mich Gott nicht liebt, weil meine Firma Profit abwirft oder ich zweihundertsiebzig Vorträge im Jahr halte. Gott liebt mich, weil er mich geschaffen hat. Er liebt mich so wie ich bin, und das gilt auch für dich.

Ich bin übrigens auch davon überzeugt, dass die Projekte und Träume, die ich während meiner Krise aufgeben musste, nicht umsonst waren. Gott, so glaube ich, hat mir eine klare Vision und das Zeug dazu gegeben, aber ich hätte mehr auf sein Timing achten sollen als auf meins. Letzten Endes ist es doch egal, wer den Samen pflanzt oder wer gießt. Hauptsache, er wächst.

Aber auch wenn ich Gott nicht immer treu bin, er ist es. Ich hatte versäumt, jeden Tag bewusst nach meinen Überzeugungen zu leben. Das habe ich mir für die Zukunft vorgenommen: Ich will nicht einfach immer nur beten, sondern mich umsichtig, geduldig, mutig und selbstsicher vorankämpfen, immer mit dem Wissen im Hinterkopf, dass Gott mächtig ist, wo ich schwach bin.

ALLES EINE FRAGE DER AUSSTRAHLUNG

Der Glaube, ob nun an dich selbst und deine Fähigkeiten oder an deinen Schöpfer, ist wie ein kräftiges Leuchtfeuer: Es muss entfacht werden, um zu leuchten. Wenn man es vernachlässigt, glimmt es nur noch vor sich hin. Manchmal hat man das Gefühl, der Glaube ist noch da, aber man sieht ihn nicht. Deswegen habe ich beschlossen, meinen wie ein Leuchtfeuer scheinen zu lassen. Anders ausgedrückt: Mein Glaube war wie ein Auto im Leerlauf. Er war da, aber es war kein Gang eingelegt. An sich selbst zu glauben ist sehr wichtig, aber man braucht genauso Geduld, Demut und die Weisheit, nicht alles allein schaffen zu wollen.

Was einem am schnellsten das Genick bricht, ist, ohne Ziel vor sich hin zu leben oder das aus den Augen zu verlieren, wofür man brennt und was das Leben lebenswert macht. Stück für Stück war meine Leidenschaft, Menschen zu ermutigen, in den Hintergrund geraten. Ich war viel zu beschäftigt, um meine Firma und meine Stiftung voranzubringen. Als ich dann von meiner wahren Bestimmung abwich, war es, als hätte jemand den Stecker gezogen.

Wenn du merkst, dass dir die Energie fehlt und dir alles über den Kopf wächst, dann solltest du dir die folgenden Fragen stellen: *Was ist mir am wichtigsten? Was macht mir am meisten Spaß? Was treibt mich an und gibt meinem Leben Sinn? Und wie komme ich da wieder hin?*

Ich glaube, wir sind nicht nur dazu da, unsere eigenen Interessen zu verfolgen. Wer nur sich selbst im Blick hat, verschenkt eine der größten Kraftquellen. Unsere Fähigkeiten sollen anderen zugutekommen. Wer sie so einsetzt, kann auf dieser Welt bleibenden Eindruck hinterlassen.

BETTLÄGERIG UND WILD ENTSCHLOSSEN

Dass ich ein gutes Beispiel für ein schlechtes Beispiel bin, hatte ich ja schon gesagt. Insofern war meine Krise immerhin für etwas gut. Jetzt möchte ich ein gutes Beispiel für ein gutes Beispiel liefern, wo jemand seinen Glauben in die Tat umgesetzt hat. Ich habe ihm sogar mein erstes Buch gewidmet, aber seine Geschichte für dieses Mal aufgehoben.

Das erste Mal hörte ich von Phil Toth aus La Jolla in Kalifornien über meine Mutter. Sie hatte den Namen in der Kirche aufgeschnappt und mir seine Webseite gezeigt. Seine Geschichte hat mich sofort gepackt. Mit zweiundzwanzig wachte Phil eines Tages auf und hatte Schwierigkeiten zu sprechen. Zuerst hielt seine Familie das für einen Scherz, weil er sie des Öfteren auf den Arm nahm, aber als dann noch Schwindelgefühl und Schlappheit dazukamen, läuteten bei allen die Alarmglocken. Fast zwei Jahre lang suchten die Ärzte nach der Ursache und diagnostizierten schlussendlich amiotrophe Lateralsklerose (ALS), die man auch das Lou-Gehrig-Syndrom nennt.

Die Lebenserwartung für jemanden mit dieser unheilbaren Krankheit, bei der die Nervenzellen des motorischen Nervensystems im Gehirn und Rückenmark geschädigt werden und die Muskeln schwinden, liegt zwischen zwei und fünf Jahren. Die Ärzte eröffneten Phil, dass die Krankheit jedoch in seinem Fall so schnell voranschreite, dass er noch etwa drei Monate zu leben habe.

Aber Phil lebte noch fünf Jahre, und das liegt meiner Meinung nach daran, dass er sein Leiden nicht in den Mittelpunkt stellte. Stattdessen konzentrierte er sich darauf, anderen Menschen Mut zu machen, ihr Vertrauen auf Gott zu setzen. Trotz seiner Krankheit genoss er das Leben und half sogar noch anderen, obwohl er ans Bett gefesselt war.

ALS ist eine heimtückische und sehr schmerzvolle Krankheit. Innerhalb weniger Jahre war Phil bettlägerig und konnte fast nichts mehr tun. Da auch seine Stimme in Mitleidenschaft gezogen wurde, fiel es den Leuten schwer, ihn zu verstehen. Der große Kreis aus Familie und Freunden kümmerte sich rund um die Uhr um ihn.

Trotz der Schmerzen hielt Phil an seinem christlichen Glauben fest. Und damit nicht genug: Er fand einen Weg, ihn praktisch umzusetzen und anderen Menschen Trost zu spenden, die auch an invalidisierenden und tödlichen Krankheiten litten. Unter Aufbietung aller seiner Kräfte erstellte Phil die Webseite, die meine Mutter entdeckte. Hier ist ein Ausschnitt aus dem Text, den er über seine Krankheit und ihre Auswirkungen veröffentlichte:

„Ich danke Gott dafür, dass er mir das hier zugetraut hat! Die ganze Sache hat mich ihm näher gebracht [und das allein wäre es schon wert]; ich habe mein Leben überdacht, auf den Prüfstand gestellt und von nah und fern Zuwendung und Liebe bekommen. Ich habe gelernt, nur auf Gott und sein Wort zu bauen, kenne die Bibel inzwischen viel besser und bin im Glauben erwachsen geworden. Familie und Freunde sind viel enger zusammengerückt. Und ich habe viel über Gesundheit, Ernährung und darüber gelernt, wie man auf seinen Körper achtet. Die Vorteile meiner Situation sind endlos!"

Auf das Drängen meiner Mutter hin fuhr ich Phil 2002 auf einer Reise durch die USA besuchen. Ich hatte bereits miterlebt, wie einer meiner Cousins den Kampf gegen eine tödliche Krankheit verloren hatte, und war auf das Schlimmste gefasst. Aber als ich in Phils Zimmer kam, lächelte er mich so herzlich und fröhlich an, dass mein Leben nicht mehr dasselbe war. Diesen Tag werde ich nie vergessen. Obwohl Phil entsetzlich litt, zog er sich nicht voller Selbstmitleid zurück. Seine innere Stärke und sein Mut beeindruckten mich sehr.

Phil und seine Familie hofften stets auf ein Wunder, selbst noch, als er sich schon auf den Tod vorbereitete. Als ich bei ihm war, konnte er schon nicht mehr sprechen. Die einzige Kommunikationsart, die ihm geblieben war, war, sich durch das Alphabet zu blinzeln, was er mit unerschöpflicher Geduld tat. Mithilfe einer Lasertechnik konnte er so seinen Computer nutzen, und er veröffentlichte einen Newsletter, den zeitweilig mehr als dreihundert Leute abonniert hatten.

Phils hartnäckige Entschlossenheit, trotz fehlenden Sprechvermögens und der Bettlägerigkeit die Hände nicht in den Schoß zu legen, beeindruckte mich so sehr, dass ich nur wenige Wochen später mit meinem ersten Projekt startete. Wann immer ich entmutigt war, dachte ich fortan an Phil Toth. Wenn er trotz allem noch etwas bewirken und anderen helfen konnte, dann hatte ich auch keine Ausrede. Etwa ein Jahr später hatte ich die Ehre, an seiner Bettstatt zu sein, als er von diesem Leben ins nächste überging. Obwohl mich der Verlust schmerzte, war ich tief berührt davon, dass ein General aus Gottes Armee die Heimreise antrat. Ich kann nur hoffen, dass du und ich dieselbe Entschlossenheit und denselben Mut finden, nichts zwischen uns und unsere Überzeugungen kommen zu lassen und sie zum Wohl anderer umzusetzen.

KAPITEL 3
Herzensdinge

Ich entdeckte die Liebe meines Lebens in einer Zuschauermenge oben auf dem Glockenturm in der Adriatica-Siedlung. Der Turm sieht zwar aus, als stamme er aus einem mittelalterlichen Dorf, in Wirklichkeit verbirgt sich darin aber ein einzigartiges Bürogebäude. Im April 2010 hatte ich dort in McKinney, einem Vorort von Dallas, einen Vortrag zu halten, konnte mich aber kaum auf meinen Text konzentrieren, nachdem ich in die hübschesten, klügsten und angenehmsten Augen geblickt hatte, die man sich vorstellen kann.

Vielleicht hältst du „Liebe auf den ersten Blick" für ein Klischee, aber wenn sich *so* ein Klischee anfühlt, dann habe ich nichts dagegen. Als Christ richte ich mich ja nach der Bibel, und in diesem Fall zitiere ich gern aus dem Hohelied der Liebe: „Du hast mich verzaubert, mein Mädchen, meine Braut! Mit einem einzigen Blick hast du mein Herz geraubt."

Wenn du meine Webseite, den Blog, meine Tweets oder die Facebookseite regelmäßig liest, dann hast du wahrscheinlich schon mitbekommen, dass seit diesem Tag mein Herz der wundervollen Kanae Miyahara gehört. Wir verlobten uns im Juli 2011, und seit Februar 2012 sind wir verheiratet.

Es gibt mehrere Gründe, warum ich erzählen möchte, wie ich Kanae kennenlernte und mich in sie verliebte. Der Hauptgrund ist, dass so viele Menschen auf mich zukommen und mir von ihren Beziehungsproblemen erzählen – Schüler, Teenager, Studenten, junge Erwachsene, Leute mittleren Alters, Senioren, Singles und Verheiratete. Die Geschichten unterscheiden sich im Detail, aber der Kern bleibt immer derselbe: Jeder möchte lieben und geliebt werden.

Nick, ich habe Angst, dass mich nie jemand lieben wird.
Woher weiß ich, dass er/sie der/die Richtige ist?
Warum gehen meine Beziehungen immer in die Brüche?
Kann ich diesem Menschen vertrauen?
Wie fühlt sich Liebe an?
Ich bin schon so oft verletzt worden, dass ich Angst habe, es noch einmal zu versuchen.
Ich bin Single und trotzdem glücklich. Stimmt etwas nicht mit mir?

Herzensdinge haben die Menschen schon seit Adam und Eva verwirrt, gequält und erfüllt. Die Sehnsucht nach Liebe ist eins der grundlegendsten Bedürfnisse des Menschen. Leider geht man bei der Suche nach Liebe zwangsläufig das Risiko ein, verletzt zu werden. Man muss sich quasi entscheiden: Gebe ich die Suche auf und schütze mich oder probiere ich es weiter?

Ich riskierte mein Herz und stand am Ende mehr als einmal geknickt da. Ich war verletzt, gedemütigt, wütend und fühlte mich manchmal wie ein kompletter Idiot. Aber ich ließ mich nicht unterkriegen. Nach jedem Fehlversuch beschloss ich, dass es nur einen Weg gab, das zu finden, was ich suchte: Ich musste dranbleiben.

Vielleicht hast du schon ähnlichen Kummer durchgemacht. Nur die wenigsten Leute kommen in Sachen Liebe ohne Narben davon. Am besten, du siehst deine erfolglosen Versuche als eine Art Test, um dann die richtige Person mit doppelter Kraft zu lieben. Hauptsache, du bleibst offen für die Liebe. Wer um sein Herz eine Mauer errichtet, wird kein Glück haben.

Viele Jahre lang hatte ich mit Einsamkeit und Unsicherheit zu kämpfen. Als jemand, dem für einen Märchenprinzen mindestens zwei Arme und zwei Beine fehlen, hatte ich riesige Angst vor Ablehnung. Ich fürchtete, nie jemanden für meinen Traum einer eigenen Familie finden zu können. In meinen Vorträgen erwähne ich oft, was für eine Angst ich als Teenager hatte, dass mich keine Frau lieben würde, weil ich nicht Händchen halten oder sie umarmen kann.

Wie die meisten Männer bin ich mit dem traditionellen Bild des Ehemanns als Ernährer und Beschützer aufgewachsen. Das Letzte, was ich wollte, war, dass meine Frau mich nicht als Mann und Lebenspartner sehen würde sondern als Pflegefall.

Diese Angst, niemanden zu finden, habe nicht nur ich oder andere Menschen mit Beeinträchtigungen. Jeder von uns kennt Beziehungsängste. Trotzdem möchte ich dich ermutigen: Gib nicht auf! Ich habe die perfekte Frau für den gar nicht perfekten Nick gefunden. Kanae und ich wissen, dass jeder von uns Fehler hat, aber wir finden, dass wir einfach gut zusammenpassen. (Ein Bekannter, der uns beide kennt, meinte letztens: „Bin ich froh, dass ihr euch endlich gefunden habt. Wär doch echt schade um euch gewesen.")

Manch einer bevorzugt es, allein durchs Leben zu gehen, und daran ist überhaupt nichts falsch. Aber wenn in dir der Wunsch lebt, das Leben mit einer anderen Person zu verbringen, dann habe ich gute Nachrichten: Setze auch in Herzensdingen deinen Glauben in die Tat um, und du wirst fündig werden. Um das tun zu können, solltest du allerdings die folgenden vier Grundsätze für dich akzeptieren:

1. Du bist ein Kind Gottes. Er hat dich geschaffen. Vielleicht hältst du dich für unvollkommen – Gott aber nicht. Es war sein Plan, dass du so bist wie du bist. Daran brauchst du nicht zu zweifeln, wenn du dein Gegenüber freundlich und respektvoll behandelst,

versuchst, das Richtige zu tun und das meiste aus deinen Talenten herauszuholen. Du bist es wert, geliebt zu werden.
2. Um geliebt zu werden, musst du dich zuerst selbst lieben. Wenn dir das schwerfällt, dann solltest du dich erst diesem Problem widmen, bevor du erwarten kannst, dass jemand eine Beziehung mit dir eingehen will.
3. Wenn du mit Liebe im Herzen an die Sache herangehst, brauchst du sie nicht zu suchen. Öffne dein Herz und zeig dich. Höre deinem Nächsten zu und fühle mit ihm. Sei bereit, als ehrlicher, einfühlsamer und vertrauenswürdiger Mitmensch Liebe zu verschenken, und du wirst sie in gleicher Menge zurückbekommen.
4. Gib das Thema Liebe nicht auf. Auch wenn du deine Gefühle verdrängst und versuchst, dein Herz mit einem Panzer zu schützen – Liebe ist ein Teil deiner Lebenskraft. Vergeude sie nicht einfach. Und wenn Beziehungen in die Brüche gehen, sieh sie als Vorbereitung für die Beziehung, die einmal halten wird. Hab ein bisschen Vertrauen und öffne dich für eines der schönsten Geschenke, das unser Leben zu bieten hat.

HEILSAME ERKENNTNIS

Wie ich schon im ersten Kapitel erwähnt habe, gab es eine Zeit, in der ich zwar irgendwie wusste, dass ich ein Kind Gottes bin, aber dachte, dass er mich nicht liebt. Ich konnte einfach nicht verstehen, wie ein Gott der Liebe mich ohne Arme und Beine haben wollen konnte. Stattdessen dachte ich, Gott würde mich bestrafen oder mich hassen. *Wieso sonst sollte er mich so anders gemacht haben als die anderen?* Ich fragte mich auch, warum er meinen Eltern so eine Last aufbürdete, obwohl sie ihm treu folgten.

Eine ganze Zeit lang wandte ich mich wütend von Gott ab. Dass er mich vielleicht doch lieben könnte, drang erst zu mir durch, als mir klar wurde, dass es bei Gott keine Zufälle gibt. Eines Tages las ich in der Bibel über einen blinden Mann: „Er wurde blind geboren, damit die Kraft Gottes an ihm sichtbar werde", stand dort. Da fiel es mir wie Schuppen von den Augen. *Wenn Gott der Welt mit dem Blinden etwas zeigen wollte, dann hat er mit mir vielleicht auch etwas vor.*

Es dauerte seine Zeit, aber ich stieg langsam hinter Gottes Absichten und verstand, dass ich auch ohne Arme und Beine liebenswert war. Und dasselbe gilt auch für dich. Ich hatte massive Probleme. Wer weiß, du vielleicht auch? Kämpfst du mit Unsicherheit und inneren Ängsten? Mal ehrlich: Wer nicht? Vielleicht fragst du dich, welchen Sinn dein Leben überhaupt hat. Ich hatte jahrelang an dieser Frage zu knabbern. Aber nachdem ich vom blind geborenen Mann gelesen hatte, sah es in mir schon anders aus. Was genau ich der Welt zu bieten hatte, wusste ich zwar immer noch nicht, aber ich war bereit, es Schritt für Schritt herauszufinden.

WIE MAN IN DEN WALD HINEINRUFT ...

Als ich akzeptieren konnte, dass auch ich liebenswert war und kein sinnloses Leben führen musste, änderten sich mein Selbstbild, meine Lebenseinstellung und mein Verhalten. Das geschah nicht von einem Tag auf den anderen, aber nach und nach hörte ich auf, meinen Klassenkameraden aus dem Weg zu gehen. Ich verdrückte mich in der großen Pause nicht mehr ins Musikzimmer. Auf dem Spielplatz versteckte ich mich nicht mehr im Gebüsch. Meine Eltern rieten mir, den Mund aufzumachen und nicht zu warten, bis die anderen auf mich zukamen. Vorsichtig verließ ich mein Schneckenhaus und merkte, dass die anderen mich annahmen und sogar interessant fanden, sobald sie mich einmal kannten. Was aber noch wichtiger war: Ich fing an, mich selbst anzunehmen.

Solange ich mich aus Angst vor Ablehnung abschottete, konnte niemand den wahren Nick kennenlernen. Ich bemitleidete mich selbst und bekam deswegen von den anderen auch nur Mitleid. Aber als ich meine kleinen Siege mit ihnen teilte, feierten meine Mitschüler mit. Ich sperrte mich nicht mehr gegen ihre neugierigen Fragen zu meiner Behinderung, redete offen darüber und lachte mit ihnen. Nach und nach wurden wir sogar Freunde.

Der Respekt, den sie mir entgegenbrachten, tat meinem Selbstbild gut. Ich wurde noch mutiger. Eine neue Erkenntnis machte sich in mir breit: Wie sehr mich meine körperliche Andersartigkeit beeinträchtigte, entschied ich selbst. Manches konnte ich natürlich wirklich nicht, aber zur Überraschung aller erwies ich mich als sehr erfinderisch, um meinen Aktionsradius zu erweitern. Ich fuhr Skateboard, schwamm und zeigte sehr gute Leistungen in der Schule, vor allem in Mathe und – wer hätte das gedacht – im freien Sprechen!

Jetzt, wo ich meinen eigenen Wert sah, fing ich an, auch andere wertzuschätzen. Daraus entwickelte sich Gegenseitigkeit. Das steckt übrigens hinter dem biblischen Spruch „Liebe deinen Nächsten wie dich selbst": Wenn du dich selbst lieben und akzeptieren kannst, wirst du auch mit anderen verständnisvoll und liebevoll umgehen können. Um dich herum entsteht ein Umfeld, in dem Freundschaften und guter Umgang gedeihen können.

Wie man in den Wald hineinruft, so schallt es heraus. Wenn du dich selbst nicht respektierst, meinst du, die anderen werden dich respektieren? Wenn du dich selbst nicht leiden kannst, werden die anderen dich leiden können? Nein. Fühlst du dich aber wohl in deiner Haut, werden andere bei dir Zuflucht suchen. Wenn du mit deiner positiven, ermutigenden und helfenden Art dafür sorgst, dass sich dein Gegenüber gut fühlt, dann wirst du keinen Liebesmangel mehr leiden.

Immer, wenn ich vor einer Schulversammlung oder vor jungen Leuten in einer Kirche spreche, sage ich: „Gott liebt euch so, wie ihr

seid. Ihr seid großartig und solltet lernen, euch auch so zu sehen."
Das sind ganz einfache Worte. Aber jedes Mal kullern bei meinen Zuhörern Tränen. Warum? Weil gerade Jugendliche dem riesigen Druck ausgesetzt sind, dazuzugehören. Sie brauchen den richtigen Look, die richtigen Klamotten, die richtige Figur und noch einiges mehr, um angenommen zu werden. Aber bei Gott ist das nicht so. Er nimmt uns so an, wie wir sind. Wenn der Schöpfer des Universums mich liebt, habe ich allen Grund, mich auch zu lieben.

EIN GESCHENK, DAS ZURÜCKKOMMT

Bist du von einer Person, die du geliebt und der du vertraut hast, verletzt worden? Das ist wahrscheinlich nur ein schwacher Trost, aber: So ist es schon vielen anderen ergangen. Auch ich musste diese grausame und erniedrigende Erfahrung machen. Von jemandem sitzen gelassen oder betrogen zu werden, macht dich jedoch nicht weniger wertvoll. Vielleicht fragst du dich, was du falsch gemacht hast. Eines Tages wirst du den wahren Grund für das Scheitern der Beziehung verstehen. Mach bitte in der Zwischenzeit nicht den Fehler, deine Fähigkeit, zu lieben und geliebt zu werden, verkümmern zu lassen.

Zuerst war ich ja der Meinung, selbst Gott könne keine Frau für mich finden. Aus lauter Einsamkeit versuchte ich, aus mancher Freundschaft mehr werden zu lassen, obwohl die Gefühle nur von mir ausgingen. Erst mit Kanae entdeckte ich, wie wundervoll eine Beziehung sein kann, wenn beide Partner sich ohne Hintertürchen dazu bekennen. Einsamkeit kann einen dazu bringen, sich mit einer bequemen Beziehung zufriedenzugeben, obwohl ihr der Liebesfunke fehlt. Bei der Liebe sollte man aber keine Kompromisse machen.

Es gibt übrigens viele Singles, die ein erfülltes und fröhliches Leben führen. Ich kenne einige Unverheiratete, denen es an nichts fehlt. Mir persönlich war es ein großes Bedürfnis, zu heiraten und eine Familie zu gründen. Aber nach und nach konnte ich meinen Wunsch an Gott abgeben. Er sollte entscheiden, ob ich Single bleiben sollte oder nicht.

Na gut, ich gebe es zu: Ich habe darum gebetet, dass Kanae mich liebt. Aber sie hat dasselbe getan! Das wusste ich damals nur nicht. Versuch es ruhig auch mal: Wenn du von oben Unterstützung bei der Partnersuche kriegen kannst, warum nicht?

GIB DIE LIEBE NICHT AUF

Mag sein, dass einige deiner Beziehungsversuche fürchterlich schiefgegangen sind. Das war bei mir nicht anders. So manches Mal habe ich mich aus meiner Deckung gewagt, nur um herauszufinden, dass die betreffende Person „nur Freunde" sein wollte – und manchmal noch nicht mal das. So schmerzhaft diese Erfahrungen auch waren: Ich habe mich geweigert, die Liebe aufzugeben. Dafür ist sie viel zu wichtig. Was sind wir schon ohne Liebe?

Zum Thema Liebe findet man in der Bibel übrigens klare Worte: „Wenn ich in den Sprachen der Welt oder mit Engelszungen reden könnte, aber keine Liebe hätte, wäre mein Reden nur sinnloser Lärm wie ein dröhnender Gong oder eine klingende Schelle. Wenn ich die Gabe der Prophetie hätte und wüsste alle Geheimnisse und hätte jede Erkenntnis und wenn ich einen Glauben hätte, der Berge versetzen könnte, aber keine Liebe hätte, so wäre ich nichts. Wenn ich alles, was ich besitze, den Armen geben und sogar meinen Körper opfern würde, damit ich geehrt würde, aber keine Liebe hätte, wäre alles wertlos" (1. Korinther 13,1-3; NL).

Jahraus, jahrein betete ich und flehte um eine Frau, die mich wirklich liebt. Ob mir manchmal der Mut sank? Oh ja! Ob ich manchmal alles hinschmeißen und in die französische Fremdenlegion eintreten wollte? (Nun ja, die Uniformen gefallen mir, aber das ganze Marschieren und Schießen könnte kompliziert werden.)

Das Wichtigste war, nicht aufzugeben, und das empfehle ich auch dir. Wenn du überzeugt bist von der Liebe, dann setze diese Überzeugung um. Arbeite an dir selbst und öffne dein Herz für die Gelegenheiten, denen du begegnen wirst.

Einsamkeit, ein gebrochenes Herz und Ablehnung wünsche ich niemandem. Hoffentlich ist dein Weg zur Liebe nicht so steinig wie meiner. Mittlerweile glaube ich aber, dass die ganzen Fehlschläge dazu da waren, damit ich mich umso mehr über das freue, was ich jetzt habe. Meine große Liebe sollte ich erst finden, als ich erwachsen und reif genug war, sie gebührend zu genießen und am Leben zu erhalten.

Von Glaube, Liebe und Hoffnung hält die Bibel die Liebe für das größte Geschenk. Am besten genießen lässt sie sich, wenn man körperlich, emotional und geistig reif dafür ist. Wie die meisten jungen Männer dachte auch ich, schon als Teenager längst bereit dafür zu sein. Aber aus heutiger Sicht weiß ich, dass ich erst einiges erleben musste, um die Welt reisen und sowohl unendlichen Reichtum und Schönheit als auch die schlimmste Armut sehen sollte.

Gott schützte mich nicht davor, mit Beziehungen zu scheitern, damit ich diese eine richtig wertschätze. Er griff auch nicht ein, als ich schrecklichen Liebeskummer hatte, damit ich in der großen Liebe richtig aufgehen kann. Ich kann mich noch gut an ein sehr schmerzhaftes Beziehungsende erinnern. So ziemlich jede meiner Ablehnungsängste wurde darin bestätigt. Ich möchte nicht zu jämmerlich klingen, aber danach fühlte ich mich wie ein Welpe, der sich verlaufen hat. Ich brauchte mehrere Jahre, um mein Selbstvertrauen wieder so weit aufzubauen, dass ich mich auf eine neue Beziehung einlassen konnte. Weibliche Freunde hatte ich einige, aber ich war oft einsam und wünschte mir eine tiefer gehende, dauerhafte Beziehung.

Vielleicht fühlst du dich gerade in diesem Moment ungeliebt

und einsam. Es könnte doch aber sein, dass das nur die Vorbereitung auf viele glückliche Jahre ist, oder? Das mag sich überzogen optimistisch oder hoffnungslos naiv anhören. Ich weiß, wie sich Einsamkeit anfühlt. Aber mein leerer Liebestank ist heute so hoch gefüllt, wie ich es mir nie hätte träumen lassen.

AUGEN VOLLER LIEBE

Kanae und ihre ältere Schwester Yoshie begleiteten meine Bekannten Tammy und Mark zu meinem Vortrag im Glockenturm in Adriatica. Tammy ist selbst Autorin und Rednerin. Kanae und Yoshie arbeiteten bei Tammy und Mark sporadisch als Babysitter, aber weil sie schon fast zur Familie dazugehörten, wollten sie mir die zwei Schwestern vorstellen. Die beiden sehen fremdländisch aus: Ihre Mutter ist Mexikanerin, ihr Vater, der leider schon verstorben ist, war Japaner. Kanae und Yoshie sind echte Hingucker, aber während des Vortrags fiel mir Kanae besonders auf, und ich konnte meine Augen nicht mehr von ihr abwenden. Ich hatte wirklich Schwierigkeiten, mich auf meinen Vortrag zu konzentrieren.

Nach der Veranstaltung blieb ich noch für persönliche Gespräche mit den Zuhörern da. Tammy brachte Kanae und Yoshie nach vorn, um Hallo zu sagen, was mich ungemein freute. Ich bat sie in der Nähe zu bleiben, als sie für die Nächsten Platz machten.

Immer wenn ich kurz kein anderes Gespräch hatte, wechselte ich ein paar Worte mit den beiden. Je mehr ich mich mit Kanae unterhielt, desto stärker wurde mein Verlangen, sie schnell irgendwohin zu entführen und alles über dieses zauberhafte Wesen herauszufinden, das so selbstbewusst und herzensgut schien.

Als sie sich irgendwann verabschieden wollten, nahm ich all meinen Mut zusammen. „Ich gebe dir mal meine E-Mail-Adresse, damit wir in Kontakt bleiben können", sagte ich beiläufig zu Kanae.

„Ach, nicht nötig. Ich lasse sie mir von Tammy geben", antwortete sie.

Aber ich wollte unbedingt irgendeine Kommunikationsmöglichkeit haben, damit ich sie nicht wieder aus den Augen verlor. Ich war kurz davor zu betteln: *Bitte nimm die E-Mail-Adresse lieber von mir, damit du sie auch wirklich hast!*

Weil mein Vater mir jedoch beigebracht hat, dass echte Männer nicht betteln, blieb ich cool und versuchte mir die Schmetterlinge im Bauch nicht anmerken zu lassen.

„Alles klar. Wir hören voneinander", sagte Mr Cool.

Kanae und Yoshie verabschiedeten sich mit Tammy und Mark.

Ich war gerade mit meinen Leuten losgefahren, als ich eine SMS von Tammy bekam: „Und? Was denkst du?"

„Sie ist die schönste Frau, die ich je gesehen habe. Und zwar von innen wie von außen", schrieb ich zurück. „Mir fehlen die Worte, ehrlich!"

So viel zum Thema „cool" …

Das geschah an einem Sonntag. Am Montag flog ich wieder zurück nach Kalifornien und hoffte, spätestens am Dienstag von Kanae zu hören, wenn nicht sogar noch am selben Tag. Okay, vielleicht habe ich auch sofort nach der Landung meine E-Mails abgerufen und den ganzen Tag alle zehn Minuten auf „Senden/Empfangen" geklickt, um ja nichts zu verpassen. (Hast du mal ein Foto von ihr gesehen? Und? Hättest du es anders gemacht?)

SCHWER VERKNALLT

Ist es nicht verrückt, wie in solchen Situationen plötzlich das Herz das Steuer ergreift? Man kann vierzehn sein oder vierundsechzig – das Alter spielt keine Rolle. Wenn es funkt, dann passiert immer dasselbe: Man kann sich auf nichts mehr konzentrieren außer auf den Gedanken, wie man näher zu der Person kommt, die die Schmetterlinge verursacht.

Dieser Zustand wird im alten Disneystreifen *Bambi* aufgegriffen, als Freund Eule Bambi und seinen Gefährten erklärt, dass im Frühling Männlein und Weiblein aller Arten „schwer verknallt" sind.

„Es gibt kaum jemanden, der im Frühling nicht schwer verknallt ist. Zum Beispiel, du gehst spazieren und denkst an nichts Böses, du schaust weder nach links, noch nach rechts, und da passiert es. Dir kommt eine hübsche Person entgegen. Deine Knie werden unerhört weich, du siehst weiße Mäuse, fühlst dich leicht wie eine Feder, und bevor du dich versiehst, spazierst du in den siebten Himmel. Und dann wird dir alles klar, du fängst an dich zu drehen, bis dir die Hitze in den Kopf steigt! Und das ist noch nicht alles. Denn so was könnte euch auch passieren."

Ich war *definitiv* schwer verknallt in Kanae. Ich konnte an nichts anderes mehr denken. Und dass sie sich nicht gleich per E-Mail meldete, machte mich ganz verrückt. *Habe ich mir das nur eingebildet? Aber sie hat mich doch so angesehen, als würde sie dasselbe fühlen. Das habe ich doch gemerkt! Da war doch etwas zwischen uns. Oder etwa nicht?*

Tage vergingen. Wochen. Keine E-Mail von Kanae. Kein Piep, kein Tweet.

Es schien, als hätte sie mich vergessen. Aber ich konnte immer nur an sie denken. Mir hatte schon manche Frau den Kopf verdreht, aber das hier war etwas anderes. Sie war schön, ohne Frage, aber sie strahlte auch Charakter aus, Wärme und diese unerschrockene Energie. Zu Yoshies sechsundzwanzigstem Geburtstag haben Kanae und Yoshie mal eben Fallschirmspringen gemacht. Fallschirmspringen!

Irgendwie wollte es nicht in meinen Kopf, dass Gott mir diese dynamische Frau über den Weg geschickt hatte, dafür sorgte, dass es ordentlich funkte und sie dann einfach wieder verschwinden ließ. Also fragte ich ihn: *Wieso hast du sie mir geschickt, wenn aus uns nichts werden soll? Warum lässt du zu, dass sie mich dermaßen von meiner Arbeit ablenkt, wenn zwischen uns überhaupt nichts war?*

Als ich auch nach einer weiteren Woche nichts von Kanae gehört hatte, führte ich ein ernstes Selbstgespräch. *Toll, jetzt hast du es mal wieder geschafft, Nick. Bildest dir ein, dass sie etwas für dich empfindet. Träum weiter! Wann kapierst du es endlich?*

Ich war am Boden zerstört. Zum einen, weil Kanae sich nicht gemeldet hatte, und zum anderen, weil ich mich so zum Trottel gemacht hatte. Nur weil ein hübsches Mädchen nett zu mir gewesen war, führte ich mich auf wie ein Zwölfjähriger mit Liebeskummer.

Fast drei Monate vergingen. Ich dachte noch oft an Kanae, aber die Funkstille von ihrer Seite aus war ein deutliches Signal dafür, dass eine romantische Beziehung nicht infrage kam. Mein männlicher Stolz hatte wieder einen kräftigen Dämpfer bekommen, und das musste ich erst einmal verdauen.

KONKURRENZ

Im Juli hatte ich wieder einen Auftritt in Dallas. Wie auch sonst wollte ich bei Tammy und Mark übernachten und wünschte mir natürlich insgeheim, dass Kanae gerade zum Babysitten da war. Aber ich ermahnte mich, mir keine großen Hoffnungen zu machen. Schließlich hatte ich immer noch nichts von ihr gehört. Offensichtlich hatte sie doch nicht dasselbe Bauchkribbeln gehabt wie ich. Also nahm ich mir vor, meine Gefühle unter Kontrolle zu halten. *Pass auf dein Herz auf! Und bleib cool!*

Unser Flugzeug war kaum gelandet, da schrieb ich Tammy schon eine SMS. „Alle Mann versammelt?", fragte ich so beiläufig wie möglich.

„Yoshie und ich machen gerade Lasagne für dich", schrieb Tammy zurück.

„Super!", tippte Mr Cool in sein Handy. „Und Kanae?"

Ehrlich, die Frage schrieb sich ganz von allein in mein Smartphone. Manchmal ist es mir einfach zu smart. Na gut, ich bin eben schwach, wenn es um Herzensdinge geht. Ich konnte nicht anders. Aber die Antwort war noch schlimmer, als ich befürchtet hatte.

„Kanae ist auch da, aber sie macht gerade eine Fahrradtour mit ihrem Freund", schrieb Tammy.

Ich hielt das für einen blöden Scherz und ging erst gar nicht darauf ein.

Als wir ankamen, war Tammy tatsächlich mit Yoshie in der Küche und machte Lasagne. Ich setzte mich dazu, und wir tauschten ein paar Minuten Neuigkeiten aus. Da meldete sich der verknallte Nick.

„Jetzt mal ehrlich: Wo ist Kanae?", fragte ich kleinlaut.

Tammy stellte die Schüssel mit den frisch gekochten Nudeln hin. Verwirrt blickten Yoshie und sie mich an.

„Sie macht wirklich eine Radtour mit ihrem Freund", sagte Tammy.

Verdammt, das war gar kein Witz!

Da dämmerte es mir. Tammy wunderte sich, dass ich nach Kanae fragte, weil sie dachte, ich wäre an Yoshie interessiert! Ich hatte ihr ja nie gesagt, welche der beiden Schwestern mir aufgefallen war, und weil beide hübsch sind, aber nur eine Single, hatte sie natürlich an Yoshie gedacht. Yoshie war vom Alter her auch näher an mir dran. Deswegen hatte Tammy Kanaes Freund nie erwähnt!

Ich hatte zuvor nur davon gehört, dass einem das Herz in die Hose rutschen kann, aber jetzt wusste ich, wie sich das anfühlt. Mir war, als hätte man mir den Boden unter dem Füßchen weggezogen und ich fiele geradewegs in einen dunklen Abgrund.

Lieber Gott, lass mich jetzt nicht noch einen größeren Idioten aus mir machen, betete ich.

GEKLAUTES HERZ

Ist es nicht schrecklich, wenn das eigene Leben zur Seifenoper wird? Meine Eltern hätten wahrscheinlich einen Serien-Hit mit dem Titel *Nicky und die Liebe* landen können bei all den verrückten Episoden, die ich mir die Jahre über geleistet habe. Und das hier war ein echter Klassiker!

In dem Moment war mir natürlich überhaupt nicht zum Lachen zumute. Eine Textzeile aus dem preisgekrönten Kurzfilm *The Butterfly Circus*, in dem ich mitspiele, lautet: „Je schwerer der Kampf, desto größer der Triumph." Ich glaube, da ist in vielen Bereichen des Lebens was Wahres dran, manchmal sogar in Beziehungsfragen.

Wenn dir die Partnersuche leichtfällt, dann sei zufrieden und dankbar. Tust du dich so wie ich schwer damit, deine große Liebe zu finden, dann lass dir zum Trost gesagt sein, dass ich am Ende triumphiert habe. Gib nicht auf. Ich wünsche dir von Herzen, dass du dasselbe Glück hast wie ich. Ich bin so dankbar, wie sich mein Leben entwickelt hat. Heute kann ich schon gar nicht mehr behaupten, dass ich *trotz* meiner Behinderung und Entbehrungen ein unverschämt gutes Leben führe. Stattdessen muss ich bekennen, dass ich gerade *deswegen* so viel Gutes erlebe.

Verstehst du, was ich meine? Meine Siege und Erfolgserlebnisse haben ein Gewicht und eine Bedeutungstiefe, die wohl nicht dieselbe wäre, wenn ich von Geburt an Arme und Beine gehabt hätte. Ich bin viel dankbarer für alles, was ich habe, weil ich es mir erkämpfen musste.

Ob ich Gott manchmal mit der Bitte in den Ohren gelegen habe, mir Gliedmaßen zu schenken und ein paar Hindernisse aus dem Weg zu räumen? Absolut. Noch heute wünsche ich mir das ab und zu. Ich bin schließlich ein ganz normaler Mensch wie jeder andere auch. Manchmal würde ich lieber den bequemen Weg wählen als den steinigen. Aber trotzdem bin ich jeden Tag dankbar dafür, wie viel Positives meine Beeinträchtigungen schon mit sich gebracht haben.

Tu mir den Gefallen und ziehe den folgenden Gedanken für dein Leben in Erwägung: Beziehungssorgen und andere Probleme können sich im Nachhinein als Segen erweisen, auch wenn du im Moment noch keinerlei Wert darin sehen kannst. Als ich auf Tammys Sofa saß und hörte, dass die Frau, mit der ich mir schon wer weiß was ausgemalt hatte, längst vergeben war, konnte ich natürlich überhaupt nichts Gutes daran finden. Ich hatte eher das Gefühl, mein Herz würde gleich zerspringen.

Sie hat mich doch so lieb und zugleich interessiert angesehen! Wie kann sie da einen Freund haben? Habe ich mir das nur eingebildet? Bin ich noch ganz dicht?

Genau in diesem Moment kam Kanae mit ihrem Freund herein, der aber gleich die Treppe hinaufstürzte und gar nicht erst Notiz von mir nahm.

Anders als Tammy. Sie beobachtete das Ganze von der Küche aus und wurde ganz bleich, als sie die Enttäuschung in meinem Gesicht sah. Schlagartig muss ihr klar geworden sein, für wen mein Herz eigentlich schlug. Kanae umarmte mich fröhlich, und ich hatte Mühe, überhaupt zu lächeln. Ehrlich gesagt war ich so frostig und abweisend zu ihr wie noch nie zuvor zu einem Mädchen. Von cool und lässig konnte keine Rede sein.

„Du hast also einen Freund?", fragte ich. „Wie lange seid ihr schon zusammen?"

„Etwa ein Jahr", antwortete Kanae.

Der Abgrund schien plötzlich noch tiefer.

Ich war stinkwütend auf mich selbst, weil ich ihre Signale so missverstanden hatte. Sie wollte nur Freundschaft, weiter nichts! Am liebsten wäre ich schnell irgendwohin verschwunden, um mit der Stirn Nägel einzuhämmern, aber auf dem Tisch dampfte die

Lasagne. Das Essen war fertig. Kanaes Freund kam dazu und stellte sich vor. Er machte eigentlich einen ganz netten Eindruck, aber ich war nicht in der Stimmung, Freundschaften zu schließen. Dabei hatte er mir überhaupt nichts getan – außer eine Freundin zu haben, in die ich mich Hals über Kopf verknallt hatte.

Die gemeinsame Mahlzeit brachte ich gerade so hinter mich, ohne dem armen Kerl den Kopf abzureißen. Mein Pfleger und ich wollten bei Tammy übernachten, Yoshie und Kanae aber offensichtlich auch, also hatte ich wohl noch einen langen Abend vor mir.

Ob es ein Motel um die Ecke gibt?, fragte ich mich.

Aber das wäre sehr unhöflich gewesen und verdammt schwer zu erklären. Ich musste mich zusammenreißen und das Beste daraus machen. Also gesellte ich mich zu Tammy und den Kindern im Spielzimmer und machte es mir auf dem Sofa bequem. Nachdem ihr Freund gegangen war, kam auch Kanae dazu. Irgendwann gingen Tammy und die Kinder ins Bett, und ich war mit meiner Herzensdame allein. Kurz überlegte ich, ihr mein Herz auszuschütten, aber dann beschloss ich, wenigstens ein kleines bisschen Würde zu behalten und die Sache auf sich beruhen zu lassen.

Vielleicht habe ich ein paarmal laut geseufzt. Und ein-, zweimal auch leise gewimmert. Doch obwohl es sehr verlockend war, stimmte ich kein Klagegeheul an. Ich war so in Selbstmitleid versunken, dass ich gar nicht mitbekam, wie Kanae plötzlich aufstand. Unvermittelt ließ sie sich neben mir auf die Couch plumpsen und sah mir tief in die Augen.

Du bist so wunderschön und weißt überhaupt nicht, was ich für dich empfinde, dachte ich nur.

„Nick, können wir reden?"

Der Eispanzer um mein Herz schmolz. Dieser Frau konnte ich einfach nicht widerstehen! Ich konnte kaum atmen in ihrer Gegenwart. Unter Aufbietung meiner ganzen Selbstbeherrschung reagierte ich so sachlich, wie ein zitterndes, liebeskrankes Häuflein Mann es kann. Mein Pfleger war zwar in der Nähe, hörte aber zum Glück mit geschlossenen Augen Musik.

„Klar, was gibt's?"

Die Frau meiner Träume schüttete mir ihr Herz aus – über ihren Freund. Die Beziehung lief nicht so, wie sie sich das erhofft hatte. Kanae machte sich Sorgen, in welche Richtung sich das Ganze entwickelte. Ihre Familie hieß die Verbindung nicht gut, und Kanae überlegte seit Monaten, mit ihrem Freund Schluss zu machen, auch schon, bevor wir uns kennenlernten. Sie mochte ihn, aber den Rest ihres Lebens wollte sie nicht mit ihm verbringen.

Ich setzte mein „Ich höre dir aufmerksam zu"-Gesicht auf, sah sie besorgt und mitfühlend an und nickte weise.

Auch wenn alles in mir danach lechzte, das Brecheisen zu sein, das Kanae von ihrem Freund trennte, war mir bewusst, dass sie mich vertrauensvoll um Rat bat. Wie ein befangener Richter musste ich mich aus dieser Verhandlung zurückziehen und das Verfahren an den Obersten Gerichtshof verweisen.

„Ich kann verstehen, dass du dir Sorgen machst. Zu Recht, wie ich finde. Du solltest Gott bitten, dir bei der Entscheidung zu helfen", sagte ich.

Wenn Kanae mir einfach für den Rat gedankt hätte, aufgestanden wäre und mich allein zurückgelassen hätte, dann wäre unsere Geschichte an dieser Stelle wohl zu Ende gewesen. Stattdessen blieb sie direkt neben mir sitzen und sah mich mit ihren großen, dunklen Augen an.

Zu meiner völligen Überraschung hörte ich mich plötzlich sagen: „Ich möchte dich was fragen. Woran denkst du als Erstes, wenn ich ‚Glockenturm' sage?"

„Unsere Blicke", sagte sie wie aus der Pistole geschossen.

„Was meinst du damit?", fragte ich.

„Unsere Blicke", wiederholte sie. „Als wir uns zum ersten Mal ansahen, spürte ich es. Und dann bekam ich es mit der Angst, weil ich so etwas Heftiges noch nie zuvor gefühlt hatte."

Woa! Also ging es nicht nur mir so?

„Nick, seitdem bete und faste ich, um herauszufinden, was ich tun soll", sagte Kanae.

„Warum hast du mir nicht gleich gesagt, dass du einen Freund hast?"

„Ich wollte ja Tammy nach deiner E-Mail-Adresse fragen, um dir alles zu schreiben, aber dann hat sie mir von der SMS erzählt, dass Yoshie dir den Atem verschlagen hat …"

„Nein, nein, nein", protestierte ich. „In der SMS ging es um dich, nicht um Yoshie."

„Du meintest mich?"

„Mit dir habe ich doch am meisten geredet. Wir haben uns während des Vortrags andauernd angesehen, und in der SMS an Tammy ging es nur um dich."

„Und ich dachte, du bist so ein Aufreißer, der mit uns beiden flirtet!"

„Niemals!", erwiderte ich.

Einen Moment lang herrschte Schweigen.

„Soll das heißen, du betest und fastest meinetwegen?", fragte ich.

„Ja, weil ich nicht weiß, was ich tun soll", antwortete Kanae. „Ich habe ja einen Freund, aber so was wie bei dir habe ich noch nie gefühlt."

„Ist das dein Ernst?", fragte ich.

Sie wurde still.

Ich auch.

Uns waren die Worte ausgegangen. Jeder fühlte sich zum anderen hingezogen, und beide hatten wir uns wegen eines Missverständnisses monatelang gequält. Unsere Blicke trafen sich wieder, und je länger wir so dasaßen, desto weniger wollte ich meine Augen je wieder von ihr abwenden.

Ich war wie verzaubert.

Und bekam Panik.

Auf einmal hatte ich das überwältigende Bedürfnis, mich nach vorn zu beugen und sie zu küssen. Die emotionalen Barrieren waren weg. Wir hatten uns einander geöffnet und uns unsere Gefühle eingestanden. Aber sie hatte einen Freund, und das machte mich unendlich traurig.

Sie muss gespürt haben, was ich dachte.

„Was machen wir denn jetzt?", fragte sie.

„Gar nichts. Wir müssen es dabei belassen. Du hast einen Freund."

Habe ich das gerade wirklich gesagt?, dachte ich.

„Es ist besser, wenn du jetzt gehst", sagte ich. *Weil ich sonst nicht mehr an mich halten kann und dich küssen muss.*

In mir tobte eine explosive Mischung aus Freude und Panik. Diese wunderschöne junge Frau hatte tatsächlich Gefühle für mich. Sie liebte mich! Aber sie war vergeben.

Ich musste meine Gefühle irgendwie unterdrücken.

„Gib mir eine Gute-Nacht-Umarmung und dann geh schlafen", meinte ich. „Wir müssen Gott um Hilfe bitten. Egal, wie stark unsere Gefühle sind, er kann sie wegnehmen."

Ich war hin- und hergerissen, und Kanae ging es nicht anders. Trotzdem beschlossen wir, getrennte Wege zu gehen. Wenn wir füreinander bestimmt waren, würde Gott hoffentlich ein Wunder tun.

Nachdem Kanae schlafen gegangen war, betete ich noch mindestens eine Stunde lang. Ich bat Gott zuerst, mein Herz zu beruhigen. Falls Kanae und ich wirklich nicht zusammenkommen sollten, brauchte ich seine Hilfe, um die Sehnsucht zu besiegen. Ich versuchte mich davon zu überzeugen, dass ich über sie hinwegkommen konnte, falls sie nicht die Richtige war.

Die ganze Nacht träumte ich von Kanae. Am nächsten Morgen musste ich mich von ihr verabschieden. Vorher setzten Tammy, Kanae und ich uns aber noch in der Küche zusammen und redeten über alles, was vorgefallen war. Tammy bat um Entschuldigung, dass sie davon ausgegangen war, ich hätte in der SMS von Yoshie gesprochen. Natürlich nahmen wir ihre Entschuldigung an. Dann sagten wir einander Lebewohl.

Ich fuhr davon und wusste nicht, ob ich Kanae je wiedersehen, geschweige denn mit ihr allein sein würde. Die Hochs und Tiefs der vergangenen vierundzwanzig Stunden hatten mich vollkommen erschöpft. Ich konnte alles nur in Gottes Hand legen, aber das machte den Herzschmerz nicht besser. Immerhin, es tröstete mich, dass sie tatsächlich auch Gefühle für mich hatte. Allein diese Tatsache bedeutete mir sehr viel. Ihr Geständnis bestätigte mir, dass ich mir nicht alles nur eingebildet oder Wunschträume gehabt hatte.

Dass mich eine intelligente, gläubige und hübsche junge Frau wie Kanae ernsthaft für eine Beziehung in Betracht zog, war an sich schon ein unglaubliches Geschenk. Dafür konnte ich wirklich dankbar sein. Kanae hatte mich mit ihrem Charakter und ihrer Aufrichtigkeit sehr beeindruckt. Auf unsere Grundfrage übertragen, wie man seine Überzeugungen in die Tat umsetzt, würde ich sagen: In Beziehungsdingen sollte man sein Bestes geben, an sich arbeiten und dann einfach fest daran glauben, dass man es wert ist, geliebt zu werden. Irgendwo da draußen ist jemand, der dich sieht, mit all deinen Fehlern und Macken, und trotzdem lieben wird.

Lass dir durch meine Geschichte Mut machen. Wenn es bei mir geklappt hat, kann es auch bei dir klappen. Das reicht dir nicht? Sieh dich um. Die Welt ist voll von normalen, unvollkommenen Menschen, die einen Partner gefunden haben. Es ist also nicht unmöglich. Ich wünsche dir, dass der/die Richtige dich bald findet und dass eure Verbindung stark genug ist für alle Hindernisse, auf die ihr treffen werdet.

DER DURCHBRUCH

Sechs Wochen vergingen ohne ein Lebenszeichen von Kanae. Wieder hatte ich einen Vortrag in Dallas, und ich war hin- und hergerissen, ob ich mich bei ihr melden sollte. Tammy hatte sich als Gastgeberin angeboten, wann immer ich in der Nähe war, aber ich wollte Kanae nicht schon wieder in eine peinliche Situation bringen. Also beschloss ich, bei einem anderen Bekannten zu übernachten. Leider vergaß ich, mich rechtzeitig bei ihm zu melden, und als ich ihn vom Flughafen aus anrief, war er nicht da.

Mein Pfleger und ich waren schon so lange auf Tour gewesen, dass wir nicht schon wieder in ein Hotel wollten. Ich war müde vom vielen Reisen und nicht besonders gut gelaunt. Mein Körper, mein Kopf und auch meine Willenskraft waren erschöpft. Der Gedanke, Kanae zu sehen und mich vielleicht sogar ein wenig mit ihr zu unterhalten – auch wenn sie noch einen Freund hatte – übertrumpfte jeden Gedanken an ein Hotelbett.

Ich rief Tammy an, ob wir spontan bei ihr übernachten durften. Mark und die Kinder waren da und luden uns sofort ein, also machten wir uns auf den Weg. Auch Kanae sollte da sein.

Auf der Fahrt vom Flughafen schickte ich schnell ein paar Gedanken nach oben.

Du weißt, dass ich ziemlich geschafft bin, und nicht ins Hotel fahre, sondern zu Tammy. Und du weißt auch, wer noch dort sein wird, und ... Gottes offensichtlicher Sinn für Humor brachte ein Lächeln auf meine Lippen. Wahrscheinlich schmunzelte er genauso.

Ich hätte vielleicht besorgter und vorsichtiger sein sollen, aber das ewige Herumreisen hatte mich so durcheinandergebracht, dass ich nur noch albern grinsen konnte. „Na, das kann ja was werden", sagte ich, als wir in die Auffahrt einbogen.

Mark und Tammys Kinder kamen herausgerannt und begrüßten

uns. Dann schnappten sie sich unsere Taschen, und wir gingen in die Küche. Dort saß Kanae. Unsere Blicke trafen sich.

„Überraschung", sagte ich verlegen.

Sie lachte und strahlte mich an. Wenn ich Knie hätte, wären sie weich geworden. Ich fühlte mich, als wäre ich aus einem Schwarz-Weiß-Streifen in einen 3D-Farbfilm spaziert. Die Chemie zwischen uns war zehnmal so stark wie bei der letzten Begegnung. Alle meine Zweifel lösten sich in Luft auf, als Kanae zu mir kam, mir eine Hand auf die Schulter legte und sagte: „Ich habe lange darum gebetet. Zwischen mir und meinem Freund ist es vorbei. Ich möchte lieber mit jemandem zusammen sein, mit dem ich den Rest meines Lebens verbringen will."

Juhu! Volltreffer!

All die Enttäuschungen, Kämpfe, Misserfolge und Tränen meines ganzen Lebens verblassten in diesem Moment. Ich war am Ziel! Es wollte nicht in meinen Kopf, dass eine so außergewöhnliche junge Frau bereit war, den Rest ihres Lebens als Ehefrau an meiner Seite zu verbringen.

Meine Frau!

Kanae erzählte mir, dass sie sich vom ersten Augenblick an zu mir hingezogen gefühlt hatte, aber weil die emotionale Verbindung zwischen uns so stark gewesen war, hatte sie Angst bekommen. Sie ist reifer, als ihr Alter vermuten lässt, und sie wollte aus Überzeugung und nicht aus einem Gefühlssturm heraus handeln. Also zog sie sich zurück, nahm sich Zeit und bat auch Gott um Rat.

„Ich wollte wissen, was das für Gefühle waren", sagte sie. „War das reine Chemie oder wirklich das Bedürfnis nach einer richtigen Beziehung? Ich wollte mich nicht nur auf mcine Gefühle verlassen. Das reichte mir nicht. Also habe ich in mich hineingehorcht und gebetet." Mit anderen Worten: Kanae setzte ihren Glauben in die Tat um.

Ich wünsche dir, dass du eines Tages rundherum zufrieden sein wirst – entweder, weil du jemanden gefunden hast, der dich liebt, oder weil du auch ohne Partner glücklich durchs Leben gehen kannst. Bleib auf jeden Fall in Bereitschaft und verschenke so viel Liebe wie möglich. Du wirst sehen, dass das nicht ohne Folgen bleibt.

AUF DEM PRÜFSTAND

Dieser Moment hätte aus dem romantischsten Film aller Zeiten stammen können – oder zumindest dem Bestmöglichen, in dem ich die Hauptrolle spiele, aber das war kein Film. Das war die Realität!

Jetzt, wo wir ohne Wenn und Aber zusammen waren, wollten wir uns als Paar unseren Familien präsentieren.

Kanaes Mutter und ihre Schwester waren sofort mit unserer Beziehung einverstanden, und ich war unwahrscheinlich dankbar, dass sie mich so herzlich und verständnisvoll aufnahmen. Als Kanae ihrer Mutter von mir erzählte, sagte meine zukünftige Schwiegermutter: „Na, Gott sei Dank!"

Yoshie hatte ihr ein paar Wochen zuvor erzählt, dass es zwischen mir und Kanae geknistert hatte. Jetzt bekamen wir zu hören, dass ihre Mom heimlich dafür gebetet hatte, dass wir zusammenkommen. Ich hatte Kanaes Oma, ihre Tanten, Onkel, Cousins und Cousinen sofort auf meiner Seite, als ich auf einer Familienfeier zu mexikanischer Musik ein Tänzchen hinlegte und ihnen danach meine Geschichte erzählte. Die fehlenden Gliedmaßen interessierten sie nicht. Sie machten sich eher Sorgen, dass ich ein oberflächlicher Promi ohne Substanz war. Nachdem sie mich aber ein wenig kennengelernt hatten und Kanae und ich vor ihnen unsere Liebe bekannten, waren ihre Bedenken aus dem Weg geräumt.

Meinen Eltern von Kanae zu erzählen, schob ich ehrlich gesagt ein paar Wochen vor mir her. Mein Vater ist sehr vorsichtig und fühlt mir jedes Mal richtig auf den Zahn, wenn es um eine Frau geht. Aber Mom und Dad waren ganz schnell Feuer und Flamme für Kanae. Sie ist für ihr Alter einfach unglaublich lebenserfahren. Das liegt vielleicht auch daran, dass ihre Eltern sich scheiden ließen, als sie fünf war, und Kanae schon früh Verantwortung übernehmen musste.

Ihre Reife bemerkte man vor allem in dem Moment, als meine Eltern ihr eine schwere Frage stellten. Meine Behinderung ist zwar nicht erblich bedingt – schließlich haben meine Geschwister Arme und Beine –, aber trotzdem fragten meine Eltern Kanae, was sie machen würde, wenn unser Kind genauso auf die Welt kommen würde wie ich.

Meine zukünftige Frau, die schon immer eine große Familie haben wollte, antwortete: „Und wenn alle unserer fünf Kinder ohne Arme und Beine geboren werden, werde ich sie trotzdem lieben. Außerdem hätte ich es leichter als ihr, denn auf Nick wart ihr absolut nicht vorbereitet, aber ich hätte ihn ja als Vorbild und Vorkämpfer für die Kinder."

Damit hatte Kanae meinen Eltern ihre Liebe zu mir und zu unseren zukünftigen Kindern nachdrücklich deutlich gemacht. Ich weiß noch, dass ich immer Angst gehabt hatte, nie eine Frau zu finden, die meine Eltern akzeptieren würden. Sie haben einen sehr ausgeprägten Beschützerinstinkt, was mich betrifft. Aber jetzt hatte ich eine junge Frau, die mühelos ihren Respekt, ihre Bewunderung und ihre Herzen gewann.

Kanaes Gefühle für mich sind echt, und sie bringt sie auf eine Art und Weise zum Ausdruck, die mich mit Dankbarkeit, Demut und Respekt erfüllt. Und damit meine ich nicht nur, was sie sagt. Jeden Tag zeigt sie mir durch ihr Verhalten und kleine Aufmerksamkeiten ihre Liebe.

Das erste Mal merkte ich im Dezember 2010, wie ernst sie es mit mir meinte. Unsere Beziehung war erst wenige Monate alt, als ich auf das Finanzproblem in meiner Firma stieß. Wir waren noch nicht verlobt, aber das Thema Heirat lag definitiv in der Luft. Ich wollte mich meiner potenziellen Braut natürlich von meiner besten Seite zeigen; stattdessen rückte ich mich ins schlechteste Licht. Mag sein, dass es in einer jungen Beziehung noch einen schlechteren Zeitpunkt für einen kompletten Nervenzusammenbruch gibt, aber mir fällt keiner ein. Da waren wir also, ein frischverliebtes Paar, und der scheinbar starke Mann stürzte in ein Tal der Verzweiflung.

Im letzten Kapitel habe ich ja schon alle traurigen Details über meinen emotionalen Kurzschluss wegen des stockenden Kapitalflusses bei *Attitude is Altitude* erzählt. Verschwiegen habe ich aber bis hierher, wie Kanae mir während meiner Krise ihre grenzenlose Liebe bewies.

Noch nie zuvor habe ich in solchem Maß erlebt, was bedingungslose Liebe bedeutet. Und das will etwas heißen, denn meine Eltern, Geschwister und alle meine Tanten, Onkel, Cousinen und Cousins haben mir mein ganzes Leben lang immer nur Liebe entgegengebracht. Aber sie sind meine Familie. Blutsbande sind eine Sache, aber Kanaes Bande zu mir waren ungleich zarter und frisch geknüpft. Sie hätte sich ohne Weiteres von mir trennen können. Stattdessen rückte sie noch näher an mich heran. Sie setzte ihre Überzeugungen auf eine Weise um, die mir schlichtweg heldenhaft erschien.

Gerade jetzt, wo ich als fähiger Versorger dastehen wollte, musste ich meiner neuen Freundin gestehen, dass meine Firma mit fünfzigtausend Dollar in der Kreide stand. Ich fühlte mich wie ein Versager. Warum sie nicht auf dem Absatz kehrtmachte und aus der Tür marschierte, weiß ich nicht, aber ich werde ihr auf ewig dankbar sein, dass sie an meiner Seite blieb, mich tröstete und ermutigte.

Als ich mich wegen der Schulden unfähig und wertlos fühlte, ermahnte Kanae mich, dass Liebe kein Preisschild hat. Sie machte ihr Interesse nicht davon abhängig, was ich zu bieten hatte. Um mir das zu zeigen, überschüttete sie mich mit Liebesbeweisen, mit Pflege und Fürsorge.

Was mich am Schuldenberg mit am meisten störte, war, dass er meine heimliche Hoffnung zunichte machte, etwas Geld anzusparen und für ein gutes Jahr kürzerzutreten. Ich wollte im ersten Ehejahr nicht ständig auf Tour sein. Familie und Freunde lagen mir schon seit Jahren in den Ohren, weniger zu arbeiten, und endlich hatte ich auch einen guten Grund dazu: meine zukünftige Braut.

Als ich Kanae beichtete, dass meine Firma nicht nur keinen Profit abwarf, sondern rote Zahlen schrieb, antwortete sie nur: „Na und? Dann suche ich mir einen Job als Pflegekraft und halte uns beide über Wasser."

Sie zögerte nicht. Sie zuckte nicht mit der Wimper und stürzte auch nicht zur Tür. Zärtlich fuhr sie mir durch die Haare und tröstete mich.

Was mir auch enorm viel bedeutete, war, dass Kanae jeden Tag für mich betete. Emotionale Unterstützung kann ein echter Segen sein, aber Gebete haben einfach noch mehr Kraft. Schon allein zu wissen, dass Kanae meine Bedürfnisse kannte und Gott darum bat, sie zu stillen, tröstete mich. Für mich zapfte Kanae die größte Quelle für inneren Frieden und Geduld an.

Nach und nach wurde mir klar, dass Kanae der Schlüssel für meine Entwicklung ist. Durch sie kann ich der beste Ehemann, Motivationstrainer, Freund, Chef, Bruder und Sohn werden, der in mir steckt. Ich brauche sie um überhaupt nichts zu bitten. Sie weiß immer, was ich brauche. Und was sie mir nicht geben kann, erbittet sie von Gott: Weisheit, Geduld, Zufriedenheit und inneren Frieden. Zu guter Letzt schenkt sie mir ihre Einfühlsamkeit. Niemand kann so mit mir mitfühlen wie sie! Alles, was mich bewegt, bewegt sie auch. Sie ist für mich da, und genauso möchte ich sofort zur Stelle sein, wenn sie jemanden zum Reden oder zum Sich-Luft-Machen braucht.

Woher weiß man, dass man eine liebevolle Beziehung führt? Wenn man gibt, ohne dafür empfangen zu wollen. Wenn die Bedürfnisse des anderen einem wichtiger sind als die eigenen. Kanae bedeutet mir mehr als meine Arbeit und meine Projekte. Deswegen verbringe ich Zeit mit ihr, wir schauen uns Filme an, sitzen vorm Kamin und reden über unser Leben. Ich bin immer wieder verblüfft, wie viele Ebenen so eine Beziehung hat! Je mehr mir Kanae von sich schenkt, desto mehr möchte ich ihr zeigen, dass ich ihre Liebe wert bin. Für Kanae möchte ich ein besserer Mensch werden.

Letztens erzählte mir ein Freund von seiner neuen Beziehung, und andauernd sagte er: „Ich glaube, sie ist zu gut für mich. Ich habe diese Frau nicht verdient." Ich entgegnete ihm, dass das doch ein ganz guter Startpunkt für eine Beziehung sei. Es ist wichtig, sich mit Menschen zu umgeben, die einen zum Wachstum anregen und dazu bringen, liebevoller zu sein, freigiebiger und mitfühlender. Ich bin zum Beispiel schon viel geduldiger geworden. Allerdings lag die Messlatte auch nicht besonders hoch, wenn ich an meine Tage als Single denke, wo ich oft egoistisch und ungeduldig war.

Onkel Batta hat mich kürzlich an mein Tagebuch erinnert, das ich vor Jahren geführt habe. Darin hatte ich eine Liste mit zehn Punkten notiert, die ich mir bei meiner Traumfrau wünschte.

„Und erfüllt Kanae alle Punkte?", fragte er mich.

Sofort suchte ich das Tagebuch und sah nach. Dann rief ich ihn an. „Weißt du was? Sie erfüllt tatsächlich jeden einzelnen Punkt!"

Der Augenblick hatte etwas Lustiges an sich, aber er war auch einfach schön.

Ich bin zwar ein paar Jahre älter als Kanae, aber in Sachen Weisheit kann ich mir von ihr eine Scheibe abschneiden. Das Fundament unserer Beziehung, die nicht von Erwartungen, Ablenkungen oder unbewussten Vorstellungen vergiftet ist, haben wir hauptsächlich ihr zu verdanken. Ich denke, unsere Liebe wird mit der Zeit weiterwachsen und reicher werden. Wer im Glauben nicht wächst, schrumpft, sage ich oft, und dasselbe gilt für die Liebe.

Unsere Liebe ist sogar ansteckend. Vor Kurzem beobachtete uns eine ältere Frau dabei, wie wir erzählten und miteinander lachten. Dann kam sie mit Tränen in den Augen zu uns und sagte: „Jetzt glaube ich wieder an die Liebe." Ich kann gar nicht beschreiben, wie glücklich es mich macht, wenn ich Kanae lächeln, lachen, tanzen, singen und herumalbern sehe.

Als Gottes Kind kannst du dir nicht nur seiner Liebe sicher sein, sondern bist es wert, in einer liebevollen Beziehung zu leben. Ich hoffe sehr, dass du davon so beschenkt sein kannst wie ich. Vergiss aber nicht, deinen Teil zu erfüllen, dich darauf vorzubereiten und selbstlos Liebe zu verschenken!

KAPITEL 4

Lebe nicht auf Sparflamme

Als ich noch jung war und meine Eltern über meine Zukunft nachdachten, schlug mein Vater, der Buchhalter, vor, ich solle doch in seine Fußstapfen treten. „Erstens kannst du mit Zahlen umgehen, und zweitens kannst du dir Leute anstellen, die deine Arme und Beine sind", sagte Dad.

Zahlen und Fakten sind mein Ding. Ich kann zwar nichts an den Fingern oder Zehen abzählen, aber dank meines kleinen Füßchens und moderner Technologie gehorchen mir Taschenrechner und Computer. Im College hielt ich mich also an den Plan meiner Eltern und machte einen Abschluss in Rechnungswesen und Finanzplanung. Der Gedanke, anderen Menschen gute finanzielle Entscheidungen zu ermöglichen, an ihrem Vermögen zu bauen und Strategien für sinnvollen Lebensunterhalt zu entwickeln, erschien mir reizvoll. Mit Aktien zu handeln, machte mir genauso Spaß. An der Börse machte ich so einige gute und schlechte eigene Erfahrungen.

Als Finanzberater zu arbeiten, schien mir ein guter Weg, anderen zu helfen und gleichzeitig für mein Auskommen zu sorgen – und hoffentlich eines Tages meine Familie zu ernähren. Aber irgendwie konnte ich mich für diesen Plan nie so richtig begeistern. Ich hatte immer das Gefühl, dass da noch etwas anderes auf mich wartete. In der Schule hatte ich angefangen, vor meinen Mitschülern kurze

Vorträge über mein Leben zu halten. Und sie reagierten auf das, was ich sagte. Irgendwie schien ich einen Nerv bei ihnen zu treffen, und damit war bei mir das Feuer entfacht.

Im Lauf der Zeit gewöhnte ich mir an, auch offener über meinen Glauben zu sprechen. Meine Zuhörer zu motivieren, wurde meine große Leidenschaft. Ich möchte gern anderen helfen, und das kann ich eben am besten tun, indem ich offen darüber rede, wie beschenkt und gesegnet ich eigentlich bin und wie viel Gutes aus meiner Behinderung schon entstanden ist. Diese Erkenntnis hat mein Leben sinnvoll gemacht, und ich glaube, Gott hat mir diesen Weg geebnet.

Ich betrachte das als ein großes Geschenk. Viele wissen nicht, wohin mit ihrem Leben. Schnell sind sie dabei, ihren Wert infrage zu stellen, weil ihnen nicht klar ist, wo sie etwas bewegen oder ein Zeichen setzen können. Mag sein, dass du deine Talente und Interessen auch noch nicht genau kennst. Es ist ganz normal, ein bisschen herumzuprobieren, bevor man weiß, welchen Weg man im Leben einschlagen möchte. Und mehrmals die Richtung zu ändern, gehört mittlerweile auch schon fast dazu.

Trau dich, dir selbst auf den Zahn zu fühlen. Was erfüllt dich und bringt deine Talente und Energie zum Einsatz? Folge diesem Weg, nicht aus egoistischen Gründen oder um reich und berühmt zu werden, sondern weil du etwas aus deinem Leben und die Welt ein Stückchen besser machen willst. Hab Geduld, wenn du nicht sofort weißt, wohin. Timing ist eine wichtige Komponente. Solange du das Feuer für die richtige Sache in dir trägst, wird es nicht verglühen. Denk aber daran, dass es auch mit Risiken behaftet sein kann, deiner Leidenschaft zu folgen. Und falls du irgendwann die Begeisterung für eine Sache doch verlieren solltest, wartet wahrscheinlich etwas noch Größeres auf dich.

SPURENSUCHE

Du bist auf der richtigen Fährte, wenn deine Fähigkeiten, dein Wissen, deine Energie, Ausrichtung und Hingabe derart zusammenspielen, dass du so aufgeregt wirst wie ein Kind vor seinem Lieblingsspielzeug. Arbeit und Vergnügen werden eins. Du hast das Gefühl, es gäbe unendlich viele Möglichkeiten. Was du tust, wird ein Teil deiner Identität, und plötzlich ist dir dein eigener Gewinn nicht mehr so wichtig wie der Nutzen, den andere von deiner Arbeit haben.

Deine Leidenschaften sind wie ein Kompass zu deiner Bestimmung. Hab Vertrauen in deine Fähigkeiten und schenk sie der Welt! Du bist nämlich genauso wie ich für deine Bestimmung maßgefertigt. Alles an dir – deine mentalen, körperlichen und seelischen Fähigkeiten und dazu dein einzigartiges Paket aus Talenten und Erfahrung – sind genau dafür abgestimmt, dein Ziel zu erreichen.

Deinen Glauben in die Tat umsetzen, heißt also: Lass dich von deinen Leidenschaften leiten, finde deine Bestimmung, und bau dir dein Leben so, dass du deine Talente maximal entwickeln und ausschöpfen kannst. Was treibt dich an? Was findest du jeden Tag wieder neu aufregend? Was würdest du zur Not auch ohne Bezahlung tun, Hauptsache, man lässt dich? Was würdest du am liebsten bis zum Lebensende machen? Wofür würdest du alles aufgeben – Geld, Luxus und alle Annehmlichkeiten des Lebens –, weil es dir so guttut? Wovon bist du der Meinung, dass es dringend mal jemand anpacken müsste?

Mit diesen Fragen kannst du aus dir herauskitzeln, wofür du Feuer und Flamme bist. Und wenn das nicht hilft, frag die Menschen in deiner Umgebung. Welche Talente sehen sie in dir? Wo können sie sich dich vorstellen? Wo erleben sie bei dir die größte Begeisterung?

Bevor du dich für dein Steckenpferd entscheidest, möchte ich dir einen Vorschlag machen: Frag einmal an allerhöchster Stelle nach. Viele Menschen fragen mich, woher man wissen soll, was Gott von einem will. Für mich gilt: Egal, ob ich herausfinden will, was ich mit meinem Leben machen soll, oder in einer schwierigen Situation nicht mehr weiterweiß, ich halte mich fest an Gottes Liebe und vertraue darauf, dass er mein Freund ist. Wir unterhalten uns oft, und ich lese in seinem Buch.

Es kann einem nämlich nichts Besseres passieren, als Gott zu kennen. Wieso? Er kann selbst aus dem Schlimmsten noch etwas Gutes machen! Eine vermeintlich sinnlose Plackerei verwandelt er in einen Lernprozess. Aus Leid macht er Stärke, aus Misserfolg Erfolg. Gott kann einem „Kopfschmuck anstelle von Asche, Freudenöl anstelle von Trauerkleidern und Lobgesang anstelle eines betrübten Geistes" geben. Wenn du also nicht weißt, welche deiner Interessen du weiterverfolgen sollst, frag ihn. Und falls die Antwort auf sich warten lasst, versuch Folgendes: Finde etwas, wo du anderen dienen kannst, etwa als Freiwilliger bei einem Hilfseinsatz oder einem Projekt in deinem Stadtteil. Arbeite dort eine Weile mit und beobachte, was daraus wird.

Es ist so: Wenn Gott etwas bestellt, dann bezahlt er es auch. Er würde dir nie etwas auftragen, ohne dich nicht auch mit allem auszustatten, was man dafür braucht. Manchmal weiß man natürlich nicht gleich, was man eigentlich soll. Oder man ist der Meinung, dazu fehle einem die nötige Leidenschaft. Mein Vater hatte einmal den Eindruck, er solle eine neue Kirchengemeinde gründen. Aber er hatte daran überhaupt kein Interesse. Trotzdem hörte er auf sein Gefühl und machte sich an die Arbeit, was ihm anfangs ziemlich schwerfiel. Kennst du Noah? Als Gott ihm auftrug, eine riesige Arche zu bauen, hatte er garantiert starke Zweifel, aber er sagte kein Wort. Er baute einfach das Schiff. Letzten Endes stellte es sich als sehr weise heraus, dieser Aufforderung gefolgt zu sein. Auch mein Vater war hinterher sehr dankbar dafür, dass er auf sein Gefühl gehört hatte. Die kleine Gemeinde zog Menschen an, und er konnte als Laienprediger etwas bewirken.

Ich bin keineswegs immer sofort begeistert, wenn Gott etwas von mir will. Aber ich bin immer begeistert von ihm, und deswegen tue ich, was er mir sagt. Dieser Weg hat sich für mich ausgezahlt. Es ist meine Bestimmung, vor Leuten zu stehen und sie zu motivieren. Und es ist meine Leidenschaft, das Beste aus ihnen herauszukitzeln.

ALLES EINE FRAGE DES TIMINGS

Ich wurde genau zum richtigen Zeitpunkt Motivationstrainer, weil ich damals weder finanzielle Verpflichtungen noch eine Familie hatte. Jahrelang hielt ich ehrenamtlich Vorträge, aber glücklicherweise gab es Leute, die auch dafür bezahlen wollten, mich zu hören. Die Einnahmen reichten für mich zum Leben, und ich konnte es mir sogar leisten, hin und wieder kostenlos aufzutreten, wo kein Geld zur Verfügung war.

Manchmal stehen wir aber in der Gefahr, uns in eine gute Sache hineinzustürzen, ohne über das richtige Timing nachzudenken. Paradebeispiel: *Ich!*

Die Schulden meiner Firma gingen zum Teil auf die Kostenüberschreitung meines Musikvideos zurück, das ich unbedingt produzieren wollte. Nur ans Timing dachte ich nicht. Der Song, den ich im Video singe, heißt „Something More", was sich als ziemlich ironisch herausstellte, denn die Produktionskosten waren am Ende genau das: mehr als ich gedacht hatte. Viel mehr. Ich brach mein Musikvideo übers Knie und verlor in meiner Begeisterung die Kontrolle über die Kosten. Mir ging es darum, einen Traum Wirklichkeit werden zu lassen. Irgendjemand hätte mir sagen sollen, dass Träume nicht sterben, solange sie einem lieb und teuer sind.

Damit will ich nicht sagen, dass das Musikvideo keine tolle Erfahrung war. Wir hatten ein begabtes Team an Bord geholt, darunter den Singer-Songwriter Tyrone Wells und Matthew Koppin, der das Videoproduktionsteam leitete. Am Ende hatten wir ein christliches Musikvideo in Kinoqualität aufgezeichnet, nicht zuletzt dank Jon und Esther Phelps, die uns ihr Studio zur Verfügung stellten. Dort konnten wir mit einer unglaublich guten Band, die extra aus Nashville eingeflogen wurde, den erstklassigen Soundtrack aufnehmen. Ich betrachte das Video als Erfolg, schließlich hat es mit seiner hoffnungsvollen Botschaft auf YouTube schon 1,6 Millionen Menschen erreicht.

Meine Lektion aber habe ich gelernt. Timing ist immer wichtig, vor allem für jemanden, der ein Unternehmen mit Bestand aufbauen möchte. Ich hatte ja gerade erst mit dem preisgekrönten Kurzfilm *The Butterfly Circus* meine ersten Schauspielversuche gestartet. So kurz danach ein Musikvideo auf den Markt zu bringen, hat bestimmt bei dem einen oder anderen für Fragezeichen gesorgt. *Was macht Nick denn jetzt schon wieder? Ist er nun Motivationstrainer oder Schauspieler und Sänger?*

Eines Tages, so hoffe ich, beherrsche ich alle diese Künste einigermaßen, aber es besteht kein Grund zur Eile. Ich bin erst dreißig. Es bleiben mir also noch ein paar gute Jahre. Meine Ungeduld habe ich natürlich auch der Jugend zu verdanken. Seit ich sechzehn bin, möchte ich mich auf so vielen Gebieten beweisen, dass ich meinem armen Körper oft zu viel abverlangt und meine Kraftreserven häufig bis zum letzten Tropfen aufgebraucht habe. Der finanzielle Rückschlag in meiner Firma war ein Warnsignal für mich, dass ich nicht immer alles auf einmal machen muss.

Ein Bekannter von mir hat einen witzigen Ratgeber für Highschool- und Collegeabsolventen geschrieben. Einer seiner Ratschläge, die man sich auf der Zunge zergehen lassen muss, lautet: „Pack's an und sei geduldig!" Darin steckt sowohl Weisheit als auch Humor.

Nur, weil du heute vielleicht schon die Möglichkeit zu etwas hast, muss nicht auch zwangsläufig das Timing stimmen. Zugegeben, aus großen Zielen und unbändiger Energie sind schon viele tolle Karrieren und Unternehmen entstanden, aber der Zeitpunkt muss richtig sein. Deswegen ist Geduld eine Tugend und immer ein gewisses Risiko dabei, wenn man den Sprung wagt. Ich habe nichts gegen Risiko; ich finde es sogar richtig, kalkulierte Risiken einzugehen, bei denen ich die möglichen Nachteile vorher so gut wie möglich minimiere. Im Fall des Musikvideos hatte ich die Faktoren aber nicht ausreichend analysiert. Darum versuche vorher alle Risiken zu bedenken. Minimiere sie so gut es geht, wenn du deinem Herzen folgst.

KEIN FÄHNCHEN IM WIND

Wer nicht wagt, der nicht gewinnt, sagt man. Aber auch wer ein Risiko eingeht, muss manchmal einiges an Geduld aufbringen, bis er die Früchte ernten kann – siehe Kaleb. Kaleb ist eins der besten Beispiele aus der Bibel für einen Mann, der seinen Glauben in die Tat umsetzte und dabei erhebliche Risiken in Kauf nahm. Nachdem Mose und die zwölf Stämme Israels aus der Sklaverei in Ägypten geflohen waren, schickte er als ihr Anführer zwölf Kundschafter in das Land Kanaan, das ihnen von Gott versprochen worden war. Zehn von ihnen kamen zurück und berichteten, dass sie das Land unmöglich einnehmen konnten. Die Bewohner seien Riesen und schlicht unbesiegbar. Nur zwei Kundschafter, Kaleb und Josua, waren der Meinung, dass sie es mit Gottes Hilfe schaffen würden. Mose hörte aber lieber auf die zehn als auf die zwei Abweichler. Er brach den Eroberungsversuch ab. Manche wollten sogar die zwei Kundschafter steinigen.

Weil sie Gottes Befehl, das Land einzunehmen, missachteten,

mussten die Hebräer nun vierzig Jahre lang durch die Wüste wandern. Von den zwölf Kundschaftern überlebten nur zwei diese Zeit: die beiden, die den Einzug empfohlen hatten. Gott nannte Kaleb sogar „meinen Diener", eine Ehrenbezeichnung, die zuvor nur Mose zuteil geworden war.

Als die Hebräer schließlich Kanaan erobert hatten, war Kaleb schon über achtzig, aber er war noch immer stark und voller Leidenschaft für seinen Glauben. Nach dem Sieg gab Gott Kaleb und seinen Nachkommen die Stadt Hebron und ihre Umgebung als Belohnung dafür, dass er ihm ohne Wenn und Aber vertraut hatte. Am Ende zahlte es sich also für Kaleb aus, nicht wie ein Fähnchen im Wind zu sein, sondern zu seiner Meinung zu stehen.

Kaleb zahlte einen hohen Preis dafür, dass er tapfer seinen Weg ging. Seine eigenen Leute drohten ihm erst mit dem Tod, und dann musste er auch noch vierzig Jahre mit ihnen durch die Wüste irren, bevor er sie endlich zum Sieg führen konnte. Wenn du deiner Leidenschaft folgst, wirst du auf vielerlei Weise belohnt werden, aber das bedeutet leider nicht, dass dein Leben ohne Komplikationen verläuft.

Jeder, der sich einer Sache verschrieben hat, wird dir bestätigen, dass harte Arbeit, Opfer und enorme Anstrengung damit verbunden sind. Egal, wie sehr man das liebt, was man tut. Das gilt für Krankenschwestern, Künstler, Architekten, Pastoren und alle anderen auch. Ich zum Beispiel habe den größten Teil der vergangenen zehn Jahre in Flugzeugen und Hotelzimmern verbracht. Das bringt meine Mission, so vielen Menschen wie möglich Mut zu machen, mit sich. Obwohl ich bestimmt der erste Vielflieger bin, der sich noch nie über mangelnde Beinfreiheit beklagt hat, ist das ständige Reisen genauso anstrengend für mich wie für andere Leute. Ich habe schon wirklich viele Menschen erreicht und miterlebt, wie sie einen Neuanfang gestartet haben, und ich bin unendlich dankbar für diese Erfahrungen. Trotzdem war es nicht immer ein Spaziergang für mich. Ich musste so einige Opfer bringen. Aber dank Gottes Hilfe und der Unterstützung vieler Menschen durfte ich schon einige große Erfolge feiern. Und ich möchte daran noch anknüpfen.

Wer eine Sache mit vollem Einsatz verfolgt, muss sich oft durchkämpfen und Opfer bringen. Helen Keller etwa überwand ihre Taubblindheit und wurde ein Symbol für Lebensmut. Sie schrieb: „Seinen Charakter prägt man nicht nebenbei im Stillen. Nur durch Prüfungen und Leid wird die Seele stark, der Ehrgeiz geweckt und Erfolg erreicht."

Sogenannter „Blitzerfolg" ist normalerweise das Resultat von jahrelanger harter Arbeit. Und sich auf den Lorbeeren auszuruhen, ist auch selten eine gute Idee. Aber es gibt trotzdem nichts Besseres, als das zu tun, wofür man bestimmt ist, und dabei auch noch einer großen Sache zu dienen. Ich habe schon so viele Männer und Frauen auf meinen Reisen getroffen, die mit ihren Talenten und ihrem Wissen die Welt verbessern wollen. Wir setzen uns dann hin, erzählen uns gegenseitig unsere Abenteuergeschichten und machen einander Mut.

SCHLAG AUF SCHLAG

Einer meiner leidenschaftlichsten Kollegen ist Victor Marx. Seine Geschichte ist wirklich bemerkenswert. Victor hat bei den US-Marines gedient und ist Kampfsportexperte mit einem schwarzen Gürtel siebten Grades in Keichu-Do, einer Selbstverteidigungsart mit Elementen des Jiu Jitsu, Karate, Judo, Kung Fu und des Straßenkampfs.

Er hat schon über dreißig Weltmeister im Kampfsport trainiert, außerdem die amerikanischen Spezialeinheiten Navy SEALs, die Army Rangers und Delta Force. Seine Frau Eileen ist ehemalige Miss Fitness USA, und auch Victor ist körperlich in bester Verfassung, wie du dir vorstellen kannst. Wenn man ihn so sieht, würde man nie für möglich halten, dass er sich früher als minderwertig betrachtete. Er meinte einmal zu mir, wir hätten viel gemeinsam, nur dass man mir meine Herausforderungen sofort ansehen würde, während seine unsichtbar seien, tief in seinem Kopf und Geist verborgen.

Die Leute begreifen oft nicht, wie ich trotz fehlender Gliedmaßen ein erfülltes Leben führen kann. Dabei habe ich es besser getroffen als manch anderer. Ich glaube, für jemanden, der nicht den Rückhalt einer liebevollen Familie hat wie ich, kann das Leben noch viel schwerer sein. Victor wuchs leider in einer zerrütteten Familie auf, und es ist nicht verwunderlich, dass er früher selbst zerrüttet war.

Victor wurde während seiner Zeit beim Militär Christ. Vor zehn Jahren führte er eine erfolgreiche Kette von Kampfsportschulen in Hawaii und kümmerte sich außerdem um Jugendliche. Er hatte ein gutes Leben mit Eileen und ihren drei Kindern, als Gott ihn rief. *Focus on the Family*, eine Organisation aus Colorado, die für christliche Werte in der Gesellschaft eintritt, bot ihm eine Führungsposition an.

Keiner von ihnen wollte Hawaii verlassen, aber Victor und Eileen beschlossen, sich an ihre Überzeugungen zu halten und dem Ruf zu folgen. Victor war eigentlich überhaupt nicht danach, sein Unternehmen aufzugeben und bei *Focus on the Family* einzusteigen. Was wollte Gott von ihm? Trotz seiner Vorbehalte machte er sich wie Noah an die Arbeit.

Die Sache ist die: Gott wusste etwas über Victor, wovon er selbst keine Ahnung hatte.

Seit Jahren schon schlug sich mein Freund mit Albträumen und Angstgefühlen herum. Er schob sie auf seine Zeit bei den Marines und auch auf den Kampfsport. Neben den Albträumen hatte Victor aber auch Flashbacks von Gewaltsituationen, die weder mit dem Militärdienst noch mit dem Kampfsport etwas zu tun zu haben schienen. Einige davon kamen bei einem Bibelkreis zutage, an dem Victor und Eileen mit anderen Führungspersönlichkeiten von *Focus on the Family* und ihren Ehepartnern teilnahmen. Hier entstand eine vertrauensvolle Atmosphäre, in der sie offen miteinander über ihr Leben und ihre Gefühlswelt reden konnten.

„Man hatte uns gebeten, unsere Geschichte zu erzählen", berichtete mir Victor. „Aber so vor allen anderen hatte ich das noch nie gemacht. Ich konnte noch nie gut Menschen vertrauen."

Victor führte sein Misstrauen auf seine schwierige Kindheit im tiefen Süden der USA zurück. Anfangs erzählte er seinen Kollegen nur die bereinigte Kurzversion seiner Geschichte. Seine Eltern hätten sich noch vor seiner Geburt getrennt, sagte er. Als Kind habe er seinen Vater überhaupt nicht gekannt. Dieser sei sowieso in Drogengeschäfte und Zuhälterei verwickelt gewesen, und so habe er seinen Stiefvater immer für seinen echten Vater gehalten. Aber dann habe seine Mutter sechsmal geheiratet und sich wieder scheiden lassen. Er und seine Geschwister seien in gestörten Verhältnissen aufgewachsen. Wegen des unsteten Lebenswandels seiner Mutter habe er bis zum Ende der Highschool vierzehn verschiedene Schulen besucht und sei siebzehnmal umgezogen.

Als Victor fertig war, sagte jemand: „Und jetzt erzähl uns bitte den Rest."

Victor war verwirrt und verärgert.

„Alle sahen mich an, als wäre ich wegen irgendeiner Straftat unter Verdacht", erinnerte er sich.

Als er nachfragte, was denn mit dem „Rest" gemeint sei, sagte sein Kollege: „Ich kann mir unmöglich vorstellen, dass du all das durchgemacht hast, ohne dass es da noch einen Rest gäbe."

Victor wusste, dass sie es alle gut meinten. Als sie vorsichtig nachbohrten, „sprudelte plötzlich die Wahrheit aus mir heraus – Dinge, die ich fest verschlossen und niemandem erzählt hatte, noch nicht mal meiner Frau."

Dieser Abend war der Anfang einer langen Phase der Offenbarung, Versöhnung und Heilung für Victor. „Es dauerte mehrere Jahre, bis ich alle Zwiebelschichten heruntergeschält hatte und mit mir selbst wieder im Reinen war", sagte er.

Victor hatte schreckliche Erinnerungen aus der Kindheit unterdrückt, darunter auch die, die er als „unbeweisbar" bezeichnet: Missbrauchserfahrungen, bei denen es keine Zeugen gab. So oft werden Missbrauchsopfer von solchen Erinnerungen gepeinigt. Ein Stiefvater hatte ihn gequält, seinen Kopf unter Wasser gedrückt und ihm eine Pistole an den Kopf gehalten. Im Alter zwischen drei und sieben wurde er körperlich und sexuell missbraucht. Einmal hatte man sich an ihm vergangen, ihn in eine Kühltruhe gesperrt und diese abgeschlossen. Er überlebte nur, weil andere Familienmitglieder ihn, wie er sagt, „fanden und wieder auftauten".

Victor hat unaussprechliche Grausamkeiten über sich ergehen lassen müssen. Wie die meisten Missbrauchsopfer trug er tiefe seelische und emotionale Narben davon, aber ihn erfüllte auch große Wut. Das meiste davon hatte er dank seines starken Willens verdrängt. Die Wut und das Rachegefühl hatte er sogar in positive Kanäle gelenkt und in eine Karriere beim Militär und das Kampfsporttraining und Wettkämpfe verwandelt.

Trotzdem hatte man ihm so viel Schlimmes zugefügt, dass er den Schmerz nicht allein verarbeiten konnte. Also machte er eine Therapie. Die Therapeuten erklärten ihm, dass die Flashbacks, aber auch das nervöse Muskelzucken und sein leichtes Tourette-Syndrom auf seine posttraumatische Belastungsstörung (PTBS) zurückgingen, die bei vielen Opfern von Kindesmissbrauch auftrete. Ein Psychiater bescheinigte ihm, dass sein Gehirn durch die Horrortaten wie verschlüsselt sei und Gedanken nicht auf normale Weise verarbeite.

Neben der Behandlung der PTBS half Victor aber auch sein Glaube, um die neu erwachten Erinnerungen und das davon ausgelöste Trauma zu verarbeiten. Im Lauf der Zeit erzählte er die Geschichte seiner Kindheit immer öfter in der Öffentlichkeit. Er fand vor allem bei schwierigen Jugendlichen, jugendlichen Straftätern, Gangmitgliedern, Insassen von Jugendgefängnissen, Pflegekindern und Patienten von Drogenentzugskliniken eine aufmerksame Zuhörerschaft. Schnell merkte er, wie er ihr Interesse wecken konnte: Er zeigte zunächst eine Kostprobe seiner Kampfsportkunst und machte ein paar Witze.

Die meisten jungen Leute, zu denen Victor sprach, hatten wenig Lust, sich von Erwachsenen etwas über das Leben sagen zu lassen. Aber seine Geschichte fand bei den harten jungen Männern und Frauen Anklang, weil viele von ihnen auch als Kinder missbraucht worden waren.

„Ich hatte im Leben mit so viel Ablehnung zu kämpfen gehabt, dass mir erst überhaupt nicht klar war, dass meine Geschichte erzählenswert ist. Und selbst wenn, wieso sollte ich sie erzählen?", sagte er. „Relativ am Anfang zeigte ich einer Gruppe von jugendlichen Straftätern, was ich mit Nunchakus draufhabe. Dabei traf ich versehentlich einen Freiwilligen am Kinn und brach es! Ich dachte, Gott wollte mir damit zeigen, dass ich lieber aufhören sollte. Außerdem hatte ich Angst, wegen schwerer Körperverletzung jetzt selbst in einer Zelle zu landen. Aber an diesem Tag machten dreiundfünfzig der fünfundsiebzig Insassen der Jugendstrafanstalt einen Neuanfang mit Gott."

Zu Victors Überraschung bekam er auch von vielen Kirchen Anfragen, die seine Lebensgeschichte hören wollten. Victors Bericht ist ein lebendiges Zeugnis dafür, wie man eine tragische Kindheit hinter sich lassen und mit der richtigen Leidenschaft für junge Leute etwas Großes bewirken kann.

Heute weiß Victor, warum er sein komfortables Leben in Hawaii hinter sich lassen sollte. Es gibt kaum jemanden, der so leicht einen Draht zu Risikojugendlichen und Straftätern bekommt wie

Victor, was wohl daran liegt, dass ein Großteil von ihnen selbst in kaputten Familien aufgewachsen ist. Wenn ein Mann wie Victor offen über seine seelischen Verletzungen spricht, dann ebnet er anderen den Weg zur Heilung.

„Ich glaube, Gott hat mir einfach ein Herz für diese Leute gegeben", sagte er. „Ich verstehe ihren Schmerz. Und dann versuche ich ihnen Mut zu machen, sich zu öffnen und professionelle Hilfe zu suchen."

Kaum hatte Victor angefangen, seine Geschichte in der Öffentlichkeit zu erzählen, konnte er sich vor Anfragen nicht mehr retten. Zu seiner großen Überraschung erhielt er sogar ungefragt Spenden. Gemeinsam mit seiner Frau gründete er 2003 eine gemeinnützige Organisation, *All Things Possible*. Zwei Jahre später flatterte ihnen ein Scheck über 250.000 Dollar ins Haus. Ein Ehepaar hatte von ihrer Arbeit gehört und wollte sie gern unterstützen.

„Erst hatten wir Angst, dass man von so etwas niemals leben könnte. Aber seitdem wir uns ohne Plan B dahintergeklemmt haben, belohnt Gott unser Vertrauen", sagte Victor. „Ich glaube, Gott hat viel für diese straffällig gewordenen Jugendlichen übrig, die sich eigentlich nach Zuwendung sehnen. Es gibt nur wenige, die sich ihnen auf nationaler Ebene widmen, also werden wir so lange dabeibleiben, bis Gott uns sagt, dass es reicht."

AUF KURSWECHSEL

Victor und ich beackern zwar ein ganz ähnliches Feld, aber es gibt unzählige Möglichkeiten, seiner Leidenschaft zu folgen. Dein einzigartiges Paket aus Talenten, angeeignetem Wissen und Erfahrung mag für die Wirtschaft, für den Dienst an der Öffentlichkeit, die Kunst oder etwas ganz anderes geeignet sein. Das Wichtigste ist, herauszufinden, was in dir steckt, und in dieser Richtung aktiv zu werden, auch wenn du nicht bis ins Letzte verstehst, warum dich etwas antreibt oder wohin dich das führen wird.

Ich verwarf meine Karrierepläne als Finanzberater, um meiner Leidenschaft zu folgen, Menschen zu motivieren. Victor gab sein sicheres und komfortables Leben als Betreiber einer Kette von Kampfsportschulen auf, um Gottes Ruf zu folgen. Wer weiß, vielleicht kommst du auch eines Tages an eine dieser großen Weggabelungen des Lebens. Es ist nie zu spät dafür.

In der Bibel findet sich die Geschichte eines gewissen Saulus, der als brutaler Christenverfolger bekannt war. Auf der Reise nach Damaskus wurde er plötzlich von einem hellen Licht geblendet und erblindete. Die Stimme Jesu sprach zu ihm und schickte ihn in die Stadt, damit er dort seinem Leben eine neue Ausrichtung geben konnte. Drei Tage später konnte er wieder sehen. Er wurde getauft und erhielt einen neuen Namen: Paulus. Mit Feuereifer stürzte er sich in seine neue Aufgabe: die gute Nachricht vom Tod und der Auferstehung Jesu zu verbreiten. Er wurde einer der bedeutendsten Apostel. Gott zeigte ihm seine Bestimmung, und Paulus legte los. So ähnlich kannst auch du die Welt verändern. Ich glaube fest daran, dass es nie zu spät ist, eine neue, bessere Richtung einzuschlagen. Paulus' Verwandlung vom Christenverfolger zum führenden Apostel wurde als Wunder betrachtet. Und ich glaube, dass Gott auch aus deinem Leben etwas Wunderbares entstehen lassen kann.

Egal, wo du gerade stehst, es ist nie alles verloren. Vielleicht hast du krumme Pfade betreten und schlimme Dinge getan. Aber das heißt nicht, dass du keine Kehrtwende machen kannst, eine neue Leidenschaft entdecken und deine Kräfte ab sofort für das Gute einsetzen kannst.

Eins habe ich über Victor Marx noch nicht erzählt: Derjenige, der Victor zu Gott führte, war Karl, sein leiblicher Vater. Ja, genau der, der ihn vor seiner Geburt einfach im Stich gelassen hatte, der

Drogendealer und Zuhälter. Er hatte sein Leben umgekrempelt und sich dann auf die Suche nach seinem Sohn gemacht.

Victor war gerade bei der Armee, als er einen Brief von Karl bekam. Karl hatte bis dahin immer die Vaterschaft verweigert, Victors Mutter verlassen und jede Verantwortung für den Jungen abgelehnt. Das erste Mal trafen Karl und sein Sohn aufeinander, als Victor sechs war. Danach hatten sie kaum Kontakt. Und nun kam dieser Brief. Victor öffnete ihn und war schon von der Anrede angewidert. „Mein lieber Sohn" stand da, obwohl dieser Mann nie ein Vater für ihn gewesen war. Trotzdem las Victor weiter.

Sein Vater schrieb, wie sehr er sein ausschweifendes Leben und die Tatsache bereue, dass er sich nie um seinen Sohn gekümmert habe. Er sei ein Krimineller gewesen und sogar einmal in der Nervenklinik gelandet. Diese Neuigkeiten schockierten Victor nicht, wohl aber der nächste Satz: „Du wirst mich für verrückt halten, aber ich bin inzwischen verrückt nach Jesus Christus", schrieb Karl.

Victors Vater hatte am eigenen Leib erfahren, dass „Gott selbst dem hoffnungslosesten Fall neue Hoffnung geben kann". Egal was man für einen Lebenswandel hatte, „gibt es trotzdem jemanden, der dich liebt. Da wartet einer geduldig darauf, dass deine Seele endlich Frieden findet. Gottes Vergebung und Liebe sind so groß, dass sie für die ganze Welt reichen."

In seinem Brief lud Karl Victor bei seinem nächsten Heimaturlaub zu sich ein. Victor war einverstanden. Sie trafen sich, gingen sogar gemeinsam zur Kirche. Dort spürte Victor Gottes Liebe wie noch nie. Hier sprang der Funke über, und seitdem brennt in Victor das Feuer, anderen zu helfen.

DAS HERZ AM RECHTEN FLECK

In unserer heutigen Gesellschaft erliegen viele der Gefahr, ihren Besitz und ihre Arbeit höher zu bewerten als ihren Charakter und ihre Persönlichkeit. Jeder muss natürlich seinen Lebensunterhalt irgendwie bestreiten, aber dabei verlieren wir oft aus den Augen, was wirklich wichtig ist. Wer nur auf die Karriere, das Bankkonto, die Luxusgüter und den Bekanntheitsgrad schielt, setzt aufs falsche Pferd.

Wenn du mich fragst: Folge deiner Leidenschaft – aber nicht, um dich zu profilieren! Ich kenne genug Leute, die völlig fehlgeleitet irgendeine Sache vorantreiben, nur um ihr Ego aufzupolieren und im Ansehen der Leute zu steigen. Anstatt ihre Talente zum Wohl anderer einzusetzen, dreht es sich bei ihnen bald nur noch um Geld, Status und Macht. Was sie dabei völlig aus den Augen verlieren, sind ihre Beziehungen und ihr persönliches Wachstum.

Dabei kann man mit dem richtigen Ziel viel bewirken und Menschenleben verändern, oft auf unglaubliche Weise. Eins meiner Lieblingsbeispiele dafür ist Eduardo Verástegui, dessen Geschichte stetig besser und besser wird.

Eduardo stürzte sich mit siebzehn in den Strudel aus Ruhm und Reichtum. Von einem kleinen mexikanischen Dorf schaffte er es bis nach Hollywood. Ich lernte Eduardo bei meinen ersten vorsichtigen Schauspielversuchen auf dem Filmset kennen. Wir drehten gerade den Kurzfilm *The Butterfly Circus*, und Eduardo war einer der Schauspieler. Er ist ziemlich bekannt, vor allem in Lateinamerika. Im Film spielt er den gütigen Zirkusdirektor, der mich in seinen besonderen Zirkus holt, wo jeder mit seinen Talenten wertvoll ist, egal wie er aussieht.

Am Anfang war ich etwas nervös wegen des berühmten Eduardo, vor allem weil zu unserer ersten Szene – die auch noch ganz zu Beginn gedreht werden sollte – gehörte, dass ich ihm ins Gesicht spuckte! Ich flehte den Regisseur an, er möge die Szene nach hinten verschieben, bis ich mich am Set wohlfühlte. Er war einverstanden, aber als so tolle Idee stellte sich der Aufschub dann doch nicht heraus, denn je besser ich Eduardo kennenlernte, desto weniger hatte ich Lust, ihm so etwas Widerliches anzutun.

Eduardo ist ein faszinierender Kerl. Ich kannte seine Geschichte nicht, bis wir Freunde wurden, was schneller ging als gedacht. Ich war fast schockiert, als er mir auch noch eröffnete, er sei ein Fan von mir.

AUF DER SUCHE

Als ich ihn kennenlernte, hatte Eduardo schon eine ziemliche Lebensreise hinter sich. Er war in einem armen Dörfchen als Sohn eines Zuckerrohrfarmers aufgewachsen. Sein Vater wollte unbedingt, dass er einmal Rechtsanwalt würde, aber Eduardo warf das Jurastudium nach dem zweiten Semester hin, „weil ich nicht wirklich Lust darauf hatte", wie er mir erzählte.

Schon als Jugendlicher hatte er einen Vorgeschmack auf Ruhm und Reichtum bekommen, und er war entschlossen, diesen Weg weiterzuverfolgen. „Ich wollte Schauspieler werden, Sänger und Model, aber aus völlig falschen Gründen. Ich war einfach nur egoistisch. Die Schauspielerei machte mir Spaß, aber ich war nicht reif genug dafür. Ich wollte Erfolg und alles, was in der Gesellschaft etwas gilt: Geld, Ruhm, Frauen, und diese Dinge sollten mich glücklich machen. Ich wollte endlich jemand sein."

Anfang der Neunzigerjahre hatte er mit zwei anderen jungen Männern eine Boygroup namens „Kairo" gegründet. Die drei Latinos hatten in Lateinamerika großen Erfolg und gaben in fünfzig Ländern Konzerte, meist vor kreischenden Teenagern. Trotz des steilen Aufstiegs verließ Eduardo 1997 die Gruppe, um Schauspieler zu werden. Es dauerte nicht lange, und er war Hauptdarsteller in einer mexikanischen Telenovela. Fünf Staffeln blieb er dabei.

2001 zog er dann nach Miami und unterschrieb einen Plattenvertrag als Solokünstler. Zuvor hatte er schon in einem Musikvideo als heißblütiger Lover von Jennifer Lopez mitgespielt und daraufhin ein eigenes Album herausgebracht. Noch im selben Jahr ergatterte er seine erste Hauptrolle in der Komödie *Chasing Papi*, wo er einen Playboy spielte, der drei Liebesaffären gleichzeitig hat. Eduardo wurde außerdem im spanischen *People*-Magazin zu einem der heißesten hispanoamerikanischen Stars gekürt.

„Ich befand mich in einer Seifenblase aus Eitelkeit, Ego und Lust. Wenn man es nicht schafft, rechtzeitig aufzuwachen, bringt einen das früher oder später mental und emotional um", erzählte Eduardo.

Eines Tages saß Eduardo während eines Flugs von Miami nach Los Angeles neben dem Castingchef des bekannten Filmstudios 20th Century Fox. Nachdem sie sich vorgestellt hatten, meinte dieser, dass bei ihnen gerade ein spanischer Schauspieler mit starkem Akzent gesucht würde. Er lud Eduardo ein, für die Rolle vorzusprechen, und der junge Mann wurde vom Fleck weg engagiert.

Eduardo zog also nach Los Angeles und suchte sich eine private Englischlehrerin. Aber sie konnte mehr als nur Englisch: Sie krempelte sein Leben um.

Mit achtundzwanzig war Eduardo auf dem besten Weg, ein Star zu werden. Hollywood nannte ihn schon „den nächsten Antonio Banderas". Er stellte ein Team aus Agenten, Managern und Anwälten ein – mehr als fünfzehn Leute –, um seine Karriere nach vorn zu bringen. Aber er fand keinen Frieden. „Ich war verloren und verwirrt. Daraus wurde irgendwann Wut, die das Arbeiten mit mir ziemlich schwierig machte", erzählte er.

Eduardo war nicht so glücklich, wie er sich das vorgestellt hatte, weil er den falschen Prioritäten folgte. Er dachte, die Schauspielerei wäre seine Leidenschaft, aber nach und nach wurde ihm klar, dass er seine Talente nicht zur Selbstbeweihräucherung einsetzen wollte. Er lebte nicht in Übereinstimmung mit seinen Grundsätzen, und die mangelnde Authentizität nagte an ihm.

Das passiert, wenn man sich von seiner Bestimmung löst. Das Verhalten passt nicht mehr zu den Werten und Prinzipien, und die Leidenschaft lässt nach. Man verliert die Begeisterung und die Energie. Man fühlt sich fehl am Platz. Vielleicht ist es dir auch schon einmal so gegangen? Wenn man dauerhaft unterschwellig unzufrieden ist, dann führt man meistens nicht das „richtige" Leben und nutzt seine Talente für das falsche Ziel.

Ignoriere diese Gefühle nicht. Analysiere sie und verfolge sie bis zu ihrer Wurzel, damit du wieder den richtigen Kurs einschlagen kannst. Mir geschieht es auch häufig, dass Gott mir dann jemanden über den Weg schickt, der mich wieder einnordet. In Eduardos Fall war das seine Englischlehrerin. Während des Privatunterrichts spürte sie seine Unzufriedenheit, reagierte darauf und half ihm, deren Quelle zu identifizieren. Dann riet sie ihm, Gott um Rat zu fragen.

„Ich hielt mich ja noch immer für einen guten Katholiken, weil ich zu Weihnachten und zu Ostern in die Kirche ging", erzählte Eduardo. „Solange ich niemanden verletzte oder beklaute, dachte ich, ich könne machen, was ich will."

In den Gesprächen mit der Englischlehrerin merkte Eduardo, dass bei seinem Streben nach Ruhm und Reichtum das innere und geistliche Wachstum auf der Strecke geblieben war. Er hatte gedacht, eine Mischung aus Reiz an der Sache und Egoismus sei der Garant dafür, auf dem richtigen Weg zu sein. Eduardo verglich sich mit einem Windhund, der auf der Rennbahn einem falschen Hasen hinterherläuft. Wenn es ein Hund nämlich tatsächlich schafft, diesen zu fangen, beißt er nur auf Metall, verletzt sich und verliert fortan jedes Interesse daran.

„Ich jagte einer Lüge nach", sagte er. „Immer wenn ich das erreichte, wovon ich geträumt hatte, blieb nur Leere und Schmerz. Erst meine Privatlehrerin brachte mich wieder darauf herauszufinden, was mir eigentlich wirklich wichtig war, wie echter Erfolg aussieht und wie ich meine Talente verschwendet hatte."

Eduardo hatte der Macholüge geglaubt, „je mehr Frauen ich hatte, desto besser war ich als Mann." Als ihn aber seine Lehrerin fragte, ob er die Sorte Mann sei, der eine Mutter ihre Tochter anvertrauen würde, „da merkte ich, wie dumm ich gewesen war."

Sie öffnete Eduardo die Augen, dass er nicht nur den typischen Macho verkörperte, sondern auch nur Rollen übernommen hatte, in denen die negativen Klischees von lateinamerikanischen Männern als sexbesessene Latin Lovers oder hinterhältige Drogendealer und Räuber bedient wurden.

„Meine Lehrerin sagte, ich sei selbst zum Problem geworden, anstatt etwas Gutes aus meinen Talenten zu machen und für positive Werte einzutreten", sagte Eduardo. „Und sie traf genau ins Schwarze. Die Erkenntnis, dass ich überhaupt nichts Gutes auf die Beine gestellt hatte, brach mir das Herz. Mein Leben warf ein schlechtes Licht auf meinen Glauben und die lateinamerikanische Kultur!"

Eduardo machte eine Zeit voller Gewissensbisse durch. Er ging seit Jahren zum ersten Mal wieder zur Beichte und versprach Gott, in Zukunft nicht einfach nur an ihn zu glauben, sondern seinen Glauben auch zu leben. Feierlich schwor er, Gott in allen Dingen zu ehren. Dazu gehörte auch der Umgang mit Frauen.

„Mir wurde klar, dass ein richtiger Mann Frauen ehrt und nicht benutzt", erzählte er mir. „Heute weiß ich, dass die Sexualität ein Geschenk Gottes ist. Sie ist heilig und muss geschützt werden. Nur mit der wichtigsten Person in meinem Leben soll ich sie teilen, und das ist die zukünftige Mutter meiner Kinder. Mir wurde klar, wie wertvoll Enthaltsamkeit eigentlich ist, und ich versprach Gott, mit keiner Frau mehr zu schlafen bis ich verheiratet bin."

DER BLICK NACH INNEN

Eduardos Kehrtwende wurde auch durch Kommentare seiner Mutter ausgelöst. Sie hatte ihm von einem Gespräch mit seinem Vater erzählt, in dem sie gesagt hatte: „Ich weiß nicht mehr aus noch ein mit unserem Sohn. Eines Tages landet er entweder im Gefängnis, im Krankenhaus oder auf dem Friedhof. Wenn er so weitermacht, nimmt das kein gutes Ende."

Weil Eduardo sein Leben wirklich ändern wollte, ließ er seine Schauspielkarriere, die gerade Fahrt aufgenommen hatte, hinter sich. Er kündigte seinem ganzen Beraterstab und lehnte in den folgenden vier Jahren alle Rollenangebote ab. Prominent zu sein, interessierte ihn nicht mehr. Stattdessen entdeckte er eine neue Leidenschaft: Gutes zu tun und darauf zu horchen, was Gott von ihm wollte. Seine Fähigkeiten wollte er nie wieder aus selbstsüchtigen Gründen einsetzen.

„Und wenn das das Ende meiner Schauspielerei bedeutet, dann ist es eben so", sagte er.

Eduardos Einkommen sank in den folgenden Wochen und Monaten rapide, aber er betrachtete das als unvermeidliche Folge seiner inneren Erneuerung. Jede materielle Ablenkung wollte er aus dem Weg räumen, um endlich die Stimme Gottes wieder zu hören. Dieser Entschlackungsprozess war am Anfang alles andere als leicht. Eduardo weinte bittere Tränen wegen seines selbstsüchtigen Lebenswandels, wegen der Frauen, die er verletzt hatte, der Lügen, die er verbreitet hatte und der Selbstverherrlichung, der er nachgejagt war.

Es war ein hartes Stück Arbeit, den Glauben wieder ins Zentrum seines Lebens zu rücken. Er las viel in der Bibel und viele andere Bücher, die ihn weiterbrachten. „Ich hatte noch nicht mal genug Geld für die Miete. Eigentlich hatte ich überhaupt nichts – aber zugleich alles, was ich brauchte."

Eduardo wollte für zwei Jahre mit einer Hilfsorganisation in den Regenwald am Amazonas gehen, um dort den Ärmsten der Armen zu helfen und die Vergangenheit zu verarbeiten. Aber sein Priester sagte: „Dein Dschungel wird Hollywood sein. Es gehört Gott und nicht den Filmstudios, also werden wir es zurückerobern. Und du wirst ein Licht in der Finsternis sein, weil Hollywood weltweit so großen Einfluss hat und Gott dich nicht umsonst dorthin gestellt hat."

Der Priester ermutigte ihn, seine Talente und sein Netzwerk dazu einzusetzen, Filme mit einer positiven Aussage zu machen. Mutter Teresa meinte einmal, es gehe im Leben nicht um Erfolg, sondern darum, Gott treu zu sein. Wenn sich dabei außerdem Erfolg einstelle, dann habe man nur Grund, dankbar zu sein. Mit diesen Gedanken im Hinterkopf gründete Eduardo seine eigene Filmgesellschaft, *Metanoia*, was Griechisch für „Buße" ist. Sein Ziel ist es, mit seinen Filmen etwas Positives zu weiterzugeben und die Menschen zum Nachdenken anzuregen.

Metanoias erstes Filmprojekt hieß *Bella*. Dieses beeindruckende Drama wendet sich gegen Abtreibung und spielte bei Produktionskosten von nur drei Millionen Dollar weltweit über vierzig Millionen Dollar ein. Das beste Resultat waren jedoch die E-Mails, Anrufe und Briefe, die Eduardo von Zuschauerinnen bekam und in denen stand, wie dieser Film ihr Leben verändert hatte. Mehr als fünfhundert Frauen nahmen Kontakt zu Metanoia auf und erzählten, dass der Film sie überzeugt habe, ihr Baby doch zu bekommen!

Der Erfolg von *Bella* brachte Eduardo die nötigen Ressourcen ein, um auch weiterhin Filme mit positiver Aussage zu machen, wie sein letztes Projekt *Little Boy*. Und nicht nur die Finanzmittel sind gewachsen, sondern auch seine Leidenschaft für das Gute. Am deutlichsten wird das an der Gründung seiner internationalen Hilfsorganisation *Manto de Guadalupe* (Mantel des Glaubens), die sich für Menschenwürde einsetzt und Notleidenden hilft. Eduardo hat mit seiner Organisation schon Einsätze im Sudan (Darfur), Haiti und Peru durchgeführt.

Seit *Bella* brennt auch seine Leidenschaft dafür, junge Frauen vor Abtreibung zu bewahren. Er ist so Feuer und Flamme, dass er irgendwann anfing, seine Freizeit vor Abtreibungskliniken in den ärmsten Vierteln von Los Angeles zu verbringen. Dort spricht er schwangere Teenager und Frauen an und zeigt ihnen Auswege auf. Er gibt ihnen Hilfestellung in Bezug auf medizinische Versorgung, Essen und Arbeitssuche. Dank intensivem Fundraising konnte Eduardo mit seiner Hilfsorganisation eine Klinik in Los Angeles aufbauen, die schwangeren Frauen und ihren ungeborenen Babys kostenlose und hervorragende Pflege anbietet. Sie steht in einem Spanisch sprechenden Stadtteil, wo sich im Umkreis von einer Meile zehn Abtreibungspraxen befinden.

„Als ich erfuhr, wie viele Abtreibungsmöglichkeiten es in diesem Stadtteil gibt, wurde ich richtig wütend. Nachdem ich dann etwa ein Jahr damit verbracht hatte, samstags Frauen von einer Abtreibung abzubringen, beschloss ich, ihnen eine Alternative anzubieten, wo sie unter guter Fürsorge ihre Kinder bekommen konnten", sagt er.

Eduardo musste für diesen Traum gewaltige Hindernisse überwinden. Ich freue mich, dass ich für die Guadalupe-Klinik schon mehrmals auf Wohltätigkeitsveranstaltungen auftreten durfte. In der Klinik arbeitet ein großartiges, fürsorgliches Team mit topmoderner medizinischer Ausrüstung. Eduardo hat die Klinik wie ein Wellnesshotel entworfen, damit sich die Frauen sofort wohlfühlen, wenn sie dorthin kommen. In der Guadalupe-Klinik sind schon viele Leben gerettet worden.

Heute sehen Eduardo und ich uns fast als Brüder, aber damals am Set von *The Butterfly Circus* musste er mich sogar anschreien, damit ich ihn endlich anspuckte. Ich lag dem Regisseur die ganze Zeit in den Ohren, die Szene doch mit Spezialeffekten zu machen.

Aber Eduardo, der professionelle Schauspieler, stachelte mich so lange an, bis ich einwilligte. Natürlich war er nicht gerade begeistert davon, dass ein Amateur wie ich sieben oder acht Takes brauchte, bis die Szene im Kasten war! Ich musste sogar irgendwelche Tabletten kauen, damit mein Speichel schön schaumig war.

Eduardo hat mir das zum Glück nicht nachgetragen, und wir sind heute gute Freunde. Vor Kurzem hat er *Cristiada* fertig gedreht, einen Film über einen Aufstand gegen die Verfolgung der Katholiken im Mexiko der 1920er-Jahre, bei dem große Stars wie Andy Garcia, Eva Longoria und Peter O'Toole mitgespielt haben. (Der Film erschien 2012 in den USA mit dem Titel *For Greater Glory*.) Eduardos Karriere hat wieder Fahrt aufgenommen, aber heute hat er inneren Frieden, weil er seiner Bestimmung nachkommt, Filme mit einer guten Botschaft zu machen.

Bei unserer ersten Begegnung erzählte mir Eduardo zu meiner großen Überraschung, dass er ein Poster von mir bei sich zu Hause hängen hatte, als er ganz unten war und dringend Inspiration brauchte. Als ich dann aber seine Geschichte zu hören bekam, war ich es, der inspiriert wurde!

Die Kehrtwende meines Freundes ist der Beweis dafür, dass es nie zu spät ist, seine wahre Bestimmung zu suchen. Egal, wo du im Leben stehst und wie weit du vom rechten Weg abgekommen bist – Gottes Arme sind immer offen. Wenn du noch nicht weißt, wofür dein Herz schlägt oder du dich wie Eduardo hast ablenken lassen, hab Vertrauen, vergib dir selbst und lass dir vergeben. Damit bist du schon auf dem besten Weg, durchzustarten!

KAPITEL 5

Schwacher Körper, starker Geist

Innerhalb eines Jahres verlor Rachel Willisson aus Cranbrook in British Columbia ihre Schwiegermutter, ihre Oma, ihren Vater und ihren Hund. Die einzige positive Entwicklung in dieser Zeit war ihre zweite Schwangerschaft, über die sie sich mit ihrem Mann Craig sehr freute. Nachdem es Jahre gedauert hatte, bevor sie das erste Mal schwanger geworden war, hatte es dieses Mal fast auf Anhieb geklappt.

Im November 2007, nur zwei Monate nach der Beerdigung ihres Vaters, erfuhren Rachel und ihr Mann jedoch bei einem Ultraschalltermin, dass etwas mit dem Fötus nicht stimmte. Rachel war in der einundzwanzigsten Woche. Ein Radiologe wurde herbeigeholt und erklärte ihnen nach weiteren Untersuchungen, dass dem Kind anscheinend die Arme fehlten und die Beine viel kürzer seien, als sie in diesem Stadium eigentlich sein sollten.

„Ich war am Boden zerstört. Zu Hause tippte ich als Erstes ‚Babys ohne Arme und Beine' in die Suchmaschine", erzählte Rachel. „Da sprang mir ein Foto von einem unglaublich süßen Fratz mit blonden Haaren ins Auge, der zwar keine Arme und Beine hatte, aber dafür einen Schnuller im Mund! Wie eine Verrückte las ich alles, was ich über dieses Kind finden konnte, das inzwischen zu einem jungen Mann geworden war. Jedes einzelne Video sah ich mir an. Ich konnte mich einfach nicht vom Bildschirm losreißen! Bestimmt zehn oder fünfzehn Videos sah ich am Stück. Und allmählich wurde ich innerlich ruhig."

Die panischen, negativen Gedanken, die zuerst auf sie einstürmten, wurden nach und nach von hoffnungsvolleren und positiven Gedanken ersetzt. *Wenn dieser junge Mann ohne Arme und Beine klarkommt, dann schafft das unser Baby auch. Es scheint ihm ja wirklich nicht schlecht zu gehen! Er sieht glücklich und optimistisch aus. Und er reist um die ganze Welt. Wir schaffen das! Unser Baby ist gut so, wie es ist.*

„Was der junge Mann in den Videos sagte, beruhigte mich. Wenn dieser Nick Vujicic so ein toller junger Mann werden konnte, dann würde unser Baby das auch schaffen", erinnerte sich Rachel. „Gott wusste schon, wen er mir schickte."

Ja, dieser „unglaublich süße Fratz mit blonden Haaren" war ich, ob du es glaubst oder nicht. (Danke, Rachel! Damit sind wir schon zwei, die mich damals für hinreißend hielten.) Nachdem Rachel und Craig mein Kinderfoto gefunden, über mich gelesen und meine Videos gesehen hatten, wurde ihnen klar, dass auch ihr Kind ein relativ normales Leben führen konnte – wenn nicht sogar ein unverschämt gutes! Als die Ärzte kurz darauf eine Abtreibung vorschlugen, war ihre Antwort: „Nein! Kommt nicht infrage!"

„Das kam wie aus der Pistole geschossen", sagte Rachel. „Zehn Jahre hatte es gedauert, bevor unsere erste Tochter Georgia zur Welt gekommen war, und ich wollte noch nicht einmal daran denken, dieses Kind zu töten. Die Gesellschaft mochte unsere kleine Brooke für unvollkommen halten, aber für uns war sie perfekt. Dieses Kind hatte einen Grund zu leben – sie war Gottes Idee. Wer war ich zu bestimmen, was perfekt war und was nicht? Sie trat mich, bewegte sich; ihr kleines Herz schlug in meinem Körper. Dieses Kind, in welcher Form auch immer, gehörte zu mir."

Rachel und Craig beschlossen, ihr kleines „Meisterwerk" genau so großzuziehen, wie es meine Eltern getan hatten: als Geschenk Gottes.

Als Brooke auf die Welt kam, war ihre Familie nicht nur vorbereitet, sondern aufgeregt und glücklich. „Es gab eine richtige Party", erzählte Rachel. „Die Kinderstation musste sogar kurzzeitig geschlossen werden, weil sich fünfunddreißig Besucher mit Blumen und Geschenken in unser Zimmer drängten."

Ich lernte Brooke und ihre Familie zwei Jahre nach ihrer Geburt kennen. Als Rachel mir von ihrer Panikreaktion erzählte und wie sie mit meinen Videos zur Ruhe gekommen war und mit ihrer Situation Frieden schließen konnte, war ich so dankbar, dass ich gar nicht mehr aufhören konnte zu weinen.

Meine Eltern hatten niemanden, der so etwas schon durchgemacht hatte. Niemand sprach ihnen Mut zu. Aber seitdem wir die Willissons kennen, sind meine Eltern für sie da und tauschen sich mit ihnen aus. Was für ein Geschenk, dieser Familie und ihrer kleinen Tochter Brooke helfen zu dürfen! Im März 2013 ist sie fünf Jahre alt geworden.

„Sie ist wie die weibliche Version von Nick", sagt ihre Mutter. „Brooke ist genauso entschlossen, fröhlich und liebevoll, aber auch genauso frech und mit einer Lebensfreude ausgestattet, die einem manchmal den Atem raubt. Das Schönste ist aber, sie zu umarmen. Wenn man Nick und Brooke umarmt, dann kommt man einfach noch näher an ihr Herz, weil sie keine Arme haben. Ich muss dann jedes Mal seufzen."

TAUSCHE VERZWEIFLUNG GEGEN TROST

Brookes Vater Craig ist ein gutes Beispiel für jemanden, der gelernt hat, mit Behinderungen oder einer schweren Krankheit umzugehen. Anstelle verbittert oder wütend zu werden, weil sein Kind behindert ist und auch noch den Finanzhaushalt der Familie belastet, hat Craig Willisson gelernt, in allem auf Gott zu vertrauen.

„Ich war überhaupt nicht der typische Kirchgänger, aber wir haben unsere Tochter Brooke Diana Grace genannt. Grace steht für die Gnade Gottes. Ihre Geburt hat mich definitiv näher zu Gott gebracht, und wir haben eine neue Familie dazugewonnen – die Gemeinde", sagte er.

Brookes Geburt war nicht einfach. Ihre Mutter hatte direkt nach der Niederkunft schwere Blutungen. „Aber ich hielt mich einfach an Gott fest und überließ ihm die Sache", erzählte Craig, der sich noch einmal taufen ließ, als Mutter und Tochter wohlauf und wieder zu Hause waren. „Ich glaube, Gott wusste, dass wir stark genug waren, um mit Brookes Behinderung umzugehen. Sie ist wirklich ein kleines Wunderkind. Und seit ihrer Geburt hat er uns immer wieder unter die Arme gegriffen. Vor Kurzem tauchten einfach so zwei ‚Engel' auf und boten uns an, ohne Bezahlung unser Haus zu erweitern. Wir haben das Gefühl, als würde Gott von weither Leute zusammentrommeln."

Ich halte regelmäßig Kontakt zu Brooke und ihren Eltern. Immer wieder überrascht mich, wie fröhlich sie sind! Und das sage ich nicht nur so. Natürlich haben auch sie zu kämpfen, aber man muss nur ein kleines bisschen Zeit mit ihnen verbringen, dann merkt man sofort, dass ihre Lebensfreude echt ist. Brooke ist wie ein helles Licht, das Leute anzieht, und ihre Eltern freuen sich scheinbar unablässig darüber, dass es sie und ihre Schwester Georgia gibt.

Rachel hat für Brooke, ihre Freunde und Familie eine T-Shirt-Kollektion entworfen. Darauf stehen Sprüche wie „Wer braucht Beine, wenn er Gott hat?", „Als Gott mich schuf, wollte er so richtig angeben" und mein Favorit: „Arme sind was für Weicheier!"

Die Willissons haben im Umgang mit Brookes Behinderung einfach auf ihren inneren Kompass gehört. Sie sind davon überzeugt, dass Gott mit ihrer Tochter etwas vorhat, auch wenn sie noch nicht wissen, was. Was ihnen hilft, ist zu beobachten, wie sich mein Leben entfaltet. Brooke mag einen ganz anderen Weg gehen, aber sie nehmen einen Tag nach dem anderen mit Dankbarkeit, Gelassenheit und – siehe T-Shirts – einer kräftigen Portion Humor.

Wie kommt es, dass manche Menschen trotz ihrer Behinderung, trotz schwerer und heimtückischer Krankheiten inneren Frieden finden, das Leben genießen und sogar noch Positives bewirken können? Haben sie es erfolgreich vermieden, sich von ihren körperlichen Problemen auch emotional verstümmeln zu lassen? Haben sie beschlossen, auf das Gute zu sehen anstatt auf das Schlechte? Wahrscheinlich. Hier ist noch eine Möglichkeit: Sie haben losgelassen und sich in Gottes Hände fallen lassen. Ihren ganzen Schmerz, ihre Wut und ihre Sorgen haben sie abgegeben. Die meisten Menschen, die mit ernsten Gesundheitsproblemen oder Einschränkungen zu tun haben, setzen tagtäglich ihren Glauben praktisch um. Oftmals vertrauen sie auf ihre Ärzte, auf die Medikamente, die Behandlung und die medizinische Ausrüstung. Sich von professioneller Seite Hilfe zu holen, ist nämlich kein Widerspruch zum Glauben. Dafür sind ausgebildete und begabte Fachkräfte doch da! Wenn du Durst hast, würdest du ihn wahrscheinlich gern auf übernatürliche Weise stillen, aber gegen ein Glas Wasser von einer fürsorglichen Person hättest du sicher nichts einzuwenden, oder? Gott arbeitet genauso, wenn du ihn lässt.

Auf etwas zu vertrauen, hat also nicht unbedingt etwas mit Christsein zu tun. Ich weiß nur, dass es mir guttut zu wissen, dass Gott dort mächtig ist, wo ich schwach bin. In Sachen Freude kann ich mir aber noch eine große Scheibe von Garry Phelps abschneiden, der mit dem Down-Syndrom geboren wurde. Er ist fünfundzwanzig und einer der lebenslustigsten Menschen überhaupt.

Eines Tages hörte Garry, wie Bekannte über ein Baby sprachen, bei dem ebenfalls das Down-Syndrom diagnostiziert wurde. Ohne zu wissen, dass Garry lauschte, sagte jemand: „Ach, wie traurig."

Da sprang Garry auf und rief: „Ich find's toll!"

„Warum das denn?", fragte derjenige. „Was bedeutet das Down-Syndrom denn für dich?"

„Na, dass man alle Menschen lieb hat und niemals jemandem wehtut!", antwortete Garry.

Mein Freund Garry hat die optimale Lebenseinstellung für sich gefunden. Menschen mit dem Down-Syndrom haben sehr begrenzte mentale Fähigkeiten, sagt man; aber ich bin der Meinung, Garry ist klüger als viele von uns. Er richtet sein Augenmerk auf das Gute, das ihm möglich ist. Garry führt ein aktives und erfülltes Leben, schreibt mit Begeisterung Lieder und nimmt sie auf und achtet jeden Tag auf genügend Bewegung. Ich habe ihn noch nie „down" gesehen. Er glaubt fest an Gott und zweifelt nicht an ihm, was man an seinen inbrünstigen und ernsten Gebeten merkt.

WARUM ICH?

Ich kann mich noch gut daran erinnern, dass ich lange Zeit mit der Frage kämpfte, wie Gott mir so eine schwere Bürde auflasten konnte. Vermutlich macht jeder, der mit Behinderungen oder schweren Krankheiten zu kämpfen hat, so eine Phase durch. Ich finde die Frage natürlich und wichtig. Wenn es einen liebenden Gott gibt, wieso lässt er dann zu, dass manche von schmerzhaften, lebensbedrohlichen oder sogar tödlichen Krankheiten heimgesucht werden? Wieso lässt er zu, dass Kinder leiden müssen? Und um das Argument auf die Spitze zu treiben: Wie kann ein liebender Gott Tragödien wie Autounfälle, Erdbeben, Tsunamis oder Kriege zulassen, die vielen Menschen das Leben kosten? Was ist mit Bombenanschlägen, Raubüberfällen, Angriffen auf offener Straße und anderen schlimmen Ereignissen, die allzu oft passieren?

Als kleiner Junge wälzte ich diese Fragen in einem fort, und heute bekomme ich sie immer wieder gestellt. Meine fehlenden Gliedmaßen ziehen andere Menschen mit Behinderungen an, und viele wollen hören, welche Antwort ich auf diese Fragen gefunden habe. Oft sind ihre Einschränkungen noch viel größer als meine. Sie leiden an Mukoviszidose, Krebs, sind gelähmt oder blind. Und alle wollen wissen, was ich auf die „Warum ich?"-Frage antworte. Manchmal haben sie aber auch selbst Lösungen parat. Einmal bekam ich von einem jungen Mann, den ich Jason nennen möchte, eine E-Mail. Er wäre um Haaresbreite bei einem Autounfall ums Leben gekommen.

Jason war als Beifahrer im Auto eines Familienmitglieds unterwegs, als dieser die Kontrolle verlor, der Wagen gegen die Mittelleitplanke krachte und sich überschlug. Weil Jasons Gurt kaputt war, flog er aus dem Auto. Er erlitt eine Schädelfraktur, und sein Gehirn wurde an vier Stellen geschädigt. Zum Glück war gerade ein Krankenwagen in der Nähe. Die Sanitäter beobachteten den Unfall und waren sofort zur Stelle. Jason musste in einer Notoperation ein Teil der Schädeldecke entfernt werden, weil sein Gehirn anschwoll. Er lag zwei Wochen im Koma. Als er wieder zu sich kam, war er rechtsseitig gelähmt und hatte Schwierigkeiten zu sprechen und zu riechen. Einen Monat später entdeckten die Ärzte noch einen Nasenbein- und einen Schlüsselbeinbruch, und Jason musste wieder für einen Monat ins Krankenhaus. Das Sprechvermögen war inzwischen wiederhergestellt, aber neben anderen Problemen blieb die rechte Körperhälfte gelähmt.

„Zuerst hatte ich eine Riesenangst, dass mich die Leute nie wieder so behandeln würden wie früher", schrieb er. „Aber dann hatte ich plötzlich das Gefühl, dass Gott an meiner Seite war und alles gut werden würde. Seitdem hat sich meine Meinung über meine Unfallschäden um hundertachtzig Grad gedreht. Anstatt zu fragen, *Warum ich?*, frage ich heute, *Warum nicht ich?*"

Manchmal wollen Leute von Jason wissen, ob er überhaupt noch an Gott glauben kann, nachdem er so viel Schweres durchmachen musste. „Dann antworte ich immer: ‚Gott hat mich doch am Leben gehalten. Wie könnte ich da nicht an ihn glauben?'"

Ich finde, Jason hat recht. Gott ist nicht derjenige, der uns verletzt, krank werden oder einen Verlust erleiden lässt. Aber er ist derjenige, der schwere Ereignisse für etwas Gutes nutzen kann. In Jasons Fall bewahrte er sein Leben und gab ihm Kraft. Heute genießt Jason jeden einzelnen Tag.

Eine positive Lebenseinstellung ist hilfreich, aber man braucht mehr, um mit ernsten gesundheitlichen Problemen fertig zu werden. Man braucht eine liebevolle Familie und die Unterstützung von Freunden. Wer an Gott glaubt, kann außerdem eine weitere Kraftquelle anzapfen: den Heiligen Geist, der einen von innen heraus verändert. Egal, wie schlimm die Verletzungen, Krankheit oder Einschränkungen sind: Gott macht etwas Gutes daraus. Ich weiß nicht, wie das geht, Leid und Schmerz in etwas Lebenswertes, Gutes umzukehren, aber Gott bekommt das hin.

Er liebt uns so wie Eltern ihre Kinder. Manchmal greifen Eltern sofort ein, wenn ihr Kind sich wehgetan hat. Manchmal halten sie sich aber auch zurück, weil das Kind etwas daraus lernen soll, etwas begreifen oder in Zukunft besser auf die Eltern hören soll. Und es gibt sogar Situationen, in denen Eltern einschreiten und das scheinbare Glück des Kindes beenden, um Gefahren oder langfristige Schäden abzuwehren, etwa wenn das Kind ganz vergnügt mit Streichhölzern spielt oder ein Teenager von einem Freund ganz bezaubert ist, der einen negativen Einfluss ausübt.

Gott legt nicht die Hände in den Schoß und schaut nur zu. Aber er hält sich an seine Regeln und lässt uns unsere Freiheit. Seine Tür ist immer offen für uns. Am liebsten würde er uns die ganze Zeit reich beschenken, aber manchmal lässt er auch Rückschläge, Herausforderungen und schwere Prüfungen zu, damit wir nicht glauben, wir hätten alles selbst in der Hand und bräuchten niemanden.

Trotzdem gibt es genügend Leid auf der Welt, das uns schrecklich unfair vorkommt. Was ist damit? Ich wünschte, ich wüsste die Antwort. Manche sagen, Leid lehrt uns Demut. Paulus, der ehemalige Christenverfolger, sprach von einem quälenden Leiden, das ihm Gott auferlegt habe, „damit ich nicht überheblich werde". Aber Gott gab ihm auch die Kraft, diese Last zu tragen. Über den Lerneffekt schrieb er: „Durch Leiden lernen wir Geduld, durch Geduld kommt es zur Bewährung, durch Bewährung festigt sich die Hoffnung."

GEGENWIND MACHT STARK

Ich war schon immer der Meinung, dass wir an Herausforderungen wachsen. In der Gesundheitsforschung hat man Studien mit Menschen durchgeführt, die extremen Stress und Traumata erlebt haben: von lebensbedrohlichen Krankheiten über Naturkatastrophen bis hin zu Todesfällen in der Familie. Man hört zwar viel über posttraumatische Belastungsstörungen, aber Psychologen haben herausgefunden, dass Menschen, die erfolgreich mit ihren Problemen fertig werden, posttraumatisches *Wachstum* erleben. Sie zeigen in mehreren Bereichen positive Fortschritte:

- Sie merken, dass sie stärker sind als gedacht, und erholen sich in Zukunft schneller von Rückschlägen.
- Sie finden heraus, wem sie wirklich etwas bedeuten, und diese Beziehungen wachsen.
- Sie wertschätzen jeden Tag und genießen die guten Dinge im Leben mehr.
- Ihr Vertrauen auf Gott wächst.

Das biblische Aushängeschild für Wachstum in schweren Zeiten ist Hiob. Der Teufel durfte ihm alles wegnehmen: Land und Besitz, aber auch Kinder und Gesundheit. Trotz allem hielt Hiob durch.

Er klammerte sich an Gott, und dieser schenkte ihm letzten Endes doppelt so viel, wie er zu Beginn hatte.

Ich sehe aber auch noch einen anderen Gewinn, der aus schweren Lasten kommen kann. Den Trost, den man bei anderen und bei Gott findet, kann man an andere weitergeben, denen es genauso geht. Das ist für mich eine der plausibelsten Erklärungen, weil ich immer wieder erlebt habe, wie viel Wahrheit darin steckt.

Manchmal bin ich froh, dass Gott uns eine Welt versprochen hat, die besser sein wird als diese. Angesichts des Leids, das uns in diesem Leben ereilen kann, kann man es regelrecht mit der Angst zu tun bekommen. Glücklicherweise vertröstet Gott uns nicht nur, sondern will uns auch hier schon Frieden und Kraft schenken, damit wir das Leben meistern können, einen Tag nach dem anderen.

Eins steht fest: Egal unter welchen Umständen du leben musst, niemand ist nutzlos. Es kann ein paar Jahre dauern, bis du deine Bestimmung findest, und bis ins Letzte wirst du sie vielleicht nie begreifen – genauso wenig, warum dir dies oder jenes passieren musste. Aber deswegen ist es so wichtig, Vertrauen zu haben und einfach loszulegen. Übrigens: Auch wenn dir Schlechtes widerfährt, ändert das nichts daran, dass Gott dich unendlich liebt.

KEIN DING DER UNMÖGLICHKEIT

Wunder gibt es immer wieder. Ich habe selbst schon welche gesehen, und oft berichten mir andere von ihren Erlebnissen. Von John bekam ich diesen Brief, in dem er von seinem persönlichen Wunder erzählt:

„Ich war kein besonders religiöser Mensch, bis ich vor etwa zehn Jahren dem Tod ins Gesicht sah. Als ich noch klein war, bekam ich

Krebs und verlor deswegen ein Bein. Die Ärzte sagten, ich würde wohl nicht älter als fünf werden.

Ich habe sie eines Besseren belehrt. Am 6. Mai werde ich siebenunddreißig! Aber es war nicht immer einfach. Der Krebs kehrt alle paar Jahre zurück, und vergangenes Jahr war es besonders schlimm. Wenn ich nicht sofort eine aggressive Chemotherapie machte, meinten die Ärzte, würde ich keine zwölf Monate mehr leben.

Ich machte sofort dicht und sagte, ich hätte das Kämpfen satt. Lieber wollte ich sterben. Der Krebs hat schon meine Mutter, zwei meiner Schwestern und drei Brüder auf dem Gewissen. Eines Tages wird er mich auch besiegen. Und ich war bereit!

Ich sprach mit unserem Pastor über meine Entscheidung. Nach vielen Gebeten beschloss ich, doch mit der Chemotherapie anzufangen. Zwölf Wochen lang bekam ich zweimal wöchentlich Infusionen. Beim fünften Zyklus machte man ein Blutbild und schickte die Ergebnisse wie immer an meinen behandelnden Arzt. Ein paar Tage später rief er mich an und bat mich zu sich in die Praxis. Als ich dort eintraf, kam er sofort aus dem Behandlungszimmer und hatte Tränen in den Augen. Er meinte, der Krebs sei *weg*! Er war spurlos verschwunden. Als wäre er nie da gewesen. Mein Arzt war überglücklich – aber lange nicht so glücklich wie ich!

Alle drei Monate muss ich zur Nachsorge, aber bisher sieht es gut aus. Eines Tages kann der Krebs natürlich zurückkommen oder ich werde auf dem Heimweg von einem Bus überfahren. Niemand von uns weiß, wann seine Zeit gekommen ist …"

John hat recht. Wir wissen nicht, wie lange uns bleibt. Deswegen sollten wir miteinander so liebevoll umgehen, als wäre es unser letzter Tag hier auf Erden. Genieß dein Leben in vollen Zügen, und sei dankbar für jeden Tag, an dem du morgens aufwachst!

Johns Geschichte und viele andere zeigen mir, dass Wunder durchaus möglich sind. Deswegen habe ich auch ein Paar Schuhe im Schrank – nur für den Fall. Aber bis dahin lege ich die Hände nicht in den Schoß.

Ob Gott mächtig genug ist, mich zu heilen? Hundertprozentig. Vielleicht hat er das sogar geplant, aber vielleicht auch nicht. Bisher sind mir noch nicht auf wundersame Weise Arme und Beine gewachsen. Aber ich habe das Wunder innerer Zufriedenheit, Lebensfreude und Vertrauen erlebt. Das ist mir noch wichtiger als die Wunderheilung. Schließlich wird mancher vom Krebs geheilt und bleibt trotzdem kreuzunglücklich, weil er alles für selbstverständlich ansieht. Ich durfte schon so oft voller Freude erleben, wie Menschen neuen Lebensmut schöpften und das Leben neu anpackten. Das ist vielleicht ein Kick! Du bist bestimmt dankbar dafür, dass du Arme und Beine hast, aber ich bin jeden Tag wieder froh, dass sie mir fehlen. Ich finde, das größte Wunder ist eine Verwandlung von innen heraus.

Manchmal tun mir die Leute leid, die nicht an ein Leben nach dem Tod glauben können. Dabei hat Gott es versprochen, und zwar in einer Welt ohne Schmerz und ohne Krankheit. Der Gedanke, nur diesen kleinen Fetzen Leben hier zu haben, macht mich traurig. Ich möchte Milliarden von Jahren leben, bis in alle Ewigkeit! Und so lange ich noch hier bin, möchte ich eine Spur hinterlassen, die genauso lange hält. Wie viel Geld ich verdient habe und wie viele tolle Autos ich hatte, ist am Ende unwichtig. Was zählt, ist, dass ich bereit war, anderen zu helfen und einer großen Sache zu dienen.

EINE WANDELNDE BOTSCHAFT

Ich sehe Krankheit nicht als Strafe. Manchmal steckt vielmehr eine Botschaft dahinter. Als Lazarus, ein Freund von Jesus, sterbenskrank war, sagte Jesus: „Diese Krankheit führt letztlich nicht zum Tod, sondern durch sie soll die Macht Gottes sichtbar werden, und auch der Sohn Gottes wird dadurch geehrt." Lazarus starb, und Jesus weckte ihn von den Toten wieder auf. Da ließen viele Leute ihre Zweifel hinter sich und nahmen Jesus als Sohn Gottes an.

Könnte es sein, dass Gott selbst unsere Krankheiten und Behinderungen noch zu etwas nutzt? In meinem Fall habe ich das schon oft erlebt. Schon durch meine bloße Existenz habe ich anderen geholfen. Wie viel leichter hätten es meine Eltern gehabt, wenn sie jemanden ohne Arme und Beine gekannt hätten, der ihnen zur Seite steht? Ich durfte diese Rolle schon für einige Männer, Frauen und Kinder einnehmen, die ähnliche körperliche Gegebenheiten haben wie ich. Und meine Eltern tun dasselbe, beraten Familien und versichern ihnen, dass ihre Kinder auch ohne Gliedmaßen ein gutes Leben führen können. Selbst wenn wir nichts anderes machen würden, wäre es schon ein wertvoller Dienst, anderen etwas Seelenfrieden und Mut zu verschaffen.

Michelle ist Mutter, wohnt in Kalifornien und hat mir eine von den E-Mails geschickt, die mich ganz demütig machen und mir zugleich zeigen, dass ich auf dem richtigen Weg bin. Was ist mein kleines Päckchen schon gegen das, was andere schultern müssen? Michelle bekam nach nur achtundzwanzig Schwangerschaftswochen Drillinge. Ihre Tochter Grace wurde mit zerebraler Kinderlähmung geboren und kann nicht richtig laufen. Sie ist außerdem auf dem rechten Auge blind. Trotz ihrer Einschränkungen ist Grace heute eine gute Schülerin und ein fröhliches Kind. Grace versinkt zwar nie in Selbstmitleid, aber auch sie hat ihrer Mutter die „Warum ich?"-Frage gestellt.

Wer könnte ihr das verübeln? Ich habe schon oft darüber gesprochen, wie meine Mutter auf diese schwierige Frage reagierte. Michelle hatte mein erstes Buch gelesen und einige der Videos gesehen, und sie wandelte die Antwort meiner Mutter in ihre eigene Version ab.

„Ich sagte meiner Tocher Grace", schrieb Michelle, „Der liebe

Gott hat für dich einen ganz besonderen Plan. Warte nur, bis die Zeit reif ist!' Ich erzählte ihr, dass es etwas Besonderes sei, schon so früh seine Bestimmung zu kennen. Ich kenne nämlich viele Erwachsene, die noch immer im Nebel herumstochern!"

Grace sieht sich zu Hause meine Videos an, um sich Mut zu machen, und sie nimmt ein Foto von mir mit in die Schule, um den anderen Kindern zu zeigen, „dass mit Gott nichts unmöglich ist". Laut Michelle hat Grace einen festen Kinderglauben entwickelt.

„Manchmal glaube ich, bei uns wohnt ein Engel", schrieb sie.

Wunder gibt es in allen Größen und Formen. Nimm es mir nicht übel, aber ich halte die Tatsache, dass ich für Kinder wie Grace ein Vorbild sein darf, für ein echtes Wunder. Wenn Michelle die Einzige wäre, die Kontakt zu mir aufgenommen hätte, würde ich das Ganze als einmaliges Geschenk betrachten, aber ich bekomme jeden Tag Briefe, E-Mails und andere Nachrichten. Oft bedanken sich die Leute bei mir, aber in Wirklichkeit muss ich mich bei ihnen bedanken. Ihr Mut und ihr unerschütterliches Vertrauen in das Leben sind wie ein Motor für mich.

Manchmal kann ich kaum glauben, wie gut es manchen Menschen gelingt, trotz Krankheit und Behinderung unbekümmert ihren Weg zu gehen. Adriannas Geschichte haute mich schlichtweg um. Sie ist fünfundzwanzig, und ihr fehlen wie mir von Geburt an Arme und Beine, aber sie hat Hände und Füße.

„Gott hat mir gezeigt, wie ich trotz meiner Behinderung aufblühen kann und dass ich ein gleichwertiger Mensch wie jeder andere bin. Wie Nick fallen mir auch die einfachsten alltäglichen Dinge schwer, aber ich lasse mich dadurch nicht davon abbringen, die Sonnenseite des Lebens zu sehen."

Adrianna musste die ersten drei Jahre ihres Lebens künstlich beatmet werden, weil ihre Atmungsfunktion nicht gut genug ausgeprägt war. Wie ich leidet sie an Rückenproblemen. In zwei Operationen sind ihr links und rechts der Wirbelsäule Stahlstäbe eingesetzt worden. Und trotz allem konzentriert sich diese unglaubliche Frau auf das Gute in ihrem Leben.

„Ich habe zwar nur Hände und Füße, aber ich bin intelligent und habe viele gute Freunde und eine tolle Familie. Außerdem gehe ich aufs College und möchte Therapeutin werden. Gott spart nicht mit Wundern, und ich bin eins davon! Das Leben kann schön sein – man muss sich nur dafür entscheiden", schrieb sie mir.

Adriannas Leben ist alles andere als leicht, aber sie hat Verbitterung und Selbstmitleid eine Absage erteilt. Sie bleibt Optimistin und setzt sich für das Gute ein. Wem sollte das nicht Mut machen? Mir auf jeden Fall!

LEIDEN ALS LEKTION

König David, so kann man in Psalm 119 nachlesen, verstand sein Leiden durchaus als Lektion. Vor seiner Krankheit sei er von Gott abgekommen, schreibt er, und das Leid habe ihn wieder dazu gebracht, auf Gottes Gesetze zu achten.

Meine Eltern haben mir beigebracht, Gott zu lieben. Aber nicht, damit er mich in Watte packt oder mir Arme und Beine schenkt, sondern damit ich einmal bei ihm sein kann und auch heute schon ein erfülltes Leben habe – egal, unter welchen Umständen. Ich kann dir deswegen nur ans Herz legen, dich bei Krankheit, Behinderung oder sonst irgendwelchen Schwierigkeiten im Leben an ihn zu wenden. Damit gibst du nämlich etwas ab, das dich unnötig belasten kann: zu wissen, was das Beste für dich ist. Außerdem gestehst du dir ein, dass du dich nicht selbst gesund machen kannst – er aber schon. Auf Gottes Zusagen kann man sich verlassen. Er hat eine ganze Menge davon gemacht, unter anderem diese: „Ich, der

Herr, werde euch Frieden schenken und euch aus dem Leid befreien. Ich gebe euch wieder Zukunft und Hoffnung" (Jeremia 29,11).

Sich im Gebet mit Gott zu unterhalten und ihn an seine Versprechen zu erinnern, ist nie verkehrt. Ich gönne mir täglich eine ordentliche Dosis davon. Gebet ist für mich die stärkste Medizin überhaupt!

Aus eigener Erfahrung weiß ich, dass sich wahre Abgründe auftun können, wenn man plötzlich krank, behindert oder schwerverletzt ist. Man fühlt sich isoliert, einsam und ist mit den Nerven am Ende. Meine dunkelsten Stunden kamen oft dann, wenn ich mich zurückzog, anstatt mich von anderen trösten zu lassen. Mach nicht denselben Fehler. Wenn du Leute hast, die bereit sind, für dich da zu sein, dann sei dankbar und nimm ihre Hilfe an. Vielleicht wirst du eines Tages in der Lage sein, ihnen genauso zu helfen. Lass ihnen freie Hand!

Wenn du von Freunden und Familie nicht gut aufgefangen werden kannst, gibt es professionelle Hilfe und Selbsthilfegruppen. Deine Ärzte werden dir sicher helfen, sie zu finden. Für die meisten Krankheiten und medizinischen Probleme gibt es heutzutage schon spezielle Gruppen, und auch solche, in denen es allgemein um ein Leben mit Krankheit geht.

Lass mich dir einen Rat geben: Viele Menschen, die plötzlich mit einer Krankheit oder gesundheitlichen Einschränkungen konfrontiert sind, drehen sich nur noch um dieses eine Thema. Das Kranksein und Gesundwerden ist alles, woran sie denken. Dabei sagen Therapeuten, dass es zwar wichtig ist, die Krankheit zu akzeptieren und sich mit ihr zu arrangieren, aber genauso wichtig ist die Erkenntnis, dass du immer noch *du* bist. Kündige nicht deine ganzen Hobbys auf, und meide nicht die Leute, die du eigentlich magst, nur weil du dich auf deine Genesung konzentrieren willst. An der Sache an sich kannst du erst einmal nichts ändern, aber du kannst vermeiden, dass sie dein ganzes Leben bestimmt, dein

Am Santa Monica Pier im Oktober 2010: Ich zittere zwar vor Kälte, aber auch vor Aufregung. Wir produzieren „Something More", mein erstes Musikvideo!

Meine ersten Surfversuche. Dank der Tipps von Bethany Hamilton war es ein Riesenspaß!

Bei einer fünftägigen Vortragsreihe in Surat (Indien) sprach ich vor insgesamt 350.000 Menschen, von denen sich 80.000 für ein Leben mit Jesus entschieden. Hier stehe ich vor 110.000 Leuten – mein persönlicher Rekord.

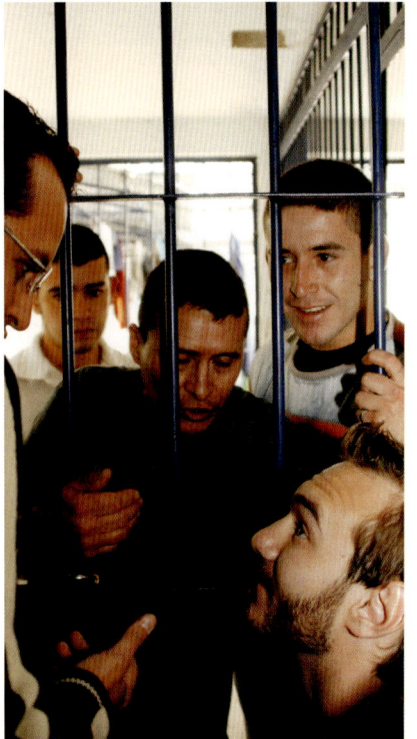

Diesen Augenblick vergesse ich nie: Der Mann im dunklen Hemd erklärt mir 2008 in Kolumbien, dass er fünfundzwanzig Jahre hinter Gittern bleiben muss, aber dass AIDS ihn wohl schon vorher das Leben kosten wird. Und trotzdem erzählt er mir voller Freude, dass er Jesus kennengelernt hat und ich der Welt sagen soll, dass „dieser Mann frei und voller Dankbarkeit ist".

In Surat besuchten wir auch eine Schule. Ich spielte mit den Kindern Fußball, zeigte ihnen, wie ich mit dem Mund schreiben kann, und gab ihnen ein paar gute Worte mit auf den Weg.

Die Sphinx und die Pyramiden von Gizeh wollte ich schon immer sehen. Ich bekam sogar einen VIP-Zugang, weil die Ägypter wussten, dass ich kein Langfinger bin!

Hier stehe ich auf der Chinesischen Mauer. Und wieder einen Lebenstraum erfüllt!

*Ich mag den Kontakt zu Kindern, überall auf der Welt:
Sie sind einfach sie selbst und sagen, was sie denken.*

*In China lernte ich einige Opfer des Erdbebens in Sichuan kennen. Dieser junge
Mann machte mit mir ein Wettrennen auf der Bühne! Es war mir eine Ehre,
zu denen zu sprechen, die 2008 alles verloren hatten. Wenn jemand hinterher
gestärkt und demütig war, dann ich.*

Mit diesem New Yorker, der seit vielen Jahren auf der Straße lebt, hatte ich ein richtig gutes Gespräch. Am Ende gab es eine Umarmung!

Nichts ist ergreifender, als mitzuerleben, wie ein verzweifelter Mensch vor Erleichterung weint, weil er erkennt, dass auch für seine Situation noch Hoffnung besteht und jemand ihn liebt.

Hoffnung und Lebensmut können wir alle gebrauchen. Hier erkläre ich einer Frau im Pflegeheim, dass ich neidisch auf sie bin: Sie ist der Ziellinie schon viel näher als ich.

Nach diesem Tag war ich nicht mehr derselbe: Die jungen Frauen erzählten mir, wie sie entführt und zur Prostitution gezwungen wurden. Aber auch, wie Jesus sie verändert und gerettet hat!

Allzu lange kann ich nicht mit dem Mund signieren, weil meine Zähne sonst locker werden. Aber für eine Erinnerung an einen Tag voller Denkanstöße gebe ich gern mein Bestes.

Mein Markenzeichen! Ich liebe es, wenn es im Publikum still wird, bevor ich mich wieder hochkämpfe.

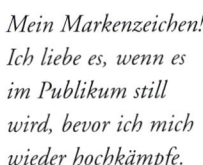

Ich bin ein Fan von Daniel. Ist er nicht großartig? Ich besuchte ihn in der Schule und ermahnte seine Lehrer, ihn geistig genauso zu fordern wie seine Mitschüler. Aber Daniel ist in manchen Fächern sogar Klassenbester.

Was soll ich sagen? Das hübscheste Mädchen in ganz Indien!

Am 12. Februar 2012 haben wir uns das Ja-Wort gegeben und wurden zu Mr. und Mrs. Vujicic. Ich kann unsere Liebe nicht beschreiben. Kanae ist das größte Geschenk meines Lebens, gleich nach meiner Beziehung zu Jesus. Ich liebe dich, mein Schatz!

Selbstbild beschädigt und dir das Gefühl nimmt, etwas Wertvolles beitragen zu können. Du bist mehr als nur dein Problem.

Manche Tage sind besser, andere schlechter. Vielleicht wirst du etwas Boden verlieren, bevor du wieder nach vorn schauen kannst. Dann und wann mögen die körperlichen Schmerzen unerträglich sein. Weigere dich trotzdem, aufzugeben! Bleib optimistisch. Behalte deinen Humor und einen klaren Kopf, und halte jeden Tag Ausschau nach fröhlichen oder friedlichen Momenten. Das kann die Stille am Morgen sein oder auch nur die Tatsache, dass du wieder einen Tag erleben kannst, sei er nun perfekt oder nicht, und dass du Menschen um dich hast, die du magst.

Wenn ich mein Leben als „unverschämt gut" bezeichne, dann meine ich damit die Freude, die ich jeden Tag erlebe. Ob das Wetter nun schön ist oder schlecht, ob alles reibungslos klappt oder es einfach nicht mein Tag ist, ob ich zu Hause bei meinen Lieben bin oder unterwegs mit Fremden, ob ich krank bin oder mich fit wie ein Turnschuh fühle – das Leben ist doch *irre!*

Erwarte nicht, dass du dir auf jeden Tag einen Reim machen kannst. Manche Tage kommen einem echt wie ein Witz vor. Andere sind einfach nur traurig. Aber egal ob gute oder schlechte Zeiten, ob Gesundheit oder Krankheit, ob Regen oder Sonnenschein, es ist doch phänomenal, dass wir leben und atmen, oder? Das Leben selbst ist ein Wunder. Wir sind nur ein Mal in dieser „irdischen Verstrickung" drin, wie Shakespeare es formulierte. Was wirst du aus deinem kleinen Knäuel machen? Willst du dich bei deiner einmaligen Chance auf ein Leben hier auf dieser Erde von einer schwachen Gesundheit, einer schweren Verletzung oder einer Behinderung um deine Lebensfreude bringen lassen? Mein Gegenvorschlag: Starte eine Aufwärtsspirale. Wenn dich Gesundheitsprobleme umgehauen haben oder eine Behinderung dich verlangsamt, nutze diese Zeit. Bring deine Prioritäten in die richtige Reihenfolge, sag den Menschen, die dir wichtig sind, wie lieb du sie hast, und stärke deine inneren Kräfte.

Denk dran: Das Hindernis, vor dem du stehst, könnte dich auch stärker machen, liebevoller, mutiger, entschlossener und vertrauensvoller. Ergreif diese Chance! Dein Körper mag geschwächt und gebrochen sein, aber deine Gedanken und deine Fantasie sind frei. Vielleicht fehlte dir bislang die Zeit, Klarschiff zu machen, an deinem Charakter zu feilen und den Wildwuchs zu beschneiden. Wenn du sowieso ständig im Wartezimmer sitzt oder dich von einem Arzt- oder Therapeutenbesuch zum nächsten hangelst, nutze die Zeit und lies Bücher, die dich voranbringen und dir Kraft geben. Versuch die Teile von dir zu pflegen und gesund zu halten, auf die sie keinen Zugriff haben. Und fasse folgenden Entschluss: Egal was mit deinem Körper passiert, der Rest von dir – dein Verstand, dein Herz und deine Seele – wird am Ende gestärkt und verbessert sein.

KEINE HEILUNG, KEIN PROBLEM

Wenn du an einer unheilbaren Krankheit leidest oder wie ich eine Behinderung hast und du nicht durch ein Wunder geheilt wirst, dann wartet immer noch der Rest deines Lebens auf dich. Du kannst den Kopf in den Sand stecken und dich ganz dem Selbstmitleid, der Verbitterung und der Wut hingeben – oder die Herausforderung annehmen und noch das letzte Quäntchen Leben herausholen, während die Uhr tickt.

Für meinen Lebensstil und den Versuch, trotz fehlender Gliedmaßen anderen Menschen zu helfen, habe ich schon ziemlich viel Aufmerksamkeit und Lob bekommen. Aber es gibt so viele andere, die still, mutig und erhobenen Hauptes ihr Päckchen geschultert haben.

Rebekah Tolbert hatte schon zum Zeitpunkt ihrer Geburt schwerwiegendere Gesundheitsprobleme als ich. Sie kam als Frühchen in einer Notgeburt auf die Welt. In ihrer Familie herrschte Gewalt. Rebekah wog bei ihrer Geburt kaum drei Pfund, aber sie war von Anfang an eine Kämpfernatur und hatte einen enormen Lebenswillen. Leider kamen fast jeden Tag neue Hiobsbotschaften dazu.

Letzten Endes diagnostizierte man bei ihr eine spastische tetraplegische Zerebralparese. Ihre Eltern ließen sich scheiden. Nur ihre Mutter versuchte Rebekah einzuschärfen, dass ihre Familie und Gott sie liebten.

Trotz allem wurde Rebekah ein fröhliches Kind mit einer positiven Ausstrahlung. Anstatt sich als Opfer zu fühlen, stellte sie sich mutig ihren Herausforderungen und dachte an das Wohl der anderen. Schon in der Grundschule startete sie ihre eigene Spendenaktion, um Flüchtlingen in Afghanistan zu helfen. Sie sammelte Sponsoren für jede Umdrehung der Pedale an ihrem Spezialfahrrad und „erfuhr" dann mehr als tausendfünfhundert Dollar.

Von ihrer Großmutter übernahm sie den Lieblingsvers aus der Bibel: „Gott aber kann viel mehr tun, als wir jemals von ihm erbitten oder uns auch nur vorstellen können. So groß ist seine Kraft, die in uns wirkt" (Epheser 3,20).

In der Highschool tat sich Rebekah mit der Hilfsorganisation *Wheels for the World* zusammen und organisierte eine Sammelaktion in ihrer Umgebung, bei der für die Opfer des Erdbebens in Haiti 2010 gebrauchte Rollstühle und medizinische Ausrüstung gesammelt wurden. Mit ihrer positiven Lebenseinstellung und ihrer fröhlichen Natur fand sie in der Schule schnell Freunde. Sie ging offen auf andere Leute zu und wurde wegen ihrer Kontaktfreude gut angenommen.

Aber dann machte Rebekah eine ähnlich schwere Zeit durch wie ich in ihrem Alter. Als Teenager werden einem zum ersten Mal die Unterschiede zwischen den Menschen so richtig bewusst, und dann verbringt man den Rest seines Lebens mit der stückchenweisen Erkenntnis, wie gleich wir doch alle sind. Die Pubertät ist für jeden eine Herausforderung, aber umso mehr für diejenigen von uns, die mit Einschränkungen leben müssen.

Körper und Verstand verändern sich während der Pubertät rapide. Dabei geschehen auch chemische Veränderungen innerhalb des Körpers, die oft für eine gesteigerte Emotionalität sorgen. Insgesamt entsteht eine ziemlich explosive Atmosphäre, schließlich machen Freunde und Klassenkameraden ja dieselbe Phase durch. Jeder versucht dazuzugehören, seinen Weg zu finden und zu verstehen, was die Zukunft für ihn bereithält.

In genau diesem Alter wurde mir klar, dass es einige Dinge gibt, die mir trotz aller Entschlossenheit verwehrt bleiben würden, während meine Klassenkameraden sie für selbstverständlich hielten. Ich hatte auch mit Mobbing und Ablehnung zu kämpfen. Obwohl es sich meist nur um einen achtlosen Kommentar oder einen schlechten Witz handelte, fühlte ich mich oft verletzt und bekam Selbstzweifel.

Rebekah ging es nicht anders. Die Highschool bescherte ihr neue Freunde und neue Abenteuer, aber auch die wachsende Erkenntnis, dass sie nicht so war wie die anderen. Die meisten Klassenkameraden hatten wegen ihrer fröhlichen Art keine Berührungsängste, aber manche fühlten sich in ihrer Gegenwart sichtlich unwohl. Einige machten herablassende Kommentare oder ließen ihre Versuche ins Leere laufen, sie als Freunde zu gewinnen.

Die Kommentare und die Ablehnung trafen Rebekah tief. Sie versuchte, fröhlich und guten Mutes zu bleiben, aber Selbstzweifel und Verzweiflung begannen an ihr zu nagen. *Warum macht Gott mich nicht gesund? Warum lässt er es zu, dass andere mich verletzen? Warum muss ich in diesem Körper gefangen und an den Rollstuhl gefesselt sein?*

Zum ersten Mal in ihrem Leben stellte sie auch Gottes Liebe infrage. *Bist du sicher, dass du alle Menschen liebst? Oder liebst du vielleicht nur die anderen – und mich nicht?*

Es ist nichts verkehrt daran, Gott Fragen zu stellen. Da ist die Bibel eindeutig: „Wer suchet, der findet." Wer nicht fragt, bleibt dumm! Es wird nur dann problematisch, wenn die Suche nach Antworten nur Zweifel schafft und das ganze Glaubensgebäude ins Wanken kommt. Bloß weil einem die Antworten nicht gleich auf dem Silbertablett präsentiert werden, heißt das nicht, dass es sie nicht gibt. Manchmal gehört Geduld dazu. Und so mancher hat bei der Suche nach Antworten auch gemerkt, dass Gottes Vision für sein Leben noch viel größer war, als er zunächst angenommen hat.

Leider stapeln sich manchmal aber auch Enttäuschungen und Verletzungen regelrecht aufeinander. Und sosehr man auch versucht dagegenzuhalten, irgendwann bricht man zusammen.

Rebekah gab sich alle Mühe, gute Leistungen in der Schule zu bringen und in Sachen Lebensmut ein Vorbild zu sein, aber dann geriet sie in eine Auseinandersetzung wegen ihres Highschoolabschlusses. Sie war felsenfest davon ausgegangen, in jenem Jahr den Abschluss zu machen, und wollte sogar während der feierlichen Zeremonie ein öffentliches Gebet für alle sprechen. Aber wegen einer Formsache entschied der Schulausschuss, dass sie um ein Jahr zurückgestellt werden sollte. Sie durfte weder bei ihren Klassenkameraden sitzen noch sonst irgendwie an der Zeremonie teilnehmen.

Für Rebekah war das ein schwerer Schlag. Sie hatte schon lange von ihrem Abschluss geträumt und sich vorgestellt, welche Rolle sie in der Abschlussfeier spielen würde. Außerdem musste sie zu dieser Zeit den Verlust von lieben Menschen verkraften, angefangen von ihrer Großmutter fünf Jahre zuvor, gefolgt von Freunden, die an Leukämie, Parkinson und Gehirntumoren verstorben waren oder sich das Leben genommen hatten.

Rebekah versank in Trauer. Depressive Gedanken nahmen sie gefangen, trübten ihren Blick und zerstörten ihr Gottvertrauen. Plötzlich hatte diese dynamische junge Frau, die immer auf der

Suche nach Möglichkeiten war, anderen zu helfen, den Lebensmut verloren. Jeder neue Tag schien schwärzer als der davor. Negative Stimmen verfolgten sie: *Du bist nur eine Last. In Wirklichkeit interessiert sich niemand für dich! Die haben alle nur Mitleid mit dem armen behinderten Mädchen.*

Selbstmordgedanken keimten auf. Eines Tages ertappte Rebekah sich dabei, wie sie in der Küche auf den Schub mit den Messern starrte und den heimlichen Plan schmiedete, sich umzubringen, während ihre Mutter einkaufen war.

Rebekahs Freunde und Familie gaben sich alle Mühe, ihr aus der Depression herauszuhelfen. Eines Sonntags bestand ihre Mutter darauf, sie zum Gottesdienst mitzunehmen. Normalerweise war Rebekah die Erste im Auto, wenn es zur Kirche ging. Jetzt wollte sie noch nicht einmal aus dem Bett kommen. Aber ihre Mutter gab nicht nach. Sie vertraute darauf, dass Gott Rebekah nicht einfach so fallen lassen würde. Außerdem tat ihr der Gottesdienstbesuch immer gut.

Laurena half Rebekah also beim Aufstehen, Anziehen und setzte sie in den Rollstuhl. Dann fuhren sie zur Kirche. Rebekah brütete schweigend vor sich hin. Im Vorraum nahm sich Laurena ein Mitteilungsblättchen, aus dem ein Zettel mit einem Veranstaltungshinweis herausfiel.

Rebekahs Mutter entdeckte ein bekanntes Gesicht auf dem Zettel. Bevor Rebekah depressiv geworden war, hatte sie oft zu dieser Person aufgeschaut und sich neuen Mut geholt. Mit Tränen in den Augen reichte Laurena Rebekah das Foto weiter. Ich, so stand dort, sollte der Gastredner im Gottesdienst vor der Abschlussfeier sein, zu der Rebekah nicht zugelassen worden war.

„Glaubst du immer noch, dass Gott dich verlassen hat?", fragte Laurena.

Rebekah hatte meine Videos schon unzählige Male gesehen und sich sogar gewünscht, mich eines Tages persönlich kennenzulernen. Sie hatte nämlich denselben Traum wie ich, andere Menschen zu begeistern und sie zum Nachdenken anzuregen. Man hat mir ja schon oft gesagt, dass mein Anblick auf die Menschen eine ziemliche Wirkung hat. Ich war mir nur nicht immer sicher, ob damit etwas Gutes gemeint war oder nicht. In diesem Fall glücklicherweise ja.

Zum ersten Mal seit Monaten merkte Rebekah, wie ihre Lebensgeister zurückkehrten. Sie spürte inneren Frieden und konnte das Selbstmitleid und die selbstzerstörerischen Gedanken loslassen. Ja, sie wolle zu diesem Gottesdienst gehen, verkündete sie ihrer Mutter.

Nachdem meine Rede und die Veranstaltung zu Ende waren, kamen Rebekah und ihre Mutter zu mir. Laurena erzählte mir von Rebekahs inneren Qualen, und ich nahm mir etwas Zeit für ein Gespräch unter vier Augen. Rebekah schüttete mir ihr Herz aus. Ich gab mein Bestes, sie zu trösten, und erzählte ihr, dass es mir schon genauso gegangen war. Behutsam erinnerte ich sie an einen Bibelvers, der ihr offensichtlich viel bedeutete: „Alles kann ich durch Christus, der mir Kraft und Stärke gibt" (Philipper 4,13).

„Lass dich von den Sorgen wegen deiner Behinderung nicht kaputt machen", sagte ich ihr. „Du hast einen starken Partner an deiner Seite. Lass los und lass Gott machen."

Wieso habe gerade ich keine Arme und Beine? Und wieso durfte gerade ich dieser bemerkenswerten jungen Frau Mut machen? Eines Tages will ich Gott das fragen. Aber vielleicht sind die Gründe dann gar nicht mehr so entscheidend, sondern nur die Resultate.

Der Apostel Paulus schreibt in 2. Korinther 1,3+4: „Gepriesen sei Gott, der Vater unseres Herrn Jesus Christus, der Vater voller Barmherzigkeit, der Gott, der uns in jeder Not tröstet! In allen Schwierigkeiten ermutigt er uns und steht uns bei, sodass wir auch andere trösten können, die wegen ihres Glaubens leiden müssen. Wir trösten sie, wie Gott auch uns getröstet hat."

Ich bin überglücklich, berichten zu können, dass Rebekah im Jahr darauf ihren Abschluss machen konnte. Sie gehört nun zur Abschlussklasse des Jahres 2010. Auf Wunsch ihrer Klassenkameraden durfte sie das Segensgebet sprechen. Keine Frage, sie wird an diesem Tag und darüber hinaus eine Menge Herzen berührt haben.

Heute setzt sie ihre Überzeugungen mit ihrer gemeinnützigen Organisation *Formed for His Use* praktisch um. Rebekah ist von einer Getrösteten zu einer Trösterin geworden. Sie steht Familien und Einzelpersonen zur Seite, die mit Behinderungen zu kämpfen haben, weil sie genau weiß, wie wichtig ein mutmachendes Wort sein kann, wenn man ganz unten ist.

KAPITEL 6

Ich, mein größter Feind

Terri war einundzwanzig, als sie mir über die Webseite von *Life Without Limbs* von ihrer „qualvollen Lust, mich selbst zu verletzen" schrieb. Sie war süchtig nach diesem Hochgefühl, wenn sie sich ritzte. Ihr Verlangen danach war so stark, dass sie selbst Arterien und Sehnen aufschnitt und damit ihr Leben aufs Spiel setzte.

„Das war mein Lebensinhalt", schrieb sie über die Sucht.

Auf meinen Reisen höre ich immer wieder solche Geschichten, und keine davon darf man auf die leichte Schulter nehmen. Experten sagen, dass Menschen mit selbstverletzendem Verhalten eigentlich gar keinen Selbstmord begehen wollen, aber sich oft in Lebensgefahr bringen. Sich zu ritzen, ist eine Bewältigungsstrategie, aber sie hat in etwa denselben Effekt wie ein Pflaster auf einer offenen Arterie. Das Problem wird dadurch nicht gelöst. Diejenigen, die sich selbst verletzen, sehen dies oft als einzigen Ausweg, sich von starkem emotionalem Schmerz abzulenken.

Von Terri und anderen weiß ich, dass das sofort eintretende Gefühl der Betäubung und Beruhigung abhängig macht. Auch wenn sie wissen, dass es schädlich ist, können sie nicht damit aufhören. Oft ziehen sie das Ritzen sogar anderen schönen Dingen vor.

Manche nennen selbstverletzendes Verhalten einen Hilfeschrei ohne Worte.

Terri schrieb, dass sie sich so sehr mit Selbsthass und Minderwertigkeitsgefühlen gequält hatte, dass sie den körperlichen Schmerz als Erleichterung brauchte. Glücklicherweise suchte sie sich professionelle Hilfe bei einem Therapeuten und konnte damit aufhören, bevor es sie das Leben kostete.

Dank der Therapie und ihrer neu hinzugewonnenen Entschlossenheit hatte Terri sich anderthalb Jahre nicht mehr selbst verletzt, aber dann kehrte das Verlangen zurück. Wieder musste ihr der Therapeut helfen, dem unter Umständen tödlichen Impuls nicht nachzugeben.

Im Zuge der erneuten Behandlung erzählte ihr Therapeut ihr von mir und legte ihr ans Herz, sich meine Videos anzusehen. In ihrer E-Mail schrieb Terri, dass mein Lebensweg ihren in ein neues Licht getaucht hatte.

„Wenn ich irgendwas aus deiner Geschichte gelernt habe, dann, dass ich dankbar sein sollte, egal wie schlecht es mir gerade geht oder wie sehr ich mich ritzen möchte. Ich sollte dankbar sein, dass ich überhaupt Arme habe. Und Beine. Dass ich diesen Text mit Fingern tippen kann. Dass es für mich ein Leichtes ist, zu essen, mich anzuziehen und für mich zu sorgen", schrieb Terri.

„Wieso sollte ich etwas so Kostbares wie meinen Körper mit einer so schrecklichen Sache zerstören?", fügte sie hinzu.

Terris Geschichte war zugleich beängstigend und Mut machend. Beängstigend, weil ich diesen selbstzerstörerischen Impuls nur zu gut kenne. Und Mut machend, weil sie sich rechtzeitig Hilfe holte und auf den Rat des Experten hörte. Das hat ihr das Leben gerettet.

Am liebsten möchte ich Leute wie Terri natürlich erreichen, bevor sie sich selbst und anderen wehtun. Die inneren Qualen sind mir nicht fremd, aber ich kenne inzwischen viel bessere Wege, damit umzugehen, als sich selbst zu verletzen und Schmerzen zu verursachen. Als ich mich mit Selbstmordgedanken herumschlug und letzten Endes auch den Versuch startete, war ich davon überzeugt, dass niemand so litt wie ich. Ich quälte mich still und heimlich. Dabei ist es eine erschreckende Tatsache, dass ich nur einer von unzähligen Menschen war, die über Selbstmord nachdachten und sich zum Teil auch dafür entschieden.

Das meiste selbstverletzende Verhalten geschieht im Stillen. Deswegen gibt es nur wenige repräsentative Daten darüber. Selbstverletzendes Verhalten kann auch bedeuten, dass man die Haut aufkratzt, mit dem Kopf an Gegenstände schlägt, sich Haare ausreißt, giftige Chemikalien schluckt oder sich Verbrennungen zufügt. In einer Studie unter amerikanischen Collegestudenten fand man heraus, dass zweiunddreißig Prozent schon einmal zu solch einem Mittel gegriffen haben. Experten schätzen, dass zwischen fünfzehn und zweiundzwanzig Prozent aller Jugendlichen und jungen Erwachsenen sich schon einmal absichtlich Verletzungen zugefügt haben.

Die Statistiken zu Selbstmordversuchen und tatsächlichem Selbstmord sind noch viel alarmierender. Jedes Jahr begehen etwa eine Million Menschen auf diesem Planeten Selbstmord. Das heißt, alle vierzig Sekunden bringt sich ein Mensch absichtlich um. Selbstmord ist die dritthäufigste Todesursache bei Fünfzehn- bis Vierundzwanzigjährigen, und laut der Weltgesundheitsorganisation WHO hat sich die Selbstmordrate in den vergangenen fünfundvierzig Jahren um sechzig Prozent erhöht.

Vor Kurzem hatte ich einen Auftritt in einer Highschool in Washington, D.C. Dort bat ich die Schüler, die Augen zu schließen und eine Faust nach oben zu strecken, wenn sie schon einmal Selbstmordgedanken gehabt hatten. Drei Viertel der achthundert Schüler zeigten an, dass sie ihrem Leben schon einmal ein Ende setzen wollten. Dann bat ich diejenigen, die tatsächlich einen Selbstmordversuch begangen hatten, die Fäuste oben zu lassen. Fast achtzig Hände blieben oben. Ist das nicht erschreckend?

Wer sich mit Selbstmordgedanken quält, hat oft das Gefühl,

dass das Leben keinen Sinn hat. Eine zerbrochene Beziehung, ein gesundheitliches Problem, der Verlust eines lieben Menschen oder andere scheinbar unüberwindbare Krisen führen dazu, dass die Zukunft trostlos und nicht lebenswert erscheint.

Wir haben alle unser Päckchen zu tragen. Ich weiß genau, wie das ist, die Hoffnung zu verlieren. Wenn ich heute auf meinen Selbstmordversuch zurückblicke – so falsch er auch war –, kann ich immer noch die Gedanken des völlig verzweifelten kleinen Jungen nachvollziehen, der ich damals war. Dabei waren nicht die fehlenden Gliedmaßen das Problem, sondern mir war der Lebensmut abhandengekommen.

Da ich ohne Arme und Beine geboren wurde, haben sie mir auch nie wirklich gefehlt. Ich musste eben kreativ werden, um meine Ziele zu erreichen. Meine Kindheit war sogar recht glücklich: Ich fuhr Skateboard, angelte oder spielte Zimmerfußball mit meinen Geschwistern und Cousins und Cousinen. Na gut, hin und wieder musste ich mich von Ärzten und Therapeuten piesacken lassen. Aber die meiste Zeit machte mir die wohlwollende Aufmerksamkeit nichts aus, die ich aufgrund meines ungewöhnlichen Körpers auf mich zog. Manchmal hatte ich ja auch etwas davon. Zum Beispiel wurde ich in australischen Fernsehsendungen und Zeitungsartikeln wegen meiner Entschlossenheit gelobt, ein Leben ohne Limits zu führen.

Ausgegrenzt und mit verletzenden Kommentaren konfrontiert wurde ich eigentlich erst in dem Alter, wo fast jeder einmal auf dem Spielplatz, in der Cafeteria oder im Schulbus schikaniert wird. Mein selbstzerstörerisches Verlangen kam auf, als ich das Vertrauen in mich verlor und nur darauf schaute, was ich alles nicht konnte. Mir schwand jegliche Hoffnung in die Zukunft, weil mein Horizont auf das begrenzt war, was ich mit eigenen Augen sah. Ich war nicht mehr offen für andere Möglichkeiten – oder sogar das Unmögliche.

Ich möchte kein Mitleid. Und auch nicht, dass jemand seine

Probleme kleinredet, weil er sie mit meinen vergleicht. Jeder von uns hat Sorgen und Probleme. Vielleicht hilft dir der Vergleich mit mir im ersten Augenblick, aber viel besser finde ich die Sichtweise, dass Gott größer ist als alle Probleme, die es gibt. Ich bin natürlich dankbar dafür, dass Terri und andere sich von mir inspirieren lassen und ihr Leben wieder positiver anpacken können, aber darum geht es mir nicht hauptsächlich.

Obwohl mir ein paar kleine Bauteile fehlen, lebe ich eigentlich ein unverschämt gutes Leben. Meine jugendliche Selbstzufriedenheit kam erst ins Wanken, als ich anfing, mich schonungslos mit anderen in meinem Alter zu vergleichen. Anstatt stolz auf das zu sein, was ich konnte, beschäftigte ich mich nur noch damit, was sie mir voraushatten. Plötzlich sah ich mich nicht mehr als fähig, sondern als behindert. Anstatt von meiner Einzigartigkeit überzeugt zu sein, wollte ich nur noch so sein wie die anderen. Meine Sichtweise veränderte sich. Ich fühlte mich wertlos, als wäre ich nur eine Last. Was sollte die Zukunft schon bringen?

Negative Gedanken und Gefühle können einem jede Perspektive rauben. Wenn man es nicht schafft, sie abzustellen, erscheint einem die Selbstvernichtung irgendwann als einziger Ausweg.

Ich fühle mich ja jetzt schon wie tot, da kann ich es auch gleich in die Tat umsetzen.

Ich kann die Schmerzen in mir nur dann zum Schweigen bringen, wenn ich mir selbst welche zufüge.

Flüchtige Selbstmordgedanken oder der Wunsch, sich selbst etwas anzutun, sind gar nicht so selten. Damit sie sich nicht festsetzen können, ist ein doppelter Perspektivenwechsel wichtig: Sieh nicht auf dich selbst, sondern auf die Menschen, die du liebst, und konzentriere dich nicht auf den Schmerz im Jetzt, sondern auf die Möglichkeiten im Morgen.

Wenn du mit selbstzerstörerischen Gedanken zu kämpfen hast, dann ist es höchste Zeit, deinen Glauben praktisch werden zu lassen – egal, ob du einfach daran glaubst, dass bessere Zeiten vor dir liegen oder dass du diese Krise mit lieben Menschen und deinem Schöpfer an der Seite durchstehen wirst. Jesus hat mal gesagt, dass der „Dieb kommt, um zu stehlen, zu schlachten und zu vernichten. Ich aber bringe Leben – und dies im Überfluss" (Johannes 10,10).

PERSPEKTIVWECHSEL

Mein Selbstmordversuch mit etwa zehn Jahren endete in dem Moment, als ich nicht mehr nur an meine Verzweiflung dachte, sondern an den Kummer, den ich meiner Familie durch meinen Selbstmord zufügen würde. Dieser Perspektivwechsel weg von mir und hin auf die, die mir am Herzen lagen, half mir aus der Sackgasse der Selbstzerstörung. Mein und dein Verhalten geschieht nämlich nicht im luftleeren Raum. Wenn du dir etwas antust, hat das Auswirkungen auf die, die dich lieben, die vielleicht zu dir aufschauen oder auf dich angewiesen sind.

Über meine Website hörte ich von Darren, der innerhalb eines Jahres nicht nur seinen Job verloren, sondern auch seine Beziehung in den Sand gesetzt hatte und in eine finanzielle Notlage geraten war. Tag und Nacht plagten ihn Selbstmordgedanken. Darren versuchte dagegen anzukommen, indem er sich meine Videos ansah und an seine Kinder dachte.

„Den Gedanken, dass meine Kinder ohne mich aufwachsen müssten, konnte ich nicht ertragen", schrieb er. Jeder müsse im Leben Kämpfe durchstehen, aber was zähle, sei, „dass man wieder aufsteht und darauf vertraut, dass das Leben weitergeht und gut werden kann".

Vielleicht hast du das Gefühl, dass sich niemand für dich interessiert. Ich kann dazu nur Folgendes sagen: Der, der dich geschaffen hat, hat dich bis hierher gebracht. Willst du den Rest deines Wegs nicht sehen? Mag sein, dass du mit Glauben nicht viel am Hut hast. Womöglich würdest du dich noch nicht einmal als Christ bezeichnen. Aber solange du lebst und atmest, besteht die Chance auf bessere Zeiten. Und solange diese am Horizont auf dich warten, kannst du dein Vertrauen darauf setzen und Schritt für Schritt, Tag für Tag darauf hinarbeiten.

Findest du, ich mache falsche Versprechungen? Bedenke nur, ich schreibe gerade mein zweites Buch, und das alles ohne Arme und Beine! Und vergiss nicht, dass ich vor achtzehn Jahren selbst drauf und dran war, mich umzubringen. Und heute, mit Anfang dreißig, bin ich reich gesegnet, reise um die ganze Welt, erreiche mit meiner Botschaft Millionen von Menschen und bin umgeben von lauter Liebe.

STARTSCHUSS HOFFNUNG

Gott sieht in jedem seiner Kinder etwas Wertvolles und Liebenswertes. Wenn du mich fragst, ist seine Liebe der Grund, warum wir überhaupt hier sind. Verletzungen, Einsamkeit und Angst müssen also keine Endstation sein. Jeder von uns wird geliebt! Und wo wir schwach sind, will Gott stark sein. Alles, was du tun musst, ist die Hand auszustrecken und von denen, die dich lieben – und dazu gehört er nun mal – Hilfe anzunehmen.

Erteile den selbstzerstörerischen Gedanken eine Absage. Ersetze sie durch gute Gedanken, oder, wenn du willst, mit Gebet. Lass die Verbitterung und die Wut los und Gottes Liebe in dein Herz. Die unsichtbare Welt ist ganz real. Die Bibel sagt, dass Engel aus dem Himmel herabkommen, wenn wir beten, und für uns gegen das Böse kämpfen. Der Teufel versucht uns mit Lügen und negativen Worten in die Irre zu führen. Aber wir brauchen keine Angst zu haben, weil Gott unsere Gebete hört.

Ich weiß, von manchen Leuten wird man enttäuscht. Manche wollen einem sogar absichtlich Böses. Aber Gott nicht. Er hat einen guten Plan in der Tasche, der sogar noch über dieses Leben hinausgeht. Glaub mir, es lohnt sich, dranzubleiben und herauszufinden, was er alles vorbereitet hat.

Leider haben viele, die mit selbstzerstörerischen Gedanken kämpfen, keinen liebenden Gott vor Augen. Wenn überhaupt, dann sehen sie Gott als rachedurstigen Richter, der jeden bestrafen will, sobald er ein Gebot übertritt. Ein Fehler genügt, und man ist seiner Liebe nicht mehr würdig. Aber das stimmt nicht! Gott steht jeden Tag mit offenen Armen bereit und hat nicht Strafe, sondern Vergebung im Sinn.

Jinny schrieb mir, dass sie ständig Selbstmordgedanken habe. Sie hatte das Gefühl, dass Gott sie nicht lieben würde. Jinny ist kein Einzelfall, schon gar nicht als Südkoreanerin. Trotz der guten Wirtschaftslage hat sich die Selbstmordrate in Südkorea in den letzten zehn Jahren verdoppelt und führt die Statistik unter den Industrienationen an.

Selbstmord ist laut Presseberichten unter den zwanzig- bis vierzigjährigen Südkoreanern die Todesursache Nummer eins und in der Gesamtbevölkerung die vierthäufigste Todesursache nach Krebs, Schlaganfall und Herzkrankheiten. Immer häufiger kommt es zu Gruppenselbstmord, der über das Internet geplant wird. Vor Kurzem wurde in den Nachrichten bekannt gegeben, dass fünfunddreißig Südkoreaner pro Tag den Freitod wählen. Nachdem im November 2008 eine bekannte Schauspielerin Selbstmord begangen hatte, folgten ihr in einer Welle von „solidarischen Suiziden" eintausendsiebenhundert Menschen freiwillig in den Tod. Nur wenig später stürzte sich der südkoreanische Ex-Präsident von einer Klippe und sorgte für internationales Aufsehen. In seinem Abschiedsbrief schrieb er, er könne „das viele Leid nicht begreifen".

In privaten Gesprächen nennen Südkoreaner den Stress in der

Schule und im Berufsleben als einen der Hauptfaktoren, aber in der Öffentlichkeit bleibt es ein Tabu, darüber zu sprechen. Die Dienste eines Psychiaters in Anspruch zu nehmen, gilt als verpönt und als Zeichen für einen schlechten Charakter.

Wenn ich in Südkorea, China, Japan oder Indien bin, dann spreche ich wegen der hohen Selbstmordrate meistens über meine eigenen Erfahrungen mit diesem Thema. Oft höre ich dann von Zuhörern, wie einsam und verlassen sie sich fühlen. Dass es einen Gott gibt, der Liebe zu verschenken hat und vergeben will, fällt ihnen schwer zu glauben. Jinny schrieb mir, dass sie oft an Selbstmord dachte, „weil mein Leben so hart war. Gott war vielleicht gut und gnädig, aber nur zu anderen, nicht zu mir". Dann schrieb sie: „Ich versuchte es oft, mich umzubringen, aber immer ging es schief. Gott interessierte sich nicht für mich, dachte ich. Er war viel zu streng und kalt."

In der Bibel steht zwar, wir sollten Gott fürchten, aber das heißt nicht, dass wir uns vor ihm ängstlich niederkauern oder vor seiner Rache verstecken müssen. Mit „Furcht" ist Respekt vor seiner Größe gemeint, und dass wir seinen Ratschlägen folgen sollten. Genauso wichtig finde ich den Satz: „Gott ist die Liebe." Liebe war der Grund, warum sein Sohn Jesus auf der Erde war und am Kreuz starb. Gott möchte also unseren Respekt, aber wir dürfen zugleich ganz sicher sein, dass er uns liebt.

Aus eigener Erfahrung weiß ich: Gott wartet nur darauf, dich gesund zu machen. Damit meine ich nicht unbedingt körperliche Heilung; er macht vor allem dein Herz gesund. Du kannst inneren Frieden finden, Freude und Liebe. Er hält es aus, wenn man ihm mit einer Sorge ständig in den Ohren liegt. Da er uns kennt und weiß, dass wir nicht perfekt sind, hat er Vergebung parat.

Hat dir jemand versucht einzureden, du wärst Gottes Liebe nicht wert? Dann solltest du dir schleunigst eine zweite Meinung einholen. Frag ihn doch mal! Hab ein wenig Geduld, und er wird dich aus der Verzweiflung führen und dir neue Hoffnung schenken. Egal, was du getan hast oder welche Verletzungen du erleiden musstest, Gott hat jede Menge Liebe für dich übrig und möchte dich aufbauen.

Glücklicherweise kam auch Jinny zu dieser Erkenntnis. Sie sah Gott nicht mehr als furchterregenden Richter. Mein erstes Buch, Mein Leben ohne Limits, habe ihr dabei geholfen, schrieb sie. Ich freue mich natürlich, zu ihrer Heilung beigetragen zu haben, aber ich war einigermaßen überrascht, als sie mir ihren Schlüsselgedanken mitteilte: meine Fähigkeit, über mich und meine Lebensumstände zu lachen.

Jinny merkte meinen Geschichten an, dass Gott Humor hat: „Ich fühle mich ihm jetzt wieder näher, weil er mich zum Lachen bringt", schrieb sie. „Endlich bin ich wieder zur Ruhe gekommen. Auch wenn sich an den Umständen nicht viel verändert hat."

Was Jinny kann, kannst du auch. Geh einen Tag nach dem anderen an, und du wirst das Ende deiner Krise erleben.

IM SCHNECKENHAUS

Als ich damals über Selbstmord nachdachte, machte ich den Fehler, diese Gedanken für mich zu behalten. Ich war verzweifelt. Wütend auf Gott. Hatte das Gefühl, mich würde sowieso niemand verstehen. Weil ich nicht klar denken konnte, fraß ich alles in mich hinein. Und so kommt es leider zu solchen Tragödien wie Selbstmord.

Ich war natürlich überhaupt nicht allein. Um mich herum waren überall Leute, die mich liebten, und letzten Endes brachte mich meine Liebe zu ihnen auch davon ab, Ernst zu machen. Ich konnte den Gedanken nicht ertragen, ihnen diese Last und die Schuldgefühle aufzuerlegen.

Erst vor fünf Jahren habe ich meinen Eltern gebeichtet, dass ich tatsächlich versucht hatte, mir das Leben zu nehmen. Aber schon einen Tag nachdem ich mit dem Gesicht nach unten in der Badewanne gelegen hatte, erzählte ich meinem Bruder Aaron, dass ich mich mit einundzwanzig umbringen würde, um meinen Eltern nicht mehr zur Last zu fallen. Er petzte das sofort meinem Vater, der klugerweise nicht überreagierte. Stattdessen sagte er mir klipp und klar, dass meine Mutter und er mich liebten und niemals als Last sehen würden.

Nach und nach hob sich der Schleier der Verzweiflung. Ich hatte immer noch Phasen der Schwermut und dann und wann eine handfeste Krise, aber Selbstmord sah ich nicht mehr als Ausweg. Heute habe ich Kanae, und der Gedanke, auch nur eine Sekunde mit ihr zu verschenken, ist für mich komplett absurd. Aber wie in so vielen Dingen bin ich auch in Sachen Liebe reich beschenkt worden. Vielen anderen, die mit selbstverletzendem Verhalten oder Selbstmordgedanken zu kämpfen haben, fehlt das Netzwerk aus Familie und Freunden, das sie auffängt.

Wenn du in dieser Notlage bist, denk daran, dass du nicht allein bist. Niemand von uns ist allein. Gott steht längst bereit, voller Liebe für dich. Trau dich und bitte ihn um Hilfe. Darüber hinaus kannst du dich an einen Pastor, Pfarrer, Priester oder sonst eine Person wenden, die es sich zur Aufgabe gemacht hat, für andere ein offenes Ohr zu haben. Versuch nicht, mit allem allein fertig zu werden. Wenn du in der Familie oder im Freundeskreis niemanden hast, der verständnisvoll ist, dann wende dich an deinen Hausarzt, an deine Lehrer oder an ein Krankenhaus in deiner Nähe.

Es gibt inzwischen auch viele Beratungs- und Suizidpräventionsmöglichkeiten im Internet. So hat Hal zu mir gefunden, und ich bin sehr froh darüber. Hal hatte sich wie ich mit seinen Selbstmordgedanken komplett zurückgezogen. Später bereute er es. „Ich habe es niemandem erzählt, und das war wohl mein größter Fehler", schrieb er mir in einer E-Mail. „Wenn ich mich irgendjemandem anvertraut hätte, dann hätte ich eher den Mut gehabt, mir Hilfe zu holen. Aber so trieb ich immer weiter ab, bis ich für mein temporäres Problem nur noch eine endgültige Lösung sehen konnte."

Das ist ein wichtiger Gedanke. Der Schmerz und die Verzweiflung, in der du steckst, werden nicht ewig anhalten. Sieh dir nur mein Leben an: Wie sehr hat es sich zum Guten gewendet! Und wenn du gerade das Schlimmste durchmachst, was das Leben so zu bieten hat, willst du dann nicht dranbleiben, um auch das Beste zu erleben? Als kleiner Junge hätte ich mir nie träumen lassen, was für tolle Menschen ich noch kennenlernen und was für großartige Erfahrungen ich noch machen würde.

Zum Glück war Hal so geistesgegenwärtig, etwas gegen seine Selbstmordgedanken zu unternehmen. Er ging ins Internet, was ein guter oder auch ein sehr schlechter Ort sein kann – je nachdem, wohin man klickt. In diesem Fall stolperte er über eine E-Mail seiner Mutter, die offensichtlich gespürt hatte, dass er etwas Ermutigung brauchte. (Gut gemacht!) Die E-Mail, die er daraufhin an mich schrieb, hatte den Betreff: „Wow!"

Hal schrieb, dass er in Tränen ausgebrochen war, als er mein Video gesehen hatte. Er stellte sich eine Reihe von Fragen und kam zu einem Schluss, der ihm nicht nur das Leben rettete, sondern eine richtige Wende brachte.

„Wie hatte ich nur so egoistisch sein können? Wie kam ich darauf, dass Selbstmord die einzige Lösung sei? Ich habe eine tolle Familie, etwas zum Anziehen und mehr als genug zu essen und zu trinken. Ich bin an der Uni eingeschrieben und bekomme eine Ausbildung, von der andere nur träumen können. Verliebt war ich auch schon, und ich habe schon unglaubliche Dinge erlebt. Und all das wollte ich einfach so wegwerfen? Zum Glück habe ich dich, Nick, gefunden. Du hast mich daran erinnert, dass das Leben ein Geschenk ist, ein Privileg; man hat kein Recht darauf."

Hals letzter Satz gefiel mir am besten: „Ich bin kein besonders religiöser Mensch, aber ich glaube an Wunder. Du bist der Grund, warum ich noch lebe."

Jedes Mal, wenn ich von Hal erzähle, bekomme ich einen Kloß im Hals, selbst jetzt beim Schreiben. In seiner E-Mail war nämlich eins meiner Videos verlinkt. Überleg doch mal: Ich war in derselben Situation wie Hal. Hätte ich Ernst gemacht und tatsächlich Selbstmord begangen, wäre nie das Video entstanden, das ihm aus der Verzweiflung geholfen hat!

Und wer weiß, was Hal auf die Beine stellen wird, um anderen zu helfen. Wahrscheinlich bringt allein schon die Tatsache, dass seine Geschichte hier in diesem Buch steht, so manchen ein Stück weiter. Sein Leben hat plötzlich mehr Bedeutung, als er sich noch vor Kurzem vorstellen konnte. Dasselbe gilt auch für dich! Du kannst dir gar nicht vorstellen, was Gott noch für Asse für dich im Ärmel hat. Psalm 91 macht mir immer wieder Mut: „Du aber darfst sagen: ‚Beim Herrn bin ich geborgen!' Ja, bei Gott, dem Höchsten, hast du Heimat gefunden. Darum wird dir nichts Böses zustoßen, kein Unglück wird dein Haus erreichen."

ALARMSIGNALE

Hals E-Mail hat mich an eine wichtige Erkenntnis erinnert: Wenn kein Wunder passiert, sei selbst eins – für jemand anderen! Sobald du deinen selbstzerstörerischen Impuls überwunden hast, kannst du die Augen offen halten, ob jemand in deiner Umgebung in einer ähnlichen Krise steckt und Hilfe braucht.

Vielleicht hast du längst gemerkt, dass es einer Person aus deiner Familie, deinem Freundes- oder Kollegenkreis überhaupt nicht gut geht. Die häufigsten Auslöser für selbstzerstörerisches Verhalten sind übrigens eine gescheiterte Beziehung, finanzielle Probleme, eine schwere Krankheit, der Verlust des Jobs oder eine vermasselte

Prüfung, traumatische Erlebnisse wie ein kräftezehrender Unfall oder ein Kriegseinsatz, der Verlust eines lieben Menschen oder Haustiers.

Der Apostel Paulus meinte einmal, unser Leid sei nichts gegen das Gute, was daraus entstehen wird. Ich nehme gern alle Schwierigkeiten mit meiner Behinderung auf mich, wenn nur eine Person sagt: „Wenn Nick das schafft, schaffe ich das auch." Wir selbst sind der lebende Beweis dafür, dass es immer Hoffnung gibt!

Zwar kann niemand von uns einem anderen ins Herz schauen, aber es gibt durchaus Warnsignale, nach denen man Ausschau halten kann. Wenn du bei jemandem aus deinem Umkreis folgendes Verhalten feststellst, dann möchte ich dich dringend bitten, für ihn oder sie da zu sein.

Experten zufolge äußert sich Verzweiflung oder Depression, die zu selbstverletzendem Verhalten oder Suizidgedanken führen kann, unter anderem durch

- ungewöhnliche Veränderung der Ess- und Schlafgewohnheiten
- das Zurückziehen von Freunden, Familie und regelmäßigen Aktivitäten
- Gewaltbereitschaft, rebellisches Verhalten oder Weglaufen von zu Hause
- exzessiven Alkohol- oder Drogenkonsum
- Vernachlässigung des äußeren Erscheinungsbilds
- deutliche Persönlichkeitsveränderungen
- anhaltende Langeweile, Konzentrationsstörungen und schlechter werdende Leistungen in der Schule
- häufiges Beklagen über körperliche Beschwerden, die oft mit Gefühlslagen in Zusammenhang stehen, wie z. B. Bauchschmerzen, Kopfschmerzen oder Schlappheit
- schwindendes Interesse an Lieblingsaktivitäten
- mangelnde Offenheit für Lob oder Belohnungen

- das Verschenken oder Wegwerfen von eigentlich geliebten Dingen
- plötzliche überschäumende Freude nach einer depressiven Phase

Es gibt sicher noch mehr Indikatoren. Die von mir genannten sollen auch keinen hieb- und stichfesten Beweis darstellen, aber wenn jemand aus deinem Bekanntenkreis nach einem traumatischen Erlebnis plötzlich negative Kommentare wie „Das Leben ist doch sinnlos", „Die ganze Welt hasst mich", „Ich bin doch ein Versager" oder „Ich halte das nicht mehr aus" fallen lässt, dann sollten bei dir die Alarmglocken läuten.

WAHRE FREUNDE

Häufig wollen Menschen in Not nicht über ihre Probleme reden. Das muss man akzeptieren, aber trotzdem die Verbindung halten, und zwar ohne schnelle Ratschläge und ohne sie zu verurteilen. Oftmals reicht es schon, einfach da zu sein, Zeit mit ihnen zu verbringen und ihnen zu zeigen, dass sie einem nicht egal sind. Wichtig finde ich die Erkenntnis, dass man nicht dazu da ist, ihre Probleme zu lösen. Wenn man nicht gerade geschulter Psychologe ist, wird man sich daran sowieso die Zähne ausbeißen.

Kate bedankte sich in einer E-Mail bei mir dafür, dass ich bei einem Auftritt ihrer besten Freundin geholfen habe. Mich beeindruckte beim Lesen aber vielmehr, wie sie ihr ohne Wenn und Aber beigestanden hatte, auch wenn es nicht immer einfach war. Kate erzählte, dass ihre langjährige Freundin anfing abzurutschen, als sie in die Highschool kamen. Man diagnostizierte eine Depression und auch selbstverletzendes Verhalten bei ihr. Ihr Vertrauen in Gott hatte sie längst verloren.

„Das Schlimmste war eigentlich, dass ich überhaupt nicht verstehen konnte, warum", schrieb Kate. Oft können Freunde und Familie nicht nachvollziehen, warum die betreffenden Personen so leiden. Das *Warum* lässt sich manchmal gar nicht ermitteln, weil selbst der Betroffene es nicht wirklich weiß. Und manchmal ist das Trauma einfach zu groß, um es in Worte zu kleiden. Deswegen berührte es mich so, dass Kate trotzdem zu ihrer Freundin stand, auch wenn sie sie nicht verstand und zum Teil auch von ihr abgewiesen wurde.

„Die ganze Zeit versuchte ich ihr durch die Depression zu helfen. Ich liebe nun mal das Leben und koste es richtig aus, und das wurde ihr zu viel. Also fing sie an, mich auf Abstand zu halten. Aber ich gab nicht auf", schrieb Kate. „In diesem Jahr hat sie zwei Mal versucht, sich umzubringen. Es tat mir so weh, dass sie dachte, es gäbe keinen Grund mehr für sie zu leben."

Einen Monat nach dem zweiten Selbstmordversuch war ich zufällig von ihrer Schule eingeladen worden.

„Ich saß neben ihr, und sie hat nicht einmal die Augen von dir abgewandt. Was du gesagt hast, muss bei ihr ins Schwarze getroffen haben. Mittendrin fing sie nämlich an zu lächeln, und das war das erste Mal seit Ewigkeiten. Am Ende bestand sie darauf, zu dir zu gehen und dich zu umarmen. Als du dann weg warst, sagte sie zu mir, jetzt habe sie wieder ein bisschen Vertrauen, dass es da oben jemanden gibt."

Kate fügte hinzu, dass das der Wendepunkt für ihre Freundin gewesen sei. „Danke, dass du mir meine beste Freundin wiedergegeben hast", schrieb sie, aber in Wirklichkeit war Kates Treue und Zuwendung der Grund dafür, dass ihre Freundschaft wiederhergestellt werden konnte.

Manchmal kann ein verzweifelter oder depressiver Freund eine echte Herausforderung sein. Da wird die Loyalität auf eine harte Probe gestellt. Mitunter fühlt man sich sogar von ihm oder ihr verletzt, beleidigt oder im Stich gelassen. Ich würde auf keinen Fall zulassen, dass mich derjenige schlecht behandelt. Wenn das passiert, sollte man zu seinem eigenen Schutz Abstand wahren. Trotzdem kann man versuchen, der Person zu helfen, indem man ihr signalisiert, dass man für sie da ist, ein offenes Ohr für sie hat und ihr immer wieder sagt, dass sie ein wertvoller und gebrauchter Mensch ist.

Sobald man spürt, dass die Probleme des anderen über die eigene Kapazität hinausgehen, sollte man Kontakt zu professionellen Stellen aufnehmen, die darauf spezialisiert sind. In den meisten Regionen gibt es Notdienste und -telefone; darüber hinaus kann man auch im Internet Informationen und Anlaufstellen finden, wie die Telefonseelsorge (www.telefonseelsorge.de), die Nummer gegen Kummer (www.nummergegenkummer.de) oder Freunde fürs Leben (www.frnd.de).

NICHT ZÖGERN

Zögere nicht, professionelle Hilfe in Anspruch zu nehmen, wenn du jemandem helfen willst, der für sich selbst eine Gefahr ist. Wenn die Person aber nur jemanden zum Reden braucht, dann sei zur Stelle. Letztens hatte ich gerade meinen Vortrag in einer Kirche beendet und wollte nur noch nach Hause. Ich war erschöpft, hatte Hunger, und es war bitterkalt draußen. Wir waren gerade auf dem Weg zum Auto, als ich eine junge Frau in der Kälte sitzen sah. Sie ließ den Kopf hängen und hatte offensichtlich geweint. Eigentlich war mir nach Essen, Wärme und Ausruhen, aber ich hörte auf meine innere Stimme und fuhr zu ihr.

Natalies Gedanken kreisten nur noch um Selbstmord. Sie war erst vierzehn und von zu Hause weggelaufen. Völlig allein trampte sie durchs Land. Ein Fremder hatte sie hier vor der Kirche abgesetzt. Ich glaube nicht, dass es Zufall war, dass ich gerade an diesem Abend dort aufgetreten bin.

Natalie schüttete mir ihr Herz aus. Ihr Leben sei sinnlos, sagte sie. Sie war so verzweifelt, dass sie genau an diesem Abend Selbstmord begehen wollte. Ich machte ihr keine Vorwürfe und versuchte auch nicht, an Ort und Stelle ihre Probleme zu lösen. Stattdessen erzählte ich ihr davon, mit wie viel Missmut und Enttäuschung ich als Junge zu kämpfen hatte. Erst nachdem ich losgelassen und Gott die Zügel meines Lebens übergeben hatte, führte er mich Schritt für Schritt aus dem Tal. Ich sei genauso wie sie einmal ganz unten gewesen, erzählte ich ihr. Und jetzt sei mein Leben völlig umgekrempelt.

Was ich sagte, berührte sie. Sie sei schon so lange auf der Suche nach jemandem zum Reden, der sie nicht verurteile, meinte Natalie. Ich erklärte ihr, dass auch ihre Tränen in ein Lächeln umgewandelt werden könnten. So, wie es mir ergangen sei. Dann beteten wir zusammen, und ich übergab sie dem Pastor und seinen Leuten, die sich um sie kümmerten und zu ihren Eltern zurückbrachten.

Heute ist Natalie frei von dem Verlangen, sich etwas anzutun. Auf der *Life Without Limbs*-Webseite erzählen wir ihre Geschichte in dem Video „Passing on the Torch". Kannst du dir vorstellen, wie froh ich bin, nicht einfach ins Auto eingestiegen und davongefahren zu sein? Ich glaube, Gott hat mich zu Natalie geführt. Wenn du jemandem in Not begegnest, zögere nicht zu helfen oder denjenigen dorthin zu begleiten, wo er Hilfe bekommt. Auch du kannst für deinen Nächsten ein Wunder sein. Ist das nicht verrückt?

Leider gibt es viele Natalies, denen keiner hilft. Da draußen gibt es eine ganze Generation, die ohne Hoffnung und ohne Grundsätze durchs Leben irrt. Und das gilt auch für Christen: Laut einer Studie der Barna Group wenden sich fast zwei Drittel aller jungen Christen über fünfzehn entweder für immer oder zumindest für einen langen Zeitraum von ihrer Kirchengemeinde ab.

Ich möchte gern helfen, diesen Trend umzukehren. Gerade die jungen Leute, die so viele innere Kämpfe ausstehen müssen, haben es mir angetan. Deswegen habe ich mir vorgenommen, meine Generation dazu herauszufordern, sich mit Jesus auseinanderzusetzen. Mein Ziel ist es, pro Tag mindestens in einem Menschen einen Hoffnungsfunken zu entfachen. Dieser kann dann einen anderen anstecken, und dieser wieder einen, bis die ganze Welt mit neuer Hoffnung erstrahlt. Ich nenne das „das Feuer weitergeben".

Das meinte nämlich Jesus, als er sagte: „Ihr seid das Licht der Welt." Ich bin wirklich überzeugt davon, dass das funktionieren kann, und ich hoffe, du hast stets ein offenes Ohr für Menschen, die Hilfe brauchen.

Eins muss ich noch dazu sagen: Oft haben gerade die schwierigen Fälle Hilfe am nötigsten – diejenigen, die sich von niemandem etwas sagen lassen wollen und zu denen man nur schwer durchdringt. Aber Jesus hat sich auch nicht um die Reichen und Wohlerzogenen gekümmert. Er ging zu den elendigsten Kriminellen und verarmten Sündern und bot ihnen ein neues Leben an. Weißt du, wer am emotionalsten reagiert, wenn ich in Schulen oder Gefängnissen auftrete? Die, bei denen man auf den ersten Blick vermuten würde, dass sie gerne überall wären, aber bloß nicht bei diesem komisch aussehenden Typ, der auch noch über Gott spricht.

Gina machte zuerst den Eindruck, als wolle sie keine Hilfe, auch wenn sie dringend welche brauchte. Die Jugendliche erzählte mir in einer herzerweichenden E-Mail von ihrer Kindheit voller Streitigkeiten und Missbrauch. „Mein Herz war wie aus Stein und außerdem noch von einer Mauer umgeben, damit ja nichts hereinkonnte", schrieb sie. Mit zwölf fing sie an, sich zu ritzen und sich andere Verletzungen zuzufügen.

„Mir flüsterte eine Stimme zu, dass nur Schmerzen real seien. Und ich habe das geglaubt. Also habe ich versucht, meinen Schmerz mit Schmerzen zu bekämpfen, die ich kontrollieren kann. Viermal habe ich versucht, mich umzubringen, aber es ging jedes Mal schief. So leicht sollte ich wohl nicht davonkommen."

Obwohl sie nach außen hin hart geworden war und voller Probleme steckte, blieb sie in der Jugendgruppe ihrer Kirche. Letzten Endes erwies sich das als großer Segen, denn dort trafen wir aufeinander, weil ihre Gemeinde mich eingeladen hatte.

„Du fingst an zu reden. Ich hörte nur mit halbem Ohr zu, weil ich mir vorgenommen hatte, alles an mir abprallen zu lassen. Aber es ging nicht", schrieb Gina. „Alles andere verblasste, und dann warst da nur noch du, der mir sagte, dass Gott mich liebt. Dass mein Leben nicht sinnlos ist. Dass aus meiner Situation noch etwas Gutes werden kann. Und dass ich hübsch bin."

Meine Botschaft an diesem Tag war simpel wie sonst auch und kam direkt aus der Bibel, aber diese Fünfzehnjährige nahm sie sich zu Herzen.

„Als du meintest, dass ein perfektes Äußeres überhaupt nichts nützt, wenn man innerlich total kaputt ist, da bekam meine Mauer den ersten Knacks", schrieb Gina. „Und danach brach jeder Satz einen Stein heraus, bis ich völlig ohne Schutzwall dasaß, die Tränen liefen und in mir etwas gesund wurde. Ich betete leise, meine Ketten fielen ab, und ich war frei."

Meine einfachen Worte weckten in Gina neue Hoffnung!

„Plötzlich konnte ich es wieder; ich konnte leben. Ich hatte einen Grund zu leben, denn ich bin etwas Besonderes … Für dich war das bestimmt nur ein ganz normaler Tag. Aber für mich war es ein Tag, an dem ich mich nicht aufgegeben habe, und, noch wichtiger, der erste seit Ewigkeiten, an dem ich das auch gar nicht wollte. Du hast mich berührt – zwar nicht mit deiner Hand, aber mit deinem Herzen und mit der Liebe von meinem Papa da oben. Dem Papa, der mir nie wehtut. Der Papa, der mich einfach nur liebt, auch wenn ich Fehler und Macken habe."

Gina hat schon viel durchgemacht und springt deswegen nicht

sofort vor Freude im Dreieck, aber ich bin echt froh, dass sie mit neuem Vertrauen jetzt einen Tag nach dem anderen angeht.

„Der ganze Schrott in meinem Leben ist längst noch nicht weg, aber das war ein Schritt in die richtige Richtung", schrieb sie. „Ich hoffe, dass ich irgendwann wie du meine Geschichte erzählen und anderen sagen kann, dass sie nicht allein sind und ihr Leben nicht sinnlos ist. Gott liebt alle Menschen. Du hast mir das größte Geschenk aller Zeiten gemacht. HOFFNUNG."

Falls es in dir so ähnlich aussieht wie in Gina, lass ihre Worte auf dich wirken und fang neu an. Und wenn du jemanden kennst, der sich mit selbstzerstörerischem Verhalten quält, streck deine helfende Hand aus. Sogar meine simple Botschaft kann Hoffnung säen, wie du siehst. Wer weiß, vielleicht rettest du jemandem das Leben?

KAPITEL 7

Mach dir Luft und wehr dich

Ein Besuch bei meinem Freund Daniel Martinez ist für mich immer ein Highlight. In *Mein Leben ohne Limits* habe ich erzählt, wie Chris und Patty Martinez ihren neunzehn Monate alten Jungen 2008 zu einem meiner Vorträge mitbrachten. Sie saßen ziemlich weit hinten, aber Chris hielt den kleinen Daniel hoch, damit ich sehen konnte, dass er genau wie ich keine Arme und Beine hat.

Vor Daniel hatte ich noch nie jemanden kennengelernt, der so aussah wie ich. Das war vielleicht ein emotionaler Moment! Ich fühlte mich sofort mit der Familie Martinez verbunden. Den ganzen Vortrag lang konnte ich es kaum erwarten, mich persönlich mit ihnen zu unterhalten und auszutauschen. Als dann wenige Tage später auch noch meine Eltern aus Australien kamen und auch sofort mit Daniel, Chris und Patty Freundschaft schlossen, war meine Freude komplett.

Seitdem halten wir Kontakt. Daniel ist sogar noch furchtloser und abenteuerlustiger, als ich es war. Ich darf für ihn das Vorbild sein, das ich selbst nie hatte, und jeder Besuch ist für mich ein Geschenk. Deswegen kannst du dir sicher meine Sorgen vorstellen, als mir die Martinez' mitteilten, dass der kleine Daniel in der ersten Klasse gemobbt wurde.

Das war wie ein Schlag für mich. Egal wohin ich auch reise, ob nach China, Chile, Australien, Indien, Brasilien oder Kanada, überall erzählen mir junge Leute, wie sie in der Schule, auf dem Spielplatz, im Bus oder auch im Internet gemobbt, verspottet und schikaniert werden. Fast täglich hört man heute schon in den Nachrichten, dass irgendjemand deswegen Selbstmord begangen hat oder extrem gewalttätig geworden ist.

Oft bitten mich Veranstalter, das Thema Mobbing anzusprechen. Das fällt mir nicht schwer, denn ich weiß, wovon ich rede. In meiner frühen Schulzeit hatte ich genug damit zu tun. Später in der Mittelstufe hatte ich schon viele Freunde, aber auch das hielt manche nicht davon ab, mich zu hänseln.

Einer von ihnen, er hieß Andrew, war besonders gemein. Ich war dreizehn, als er plötzlich anfing, jedes Mal etwas Vulgäres zu rufen, wenn er mich sah. Jeden Tag lief er an mir vorbei und rief: „Nick ist nicht ganz, dem fehlt ja der _____!"

Jungs werfen sich untereinander schon mal derbe Kommentare an den Kopf, und ich hätte auch einfach darüber gelacht, wenn er es nur einmal gesagt hätte. Aber dieser Kerl war echt unermüdlich. Es war schon schlimm genug, keine Arme und Beine zu haben. Und jetzt kam dieser Blödmann und sprach mir fälschlicherweise meine Männlichkeit ab, genau in dem Alter, wo junge Männer auf dieses Thema sehr empfindlich reagieren. Dass seine Freunde auch noch kicherten, war keine große Hilfe. Und dass die anderen ebenfalls nichts dagegen unternahmen, störte mich sehr. Irgendeiner musste diesem Idioten doch mal sagen, dass er den Mund halten sollte! Aber niemand rührte sich, und das verletzte mich nur noch mehr.

Eigentlich sollte man sein Selbstwertgefühl nie davon abhängig machen, was irgendjemand über einen sagt. Aber das ist leichter gesagt als getan. Selbst wenn sie überhaupt nicht wahr sind und man die gemeine Taktik durchschaut – Worte können richtig wehtun. Vor allem, wenn man immer wieder vor allen anderen gehänselt wird.

Ich sage immer: Ich bin armlos, aber nicht harmlos. In der Grundschule gab es einen kleinen Tyrannen, der zu weit ging, und ich habe ihm mit der Stirn die Nase blutig geschlagen. Er war größer als ich, aber das war noch nichts gegen den Fiesling aus der Highschool. (Übrigens, in Wirklichkeit heißt er gar nicht Andrew. Meine Freunde aus Australien brauchen sich also gar nicht die Mühe zu machen, ihn zu finden.)

Damals war mir noch nicht klar, wie weit verbreitet Mobbing ist und wie viel Schaden es anrichten kann. Ich wusste nur, dass mein Magen sich wegen der täglichen Sticheleien von Andrew völlig verkrampfte und ich allmählich zum seelischen Wrack wurde. Nach etwa zwei Wochen waren Andrew und seine Beschimpfungen das Erste, woran ich nach dem Aufwachen dachte. Die Schule wurde zu einer Tortur. Ich fing an, ihm aus dem Weg zu gehen, und kam deswegen zu spät zum Unterricht. Meistens konnte ich nicht mal mehr klar denken. Entweder ich fürchtete mich davor, ihm wieder zu begegnen, oder ich brütete verletzt und wütend über der letzten höhnischen Bemerkung, die er quer über den Flur gebrüllt hatte.

Ein paar ältere Freunde boten mir an, ihn zu verprügeln, aber ich wollte diesen Rüpel nicht bluten sehen; ich wollte nur, dass er endlich aufhört. Irgendwann beschloss ich schließlich, ihm das ins Gesicht zu sagen. Ich lenkte die Energie aus meiner Angst und Wut um und fuhr ihm mit dem Rollstuhl direkt vor die Füße, nachdem er mal wieder seinen Klassiker vom Stapel gelassen und mich lächerlich gemacht hatte.

Von Nahem wirkte Andrew noch größer. Das war einer der Augenblicke, wo ich mir an meinem Rollstuhl einen Rammbock oder zumindest eine Wasserspritze gewünscht hätte. Zumindest sah Andrew überrascht aus, dass ich so mutig war.

„Was soll das?", sagte ich.

„Was soll was?", erwiderte er.

„Warum hänselst du mich?", fragte ich.

„Stört dich das etwa?"
„Ja. Es tut weh, jedes Mal."
„Echt? Das wusste ich nicht. War doch gar nicht so gemeint. Tut mir leid."
Seine Entschuldigung war offensichtlich echt, also nahm ich sie an, und wir gaben uns die Hand.
April, April!
In Wirklichkeit sagte ich: „Ich vergebe dir", und das überraschte ihn noch mehr.

Ab sofort ließ er mich in Ruhe. Bestimmt hatte er sich gar nicht als Fiesling gesehen. Ich glaube, die wenigsten tun das: Sie machen nur Spaß, wollen nur witzig sein. Manchmal merken wir gar nicht, dass unsere Worte Schaden anrichten. Aber deswegen darf es noch lange nicht toleriert werden.

Wer weiß, wahrscheinlich wusste Andrew einfach nicht, wie er mit einem Behinderten umgehen sollte. Vielleicht war das Hänseln der Versuch, die gefühlte Lücke zwischen normal (ihm) und anders (mir) zu überbrücken. Welchen Grund er auch immer hatte, seine leichtfertigen Kommentare verletzten mich und ruinierten mir die Schultage.

Diese Gefühle kamen wieder hoch und schmerzten wie eine alte Verletzung, als Daniels Eltern mir von den Hänseleien in seiner Schule erzählten. Wir sind uns nicht nur körperlich ähnlich, Daniel und ich. Auch unser Temperament stimmt fast überein. Daniel ist ein geselliger, lebenslustiger Bursche, und ich ahnte, dass die Hänseleien ihm wie mir damals die Lebensfreude rauben und Unsicherheit auslösen würden.

Also bot ich der Schule an, dort aufzutreten und mit den Schülern über die Gefahren von Mobbing nachzudenken. Die Schulleitung war sofort begeistert. Ich konnte vor allen Klassenstufen von der Vorschule bis zur fünften Klasse sprechen und stellte erfreut fest, dass die Lehrer mich nach Kräften unterstützten. Daniel durfte vor allen Schülern erzählen, was er allein kann und was nicht, wie er so manches bewerkstelligt und wie es sich ohne Arme und Beine lebt.

Der Daniel Day – so habe ich diesen Tag getauft – war ein voller Erfolg. Ich machte allen Schülern klar, dass Daniel mein Freund sei, und wenn ihn jemand noch einmal hänseln würde, dann würde ich das persönlich nehmen. In ihrem Alter sollte man cool sein, nicht fies. Außerdem sprach ich aus meiner Sicht und einer umfassenderen Perspektive, wie gefährlich und grausam Mobbing ist. Ich erzählte den Kindern auch, was die Opfer empfinden und woran man merkt, ob jemand gemobbt wird. Dann rief ich sie auf, in Zukunft in der Schule und im Freundeskreis aktiv gegen Mobbing vorzugehen.

NICHT SCHÖN, ABER AUCH NICHT SELTEN

Mit dem Ende der Kindheit war es bei mir leider mit den Hänseleien nicht vorbei. Erst vor Kurzem war ich mit Freunden auf Reisen und schwamm vergnügt im Hotelpool, als mich ein offensichtlich betrunkener Kerl lautstark beschimpfte. Es ist eine irrige Meinung, dass Mobbing nur bei Kindern vorkommt. Man braucht nur die Polizistin zu fragen, die von ihren männlichen Kollegen geschnitten, eingeschüchtert und bespöttelt wird. Oder den älteren Herrn, der sich vor den Teenagern fürchtet, die seinen Häuserblock terrorisieren. Oder den Jugendlichen, dessen Facebookseite mit gemeinen und verletzenden Kommentaren bombardiert wird.

Mobbing hat viele Gesichter: Beschimpfungen, Hänseleien, absichtliche Gerüchte bis hin zu körperlichen Angriffen und Cybermobbing, bei dem jemand über SMS, soziale Netzwerke und E-Mails belästigt und eingeschüchtert wird. Studien belegen, dass etwa fünfundzwanzig bis vierzig Prozent der Kinder und Jugendlichen Mobbing in der Schule erleben. Eine Erhebung der National Education Association aus dem Jahr 2011 besagt, dass bis zum Abschluss der Highschool fast jeder Schüler schon damit in Kontakt gekommen ist. Mobbing, so die Studie, kann zu Leistungseinbrüchen, sozialen, emotionalen, körperlichen und psychischen Problemen führen.

Kerry Kennedy, die Gründerin des Robert-F.-Kennedy-Zentrums für Gerechtigkeit und Menschenrechte, hat Mobbing als eine Form des Menschenrechtsmissbrauchs bezeichnet. Das amerikanische Bildungsministerium hat 2010 ein erstes Gipfeltreffen zum Thema „Mobbing in Schulen" veranstaltet.

Mobbing ist kein Kinderkram mehr. Natürlich hatten wir alle als Kinder mal damit zu tun, dass jemand gemein zu uns war. Aber aus dem Spielplatzgerangel ist in den letzten Jahrzehnten ein ernstzunehmender psychischer, körperlicher und emotionaler Missbrauch geworden, der in direkter Form oder aber über Internet und Handys ausgeübt wird. Die Weltgesundheitsorganisation WHO hat Mobbing als ein „großes Gesundheitsproblem" an Schulen, am Arbeitsplatz und in der Gesellschaft bezeichnet, dem besonders Minderheiten, Schwule und Lesben ausgesetzt sind.

Mobbing am Arbeitsplatz ist genauso verbreitet und gefährlich wie in Schulen. Dazu gehört verbale und körperliche Einschüchterung, das absichtliche Verbreiten von Gerüchten, das Meiden oder das unfaire Einheimsen von Lorbeeren. Andere fallen einem in den Rücken oder der Chef nutzt seine Macht aus, um Arbeiten zu verlangen, die nicht zur Stellenbeschreibung gehören. In einer Studie fand das Institut für Mobbing am Arbeitsplatz (WBI) heraus, dass siebenunddreißig Prozent aller Amerikaner bereits am Arbeitsplatz gemobbt wurden. Vierzig Prozent davon brachten die Situation bei ihrem Arbeitgeber nie zur Sprache. Von den Mobbingopfern klagten knapp die Hälfte über stressbedingte Gesundheitsprobleme wie Angstattacken oder Depression.

Studien zufolge sind Mobbingopfer oder Zeugen von Mobbing besonders gefährdet, sich einzukapseln, zu Alkohol und Drogen zu greifen, an Depressionen und anderen Krankheiten zu erkranken oder sich selbst Verletzungen zuzufügen. Gleichzeitig gibt es immer mehr Berichte darüber, wie Opfer von Mobbing gewalttätig Rache geübt und dabei auch Unschuldige verletzt oder sogar getötet haben.

Das eigentlich friedliche Finnland wurde 2007 in Schock versetzt, als ein achtzehnjähriger Schüler bei einem Amoklauf in seiner Schule acht Menschen tötete, darunter die Schulleiterin, die Schulkrankenschwester und sechs andere Schüler. Der Täter, der auf manche seiner Opfer bis zu zwanzig Schuss abfeuerte, beging nach seinem Amoklauf Selbstmord. Er hatte fünfhundert Schuss Munition dabei und auch versucht, das Gebäude anzuzünden. Die polizeilichen Ermittlungen ergaben, dass er ein Opfer von Mobbing in der Schule gewesen war. In einem Video, das er vorher ins Internet stellte, fuchtelte er mit einer Waffe herum und trug ein T-Shirt, auf dem „Die Menschheit wird überbewertet" stand.

Nur wenige Jahre zuvor eröffnete ein Fünfzehnjähriger mit einem Acht-Schuss-Revolver auf der Schultoilette der Santana Highschool das Feuer und ging dann weiter auf den Schulhof. Als seine Schießerei vorbei war, hatte er zwei Schüler getötet und dreizehn Menschen angeschossen. Andy Williams, der Schütze, war klein von Statur und in dieser und seiner vorherigen Schule in einem anderen Bundesstaat deswegen oft gehänselt worden. Außerdem war jemand bei ihm zu Hause eingebrochen, hatte alles zerwühlt und seine Nintendo-Spielkonsole gestohlen. In seiner neuen Heimatstadt hatte man ihm in einer Skateanlage sein Skateboard und die Schuhe geklaut. Zwei Wochen vor seinem Amoklauf war er verprügelt worden.

In einem Bericht des amerikanischen Secret Service aus dem Jahr 2002, der siebenunddreißig Amokläufe an Schulen untersuchte, tauchte in fast drei Vierteln der Fälle Mobbing als Ursache auf. Mehrmals konnte die Behörde „besonders schweres und langanhaltendes" Mobbing feststellen. In einigen Fällen schienen die Hänseleien tatsächlich einer der entscheidenden Faktoren für die Entscheidung des Schülers gewesen zu sein, gegenüber anderen Gewalt anzuwenden.

Wenn man bedenkt, dass in fünfundachtzig Prozent der Mobbingfälle keine Autoritätsperson einschreitet, dann ist das ein schwerwiegendes Problem. Studien haben auch ergeben, dass die Wahrscheinlichkeit für Mobbingtäter sechsmal höher ist, bis zum Alter von vierundzwanzig im Gefängnis zu landen, und fünfmal höher, als Erwachsener ein langes Strafregister aufzubauen. Experten sagen, die Schulhoftyrannen von heute sind die gesellschaftlichen Raubtiere von morgen.

Als kleiner Junge, aber auch als Mann haben mich die Hänseleien verletzt, eingeschüchtert, aufgewühlt, runtergezogen und krank gemacht. Das Erschreckende dabei ist, dass ich im Gegensatz zu anderen noch mit einer relativ milden Form des Mobbings konfrontiert wurde. Was ich jeden Tag in meinem E-Mail-Postfach und über meine Webseiten für Geschichten finde, ist wirklich beunruhigend, genauso wie manches, was mir Leute direkt vor Ort erzählen.

Einmal hatte ich meinen Vortrag vor einer großen Gruppe von Schülern in der San Fernando Academy im kalifornischen Northridge beendet, als ein groß gewachsener Mann mit grauen Haaren und einem Spitzbart auf mich zukam. Ich war gerade dabei, das Gebäude zu verlassen.

„Nick, darf ich Sie kurz sprechen?", fragte er und stellte sich als Jeff Lasater vor.

Seine Augen sahen so traurig aus, dass ich ihn spontan bat, mich zu umarmen.

Sichtlich gerührt bedankte er sich bei mir dafür, dass ich mich so offen gegen Mobbing ausgesprochen hatte. Zuerst dachte ich, dass wäre alles, aber dann erzählte er mir, dass sein Sohn Jeremiah sich 2008 das Leben genommen hatte, weil er immer wieder ausgegrenzt und gehänselt worden war.

Jeremiahs tragisches Ende zeigt, wie gefährlich Mobbing sein kann und dass es jedem zusetzt, egal wie alt oder wie groß man ist. Jeremiah sah gar nicht wie das übliche Mobbingopfer aus. Mit vierzehn war er bereits fast zwei Meter groß, wog hundertzwanzig Kilo und spielte schon als Neuntklässler in der Schulmannschaft Football, obwohl die Konkurrenz mit sechshundert Schülern ziemlich groß war.

Dummerweise suchen sich die Anstifter immer genau deinen wunden Punkt aus, und davon hat jeder von uns ein paar. Sie wissen, wo sie dich zu packen kriegen. Manchmal setzen sie ihren Körper dazu ein, aber oft quälen sie ihr Opfer mit Worten.

Ich wurde natürlich deswegen gehänselt, weil ich anders aussah. Die anderen lachten über meine fehlenden Gliedmaßen oder darüber, was ich alles nicht konnte. Ich war ein leichtes Ziel, aber Jeremiahs Größe und Friedfertigkeit taten das ihre.

Jeremiah hatte im Prinzip zwei wunde Punkte. Er hatte eine Lernschwäche, weswegen ihm der Unterricht oft besonders schwerfiel. Außerdem setzte er seine Größe nie ein, um seine Quälgeister loszuwerden, weil er in der Grundschule wegen einiger Prügeleien schon einmal vom Unterricht ausgeschlossen worden war. Anstatt seinen Peinigern also die Stirn zu bieten oder die Lehrer um Hilfe zu bitten, zog er sich zurück und fraß den Ärger in sich hinein. Seine Freunde nannten ihn den „sanften Riesen", merkten aber auch, dass seine Abneigung gegen körperliche Konfrontation die anderen nur noch anstachelte. Diese wollten sich gegenseitig beweisen, dass sie vor so einem großen Kerl keine Angst hatten.

Ein einziges Mal trieben es die Fieslinge so weit, dass Jeremiah aufstand und rief: „Lasst mich in Ruhe!" Als sie aber merkten, dass er sich nicht wirklich wehrte, trieben sie es nur noch schlimmer. Freunde sagten, er wäre schon seit der Grundschule gehänselt worden, und mit dem Eintritt in die Highschool wäre alles noch schlimmer geworden.

An einem Novembertag 2008 bewarf jemand Jeremiah mit Chilipulver. Ein anderer versuchte, ihm die Hose herunterzuziehen, erzählte Jeremiahs Vater. Völlig verstört floh der Junge auf die Toilette der Cafeteria und schloss sich ein. Dann zog er eine Pistole aus seinem Rucksack und schoss sich in den Kopf.

Niemand kannte das Ausmaß der Qualen, die Jeremiah erlitt. Wie ich und viele andere, die Opfer von Mobbing wurden, versteckte er die wachsende Verzweiflung vor seinen Eltern und Freunden.

„Vor einem Jahr schon machte ich mir Sorgen, weil er immer stiller wurde", sagte einer von Jeremiahs Lehrern hinterher den Reportern. „Mir wäre es lieber gewesen, wenn er mal ausgerastet wäre."

Die Schulleitung meinte, dass Jeremiahs Zensuren doch besser geworden waren und er eigentlich ganz gut gelaunt hätte sein müssen, weil er am Freitag zuvor sein bisher bestes Spiel mit der Footballmannschaft gehabt hatte. Aber so ist das bei Mobbingopfern: Man weiß leider nie, welcher Tropfen das Fass zum Überlaufen bringt.

Mag sein, dass Jeremiah mit seinen Zensuren und seinen Leistungen auf dem Spielfeld zufrieden war. Wir werden nie erfahren, was ihn genau dazu bewogen hat, sich das Leben zu nehmen. Vielleicht hatte er das Gefühl, das Mobbing würde nie aufhören, wenn seine Gegner trotz seiner Fortschritte nicht von ihm abließen.

Es gibt eine Vielzahl solcher Tragödien, etwa den Tod der fünfzehnjährigen Amanda Cummings aus Staten Island in New York, die sich im Januar 2012 mit einem Abschiedsbrief in der Hosentasche vor einen Bus warf. Bei den Ermittlungen der Polizei stellte sich heraus, dass sie in der Schule und auf Facebook von ihren

Klassenkameraden gemobbt worden war. Ein Jahr zuvor hatte man eine Umfrage in ihrer Schule gemacht und herausgefunden, dass achtzig Prozent der Schüler bereits einmal gemobbt oder bedroht worden waren.

Eine Freundin von Amanda schrieb auf Facebook, sie hoffe, dass Amandas Tod diejenigen verfolge, die „ihr das Gefühl gaben, die ganze Welt sei gegen sie".

Auf der Gedenkfeier für Jeremiah sagte die Mutter eines Schülers, der ebenfalls gehänselt wurde: „Es wird so lange Mobbing geben, solange niemand etwas dagegen unternimmt."

Mobbing entspringt der dunklen Seite der menschlichen Natur und existiert seit dem Beginn der Welt. Wenn man so will, wurde Jesus selbst gemobbt. Als er verhaftet wurde, verhörte ihn der Hohepriester Hannas über seine Lehren und seine Jünger. Jesus erklärte, dass er stets öffentlich gepredigt und deswegen nichts zu verbergen habe. Hannas solle doch diejenigen fragen, die ihn reden gehört hatten. Da verpasste ihm ein anderer Mitarbeiter des Tempels eine Ohrfeige und rief: „Spricht man so mit dem Hohepriester?"

Mir gefällt, dass Jesus nicht einfach klein beigab. Er verlangte eine Erklärung, warum er geschlagen wurde. „Wenn ich etwas Falsches gesagt habe, dann beweise es mir. Wenn ich aber die Wahrheit gesagt habe, warum schlägst du mich dann?", erwiderte er.

Ich glaube, Jesus wollte damit zeigen, dass man Mobbing nicht einfach still ertragen soll. Stattdessen soll man zu seinen Überzeugungen stehen, Widerstand leisten und darum kämpfen, fair behandelt zu werden.

Für jemanden, der wie Amanda oder Jeremiah still vor sich hin leidet, bringt irgendein gemeiner Scherz oder ein Streich das Fass zum Überlaufen. Willst du dabei zusehen oder derjenige sein, der eine unnötige Tragödie verhindert? Ich möchte dich dazu aufrufen, dich gegen alle Formen von sozialen Missständen wie Mobbing, Diskriminierung und Ausbeutung starkzumachen.

Jeff Lasater erzählte mir von seinem Entschluss, mit aller Kraft gegen die Sorte Mobbing zu kämpfen, die zum Tod seines Sohnes geführt hat. Kurz nach Jeremiahs Selbstmord gründete er das „Jeremiah Project 51" (www.jeremiah51.com), eine gemeinnützige Organisation, die sich sehr erfolgreich gegen Mobbing einsetzt.

Jeff vergleicht Mobbing mit Krebs, den man nur aufhält, wenn man ihn herausschneidet. Das „Jeremiah Project 51" (51 war Jeremiahs Trikotnummer) hat sich zum Ziel gesetzt, Schule für Schule zur mobbingfreien Zone zu machen. Schüler oder Eltern, die mitbekommen, dass jemand an ihrer Schule gehänselt und gemobbt wird, können eine kostenlose Hotline anrufen. Die Hotline nimmt auch anonyme Hinweise entgegen. Mitarbeiter von Project 51 rufen daraufhin in dieser Schule an und verlangen, dass der Sache innerhalb der nächsten vierundzwanzig Stunden nachgegangen wird. In regelmäßigen Abständen haken sie nach.

Ignoriert eine Schule die Bemühungen der Eltern, können diese auch die Hotline anrufen. Project 51 sorgt dafür, dass die Schule das Thema Mobbing auf die Tagesordnung setzt. Die Organisation mit Sitz im kalifornischen Winnetka setzt sich dafür ein, dass Schulen mit Mobbingfällen ihre Mitarbeiter, Schüler und Eltern gezielt dafür sensibilisieren, wie man die ersten Anzeichen dafür erkennt.

Jeremiah Project 51 bietet auch ein Programm an, bei dem Mobbingopfer einen älteren Schüler an ihrer Schule als Mentor bekommen können, der mit Unterstützung der Organisation für sie eintritt. Mobbingopfern beizustehen, ist das erklärte Ziel von Jeff Lasaters Organisation, und dazu gehört auch, Missstände bei den jeweiligen Schulleitern anzuprangern.

Wenn du nie gehänselt und schikaniert wurdest, sei froh. Nur wenigen bleibt es erspart, dass sie jemand auf dem Kieker hat. Es besteht aber ein großer Unterschied zwischen einer einmaligen Begegnung mit einem miesen Typen und einer langfristigen Serie von bösartigen verbalen oder körperlichen Angriffen. Andrews höhnische

Bemerkungen und gemeine Kommentare über mich waren nach zwei Wochen wieder vorbei; Jeremiah litt über einen langen Zeitraum still vor sich hin. Trotz seiner Größe und muskulösen Statur war er mehrere Jahre lang bösartiger Schikane und Gewalt ausgesetzt, sagt sein Vater. Der Mangel an Freunden und das Zögern, seinen Gegnern Paroli zu bieten, machten die Sache nur noch schlimmer.

DER HELFER IN DER NOT

Menschen, die über einen längeren Zeitraum gemobbt wurden, werden oft zu in sich gekehrten Einzelgängern, die eher flüchten als kämpfen. Gerade Minderheiten oder Behinderte trifft dieses Schicksal häufig.

Als ich noch klein war, wurden Hänseleien und Schikane noch verharmlost. Das gehörte nun mal zum Leben dazu und man musste lernen, damit umzugehen. Inzwischen ist Mobbing zu einem ernsthaften Problem geworden. Es kostet Menschenleben und richtet dauerhafte Schäden an.

Wenn du jemanden aus deinem Freundeskreis, der Familie, deiner Klasse oder dem Kollegenkreis kennst, der womöglich das Ziel von Hohn und Spott ist, dann möchte ich dich bitten: Halte die Augen offen und sei bereit zu helfen. Experten zufolge äußert sich Mobbing häufig daran, dass der Betreffende

- immer widerwilliger zur Schule, zur Arbeit oder zu Veranstaltungen geht, wo er auf Gleichaltrige trifft
- nach dem Nachhausekommen nicht darüber reden will, was sich den Tag über ereignet hat
- mit zerrissener Kleidung oder unerklärlichen Verletzungen auftaucht oder ihm Dinge gestohlen wurden
- um Geld bittet, welches er zur Schule mitbringen soll

- Waffen mit zur Schule nimmt
- über Kopfschmerzen, Magenprobleme und Nervosität klagt, kurz bevor er losgeht und nachdem er heimkommt
- an Schlafstörungen und Albträumen leidet
- sich immer schlechter konzentrieren kann
- sein Ernährungsverhalten gravierend verändert und entweder immer mehr oder immer weniger isst
- wenig oder keinen Kontakt zu Gleichaltrigen hat
- selbstverletzendes Verhalten an den Tag legt
- Angst davor hat, das Haus zu verlassen
- von zu Hause wegläuft
- plötzlich bei der Arbeit oder in der Schule Leistungseinbrüche zeigt
- vor dem Verlassen des Hauses und nach dem Nachhausekommen plötzlich schlechte Laune hat
- negative und selbstkritische Äußerungen wie „Ich habe das Leben satt", „Ich halte das nicht mehr aus" oder „Alle hassen mich" von sich gibt.

Aus eigener Erfahrung weiß ich, dass man als Mobbingopfer dazu neigt, die Verzweiflung und Schwermut vor seinem Umfeld zu verbergen, aus Angst sich zu blamieren oder es noch schlimmer zu machen. Viele sehen keinen Weg, ihren Peinigern zu entfliehen, und ziehen deswegen tragische Konsequenzen in Betracht. So scheint es auch bei Jeremiah Lasater und Amanda Cummings gewesen zu sein.

Als ich gehänselt wurde, habe ich meinen Eltern auch nichts erzählt. Ich wollte ihnen keine Sorgen bereiten oder schon wieder zur Last fallen. Lieber wollte ich das selbst klären oder eben ignorieren. Aber Mobbingopfer *brauchen* Hilfe. Auch wenn sie nicht darum bitten, werden sie dankbar für jede noch so kleine Anstrengung sein, die ihre Situation verbessert. Im Rückblick auf die Begegnungen mit meinem Erzfeind Andrew muss ich sagen, dass mir die tatenlos dabei zusehenden Klassenkameraden am meisten wehgetan haben. Ich bin froh, dass ich Andrew irgendwann Paroli bieten konnte, und noch froher, dass er tatsächlich Ruhe gab. Aber damals habe ich mich oft gefragt, ob es noch barmherzige Samariter gibt.

Um zu zeigen, dass mich mein Nächster sehr wohl etwas angeht, erzählte Jesus einmal die Geschichte des barmherzigen Samariters: Ein Mann wurde zwischen Jericho und Jerusalem überfallen, beraubt und halbtot liegen gelassen. Zwei andere Reisende liefen einfach vorüber; erst der dritte, der aus Samarien kam, kam ihm zu Hilfe. Er versorgte seine Wunden, setzte ihn auf seinen Esel und brachte ihn in ein Hotel. Bevor er sich wieder auf den Weg machte, bezahlte der Samariter seine Spesen und versprach wiederzukommen.

Als Jesus die Geschichte fertig erzählt hatte, fragte er seinen Zuhörer, welcher der drei Passanten für den Überfallenen denn der Nächste war. „Der, der sich des Mannes erbarmt hat", bekam er als Antwort.

Da erwiderte Jesus: „Ja. Nun geh und mach es genauso."

In der Bibel findet man auch den Grundsatz: „Behandle andere so, wie du von ihnen behandelt werden möchtest." Das ist eine Art goldene Regel und ein Grundprinzip, nach dem sich Christen richten. Es geht mit der Aufforderung „Liebe deinen Nächsten wie dich selbst" Hand in Hand.

DER DRITTE PASSANT

Das Leid eines anderen Menschen sollte man immer lindern, wenn man kann. Der Reisende, den der Samariter auf der Straße fand, war bedroht, geschlagen und ausgeraubt worden. Jesus redete nicht um den Brei herum, was die von ihm erwartete Reaktion betraf. Er wünscht sich, dass wir als Gottes Kinder einander helfen. Nur herumzustehen und zuzusehen, wie jemand belästigt, herumgeschubst, lächerlich gemacht oder ausgegrenzt wird, ist weder christlich noch besonders menschlich. Wenn ein Tier misshandelt wird, würden die meisten Leute einschreiten. Wie viel mehr hat es ein Mensch verdient!

Der barmherzige Samariter hatte übrigens nicht nur ein paar ermutigende Worte für das Raubopfer übrig. Er unterbrach seine eigene Reise, kümmerte sich um dessen Wunden, brachte ihn in Sicherheit und sorgte dafür, dass er genesen konnte. Was für ein Mann der Überfallene genau war, steht nicht in der Bibel. Ich glaube, das ist Absicht. Wir sollen einem Menschen in Not grundsätzlich helfen, egal ob er so ist wie wir oder nicht.

Ich möchte dich ermutigen, mit diesen Gedanken im Hinterkopf in Zukunft einzuschreiten. Manchmal hilft es, sich einfach zwischen Täter und Opfer zu stellen. Wenn du um deine eigene Sicherheit besorgt bist, wende dich an einen Vertrauenslehrer, deinen Chef, einen Mitarbeiter des Sicherheitsdienstes oder an die Polizei, schildere ihnen die Situation und bitte sie einzugreifen. Mobbing hat schon zu so viel Gewalt in Schulen und am Arbeitsplatz geführt, dass du sicher ernst genommen wirst.

Jeder Fall ist ein Einzelfall, und jeder geht mit Mobbing anders um. Die meisten Experten raten von einer gewalttätigen Konfrontation ab. Selbst wenn du gegen deinen Angstgegner gewinnst, muss das nämlich lange noch nicht das Ende deiner Schwierigkeiten bedeuten.

Folgende Schritte werden im Allgemeinen empfohlen:
- Sorge dafür, dass es Zeugen gibt, wie dein Peiniger dich belästigt: Lehrer, Vorgesetzte, Sicherheitsbeamte, die Polizei oder jemand von der Personalabteilung.
- Bitte ihn in Anwesenheit von Zeugen klar und deutlich, damit aufzuhören.

- Führe Buch über die Angriffe: Datum, Uhrzeit, Ort. So kannst du die Regelmäßigkeit und Handlungsmuster nachweisen. Schreib auch dazu, wie dich das Mobbing körperlich, mental und emotional belastet. Wenn sich die Angriffe gegen mehrere Personen richten, bitte sie, dasselbe zu tun.

CYBERMOBBING

Mit dem Siegeszug des Handys und der sozialen Medien im Internet ist eine neue Form des Mobbings aufgetaucht. Man nennt es Cybermobbing. Obwohl der Täter nicht persönlich zugegen ist, ist diese Art des Mobbings genauso gefährlich. Oft wird das Opfer sowohl persönlich als auch im Internet belästigt. Oder beide Parteien überhäufen sich gegenseitig mit Bedrohungen, Gerüchten und hämischen Kommentaren.

Cybermobbing hat in den vergangenen Jahren bei mehreren Selbstmorden von Teenagern eine Rolle gespielt. Ryan Halligan, ein Achtklässler aus Vermont, nahm sich 2003 das Leben, nachdem im Internet über ihn Gerüchte verbreitet wurden. Sein Vater beschrieb es als „um sich greifende Hetzjagd", bei der plötzlich selbst Kinder mitmachten, die sonst immer friedlich gewesen waren. Ein anderer Fall, der in den amerikanischen Medien große Beachtung fand, war Megan Meier aus Missouri, die 2006 Selbstmord beging, nachdem sie von der Mutter einer Klassenkameradin über das Internet gemobbt worden war.

Weil so viele Fälle von Cybermobbing und Selbstmord öffentlich wurden, gibt es heute Gesetze, die das Belästigen mit SMS oder Nachrichten über das Internet unter Strafe stellen. Wenn du mit bösartigen E-Mails, Einträgen in sozialen Medien oder SMS bombardiert wirst, gibt es verschiedene Reaktionsmöglichkeiten.

Falls du noch zu Hause wohnst, ziehe am besten sofort deine Eltern zurate. Gemeinsam könnt ihr überlegen, was zu tun ist.

Der wichtigste Kampf, den du gewinnen musst, findet aber in dir selbst statt. Was jemand anderes über dich sagt oder dir antut, darf nicht darüber entscheiden, wer du bist. Du bist wertvoll, nicht zuletzt in Gottes Augen. Halte dich daran fest und lass die Kritik, das Getratsche und die Beleidigungen der Vergangenheit an dir abprallen. So wie du bist, bist du perfekt. Lass dir von niemandem etwas anderes einreden!

Dein Peiniger möchte dich glauben machen, du wärest nichts wert, damit er sich dir überlegen fühlt. Du musst dieses Spielchen aber nicht mitspielen. Konzentriere dich stattdessen darauf, deine Talente auszubauen. Geh deinen Weg, und du wirst Erfüllung und Freude finden.

UNERSCHÜTTERT

Eine Möglichkeit, trotz Mobbing und Schikane wieder auf einen grünen Zweig zu kommen, ist, für andere Hilfsbedürftige aktiv zu werden. Das wird wundersame Auswirkungen auf dein eigenes Leben haben, versprochen! Auf meinen Reisen habe ich viele motivierte und selbstlose Leute getroffen, die ihre eigenen Schwierigkeiten hinter sich gelassen haben und heute anderen helfen. Manche mussten dafür Häme und Spott einstecken, aber sie lassen sich nicht beirren.

Wie ich schon sagte, gibt es viele Formen des Mobbings. Eigentlich ist es jedes Mal ein Verstoß gegen die Menschenrechte, wenn jemand die Freiheit eines anderen einschränkt, ihn verunsichert oder ihm den Seelenfrieden raubt. Fast jeder von uns ist schon auf diese Art und Weise belästigt worden. Zu den schwersten Menschenrechtsverletzungen, die auch heute noch an der Tagesordnung sind, gehören ethnische Säuberung (auch bekannt als Völkermord), Rassismus, Verfolgung aufgrund religiöser Überzeugungen oder sexueller Orientierung, Zwangsprostitution, Menschenhandel und Verstümmelung.

Schon oft bin ich Zeuge geworden, wie Menschenrechte mit Füßen getreten werden. In *Mein Leben ohne Limits* habe ich von der „Street of Cages", dem Zentrum der Prostitution und sexueller Ausbeutung in Mumbai erzählt, wo Pastor K. K. Devaraj unermüdlich tätig ist, um das Leid der Frauen und Kinder zu lindern. Als Gründer von *Bombay Teen Challenge* versucht er sie vor Versklavung, Missbrauch, Armut, sexuell übertragbaren Krankheiten und einer Drogenabhängigkeit zu retten.

Mit meiner Organisation unterstützten wir „Onkel Dev" in Mumbai. Später fand ich zu meiner Freude heraus, dass noch jemand anders mit vollem Einsatz Geld für die *Bombay Teen Challenge* sammelt. Dieser Kerl ist nicht nur Christ, er hat den Knuckleball drauf. Im Januar 2011 stieg R. A. Dickey, der Profipitcher der New York Mets, auf den Kilimandscharo und machte dabei auf *Bombay Teen Challenge* aufmerksam. Als er nach knapp fünfundsechzig Kilometern Fußmarsch und Kletterei den Gipfel in 5895 Metern erreichte, war seine Botschaft an die Welt: „Gott ist gut." Ich bin froh, dass R. A. Dickey den Aufstieg zugunsten von BTC gewagt hat, vor allem, nachdem die Mets ihrem Star zu verstehen gegeben hatten, dass er seinen viereinhalb Millionen Dollar schweren Vertrag aufs Spiel setzte, sollte er sich dabei verletzen.

Viele Menschen auf der Welt reden nicht nur, sondern setzen ihren Glauben praktisch um und kämpfen für Menschenrechte und für die Schwachen. Eine Person, die dabei für mich heraussticht, ist eine junge Rechtsanwältin aus Kalifornien, die sich genauso gut nur auf ihre Karriere konzentrieren könnte. Ich lernte Jacqueline Isaac, die so alt ist wie ich, über ihre Eltern Victor und Yvette kennen. Die beiden richten sich mit ihrer gemeinnützigen

Organisation *Roads of Success* an die Arabisch sprechende Welt. Sie produzieren eine Fernsehsendung mit dem Titel *Maraa Fadela* (Die tugendhafte Frau), die von Yvette moderiert wird und sowohl informative als auch religiöse Themen aufgreift. Araber können diese Sendung via Satellit auf der ganzen Welt empfangen.

Kurz bevor ich Yvette kennenlernte, kam ein Mann im Rollstuhl vor ihrer Kirche in Ägypten auf sie zu. Er zog sie am Ärmel und sagte: „Sie kümmern sich nur um die Bedürfnisse von Frauen und Kindern. Wann sind denn unsere Bedürfnisse dran? Wir brauchen auch Hilfe."

Yvette fühlte sich schuldig, aber erklärte dem Mann, dass sie noch mit keiner Organisation vernetzt sei, die Behinderte unterstützte.

Der Mann im Rollstuhl erwiderte: „Gott wird eine Person zu Ihnen schicken, mit der Sie auch für Behinderte aktiv werden können. Aber machen Sie es nicht wie die anderen. Tun Sie etwas, das uns wirklich hilft."

Etwa eine Woche später erwähnte der Pastor Yvette gegenüber, dass er ein Video von einem jungen Mann gesehen habe, der sich wunderbar als Gast in ihrer Sendung machen würde – nämlich ich! Sie nahm Kontakt zu *Life Without Limbs* auf und lud mich ein. Wir wurden sofort Freunde.

Obwohl die ägyptische Regierung christliche Missionare nicht gern ins Land lässt, machte sie aufgrund Yvettes guten Rufs eine Ausnahme. Yvette durfte für mich eine Tour organisieren. Meine Botschaft drehte sich darum, wie man Behinderungen und andere Schwierigkeiten überwinden kann, und fand in den Medien große Beachtung. Dadurch kam ich mit vielen Regierungsvertretern und führenden Persönlichkeiten in Kontakt, darunter dem Bürgermeister von Alexandria und der Prinzessin von Katar, Sheika Hessa Al-Thani, die UNO-Sonderberichterstatterin für Menschen mit Behinderungen ist.

Mit Unterstützung vieler einflussreicher Personen organisierte Yvette 2008 eine Großveranstaltung mit mir in Kairo, bei der ich vor zweitausend Menschen sprechen und von ihr gedolmetscht werden sollte. Zu unserer Überraschung kamen *zwanzigtausend* Menschen und machten es zu einer der größten Versammlungen von Christen in der jüngeren Geschichte Ägyptens. Der Erfolg dieser Veranstaltung öffnete mir in vielen Ländern im Nahen Osten die Türen, darunter Kuwait und Katar.

Die Isaacs haben mich mit offenen Armen empfangen und engagieren sich nun mit mir gemeinsam für Behinderte in aller Welt. Sie stellen so viele Dinge auf die Beine, dass man kaum noch hinterherkommt. Zusätzlich sind sie nämlich als Aktivisten unterwegs und kämpfen gegen Traditionen, die Menschenrechte unterdrücken, Bildung verweigern, die Gesundheit gefährden und frauenfeindlich sind. Neben ihrer Internet- und Fernseharbeit fördern sie Konzerte, Vortragsreihen, finanzieren Hilfseinsätze und rufen Gebetsinitiativen ins Leben.

Jacqueline Isaac betrachte ich als meine inoffizielle zweite Schwester. Sie hat sich mittlerweile selbst einen internationalen Ruf erarbeitet. Bis sie dreizehn war, lebte sie in Kalifornien, aber dann brach ihre typisch amerikanische Teenagerwelt aus Schule, Freunden, Kirche und Spaß von einem Tag auf den anderen zusammen.

„Mit dreizehn kam ich eines Tages nach Hause und fand meine Großmutter tot auf dem Boden. Meine Oma war mein Leben! Sie hat mich erzogen, ich bin jeden Abend neben ihr eingeschlafen, und mit ihr habe ich alle meine Geheimnisse geteilt. Diesen Schock werde ich mein Leben lang nicht vergessen! Ich war so fertig, erschrocken und wütend, dass ich Gott ihren Tod in die Schuhe schob", erzählte mir Jacqueline.

Sie hatte den Tod ihrer Großmutter noch nicht verwunden, da kamen ihre Eltern mit dem nächsten Schock. Sie hatten beschlossen, nach Ägypten zurückzukehren, um dort als Missionare zu arbeiten.

„Ich hatte alles verloren: Meine Oma, mein normales Leben, und alles, was ich kannte", erinnerte sich Jacqueline. „Das war der Punkt, als ich am Leben verzweifelte. Und auch an Gott. Ich weiß noch, dass ich mich in mein Zimmer eingeschlossen und geschrien habe: ‚Gott, wenn es dich gibt, warum nimmst du mir dann alles weg?'"

Heute versteht Jacqueline, dass die Ereignisse damals nicht der Endpunkt, sondern der Anfang für einen besonderen Lebensweg waren. „Ich hatte mir bei einem Pastor Rat gesucht. Und er sah mich an und sagte: ‚Soll ich dir etwas sagen? Gott hat dir alles genommen, damit du dich endlich auf ihn verlässt.'" In diesem Moment wurde ihr klar, dass ein Weg vor ihr lag, den sie nur im Vertrauen auf Gott gehen konnte, egal wie die Umstände sein würden.

„Im Wesentlichen brauchte ich genau diese Krise, um mich auf Gottes Plan einzulassen", erzählte sie. „Endlich wurde mir klar, was ‚im Vertrauen auf Gott leben' eigentlich heißt."

Monate später war eine Pastorin aus Texas als Sprecherin für eine christliche Konferenz in Ägypten zu Besuch. Nach ihrem Vortrag gab es eine Zeit für persönliches Gebet, und sie kam auf Jacqueline zu und sagte: „Junge Frau, ich merke, Gott hat mit dir Großes vor. Du wirst rund um den Globus tätig sein. Zunächst wirst du zwar in die Vereinigten Staaten zurückkehren, aber Ägypten wird dein zweites Zuhause werden. Du wirst häufig hier sein und dich für Frauen und Unterdrückte starkmachen, das kann ich jetzt schon sehen. Zu mächtigen Leuten und Landesvätern wirst du sprechen. Und sie werden dir zuhören. Dabei wirst du dich fragen: ‚Wer bin ich, dass ich vor diesen Leuten stehen darf?'"

Jacqueline war ziemlich erschrocken, als sie merkte, dass das eine Botschaft von Gott zu sein schien. „Weder hatte ich die nötige Statur oder Ausbildung noch die passende Stellung dazu. Ich musste einfach darauf vertrauen, dass Gott das schon machen würde", erzählte sie mir.

Mit fünfzehn durfte sie sich an einem College in den USA einschreiben. Nachdem einer ihrer Mentoren sagte, sie sei die geborene Botschafterin, sattelte sie von Biologie um und gab ihren Plan auf, Ärztin zu werden. „Sie haben das Zeug dazu, die Kluft zwischen Welten zu überbrücken. Wenn Sie etwas sagen, wird man darauf hören", meinte er.

Da merkte Jacqueline, dass ihre Bestimmung tatsächlich mit der Heimat ihrer Eltern zu tun hatte. „Irgendwie wusste ich, dass ich wieder nach Ägypten gehen sollte. Ich verließ mich während der Collegezeit auf Gott und ließ ihn an mir arbeiten. Und selbst wenn alles völlig unmöglich schien, ich wusste, dass ich einen Gott habe, der selbst unrealistische Träume wahr machen kann."

Jacqueline hat ihre Vision erfüllt. Sie arbeitet heute mit Führungspersönlichkeiten aus Kirche und Regierung zusammen, aber auch mit sozialen Aktivisten, um Ägypten zu verändern.

Bei ihrem ersten Umzug als Teenager nach Ägypten war ihr sofort die Unterdrückung der Frauen aufgefallen. Bestürzt fand sie heraus, dass es sogar in ihrer Verwandtschaft Fälle von weiblicher Genitalverstümmelung gab. Als sie die Erwachsenen und sogar die Geistlichen darauf ansprach, wiegelten diese ab. Diese Tradition gäbe es doch längst nicht mehr. Andere sagten, das würde nur zum „Schutz" der Frauen gegen voreheliche Sex geschehen. Das Kinderhilfswerk der Vereinten Nationen (UNICEF) schätzt, dass bis zu 140 Millionen Frauen dieser grausamen kulturellen Tradition unterzogen worden sind, und diese in Ägypten, Äthiopien und dem Sudan nach wie vor weit verbreitet ist. Auch in Kenia und im Senegal praktizieren Volksgruppen dieses Ritual. Viele Menschen glauben, die Religion schreibe die Prozedur vor, die an Säuglingen, aber auch noch an fünfzehnjährigen Mädchen durchgeführt wird. Dabei stimmt das überhaupt nicht. Andere sind der Meinung, die

Verstümmelung schütze die Mädchen vor sexuellen Aktivitäten, bis sie verheiratet sind.

„Ich weiß nur, dass diesen Mädchen Teile ihres Körpers herausgeschnitten werden, und das finde ich grauenvoll", erzählte mir Jackie. „Ich war damals richtig erschüttert. Ich hätte eine von ihnen sein können! Amerikanerin mit ägyptischen Wurzeln zu sein, war ein echtes Geschenk, und ich fühlte mich sofort verpflichtet, den Frauen aus meiner Heimat zu helfen, damit sie ihre Rechte besser kennen und wahrnehmen."

Nachdem Jackie in den USA ihr Jurastudium aufgenommen hatte, wurde sie zu einer Verfechterin von Menschenrechten in Ägypten und ganz Asien, Afrika und dem Nahen Osten. Oft reist sie in die ländlichen Gebiete Ägyptens und anderer Länder. Häufig versuchen die Verantwortlichen, diese Praxis zu vertuschen, oder streiten sie ganz ab, während heimlich weiter junge Frauen verstümmelt werden. Als Jackie herausfand, dass ein Geistlicher den Müttern in seiner Gemeinde dazu riet, ihre Töchter beschneiden zu lassen, sprach sie ihn direkt darauf an. Er meinte nur: „Es ist besser, den rechten Arm auszureißen, als dass der ganze Körper in der Hölle landet." Damit meinte er, es sei besser, den Körper der Mädchen zu verstümmeln, als das Risiko einzugehen, sie könnten außerhalb der Ehe Geschlechtsverkehr haben.

Ärzte und Krankenhäuser führen diesen illegalen Eingriff nicht durch, weswegen er manchmal in Friseurgeschäften, von Hebammen oder sogar Geistlichen vorgenommen wird. Häufige Folge sind Infektionen, innere Blutungen und andere medizinische Langzeitschäden. Jackie hat für die Opfer Partei ergriffen und sich gegen missbräuchliche Praktiken wie die Genitalverstümmelung ausgesprochen. Sie fährt in die Länder, wo Frauen schlecht behandelt werden, und wird dort aktiv.

„Einmal waren wir mit einem Arzt und Pastor auf dem Weg zu dreihundert männlichen Dorfbewohnern, und das Herz schlug mir bis zum Hals. Auch der Pastor hatte mächtig Angst. Wir wussten, dass es Widerstand geben würde, also schickte ich ein Stoßgebet zum Himmel und fragte Gott, was ich diesen Männern sagen sollte. Sie hatten nämlich keine Ahnung, was das Thema sein würde. Ich hatte Angst um mein Leben. Was würde passieren, wenn ich die Genitalverstümmelung als böse und gefährlich anprangern würde?"

Für Jackie ist das Gebet ein Werkzeug, um ihre Ängste zu überwinden. Sie sagt, das Gebet kann Dinge bewirken, die sonst einfach unmöglich sind.

„Als wir noch etwa zwei Minuten von der Kirche entfernt waren, wurde ich plötzlich ruhig. Mir wurde klar, dass nicht ich reden würde, sondern Gott durch mich. Er würde für den Erfolg sorgen. Und er würde das Denken dieser Männer verändern, nicht ich", erzählte sie.

Furchtlos stellte sie sich vor die versammelte Gruppe. Und anstatt des befürchteten Chaos' kamen überwältigend positive Reaktionen von den Männern.

„Sie hoben die Hände gen Himmel, gingen auf die Knie und flehten Gott um Vergebung für das an, was sie ihren Töchtern angetan hatten", berichtete Jackie. „Und ich dachte nur: Wenn ich auf meine Angst gehört hätte, wäre nichts davon passiert."

Jackie erklärte den Männern, dass ihre Frauen deswegen keine Lust auf Sex hätten, weil sie als Mädchen beschnitten worden wären und jedes Mal Schmerzen hätten. Eigentlich darf eine Frau Männern gegenüber das Wort Sex überhaupt nicht in den Mund nehmen, aber Jackies Zuhörer baten wiederum um Vergebung und schworen, nie wieder eine Genitalverstümmelung zu erlauben.

„Ich merkte richtig, wie Gott auf meiner Seite war", erzählte mir Jackie. „Es war sehr bewegend. So viele haben ihre Meinung geändert!"

Eine ihrer ersten Begegnungen dieser Art fand in einem sehr

armen Dorf in einer gefährlichen Gegend statt, wo Jackie mit einigen Frauen über ihre Verstümmelung sprechen wollte. Eigentlich ist dieses Thema tabu, und mehrere Leute rieten ihr davon ab, in das Dorf zu fahren. Aber „ich hatte das Gefühl, dort hinfahren zu müssen", meinte Jackie. „Auch wenn das Dorf voller Müll und zwielichtiger Gestalten war."

Jackie folgte ihrer inneren Stimme und ließ sich nicht von ihren Ängsten abhalten. Gerade war sie mit einigen Frauen im Gespräch, als zwei Männer in die Wohnung kamen. Der eine war mit einem Messer bewaffnet und fing mit dem anderen Streit darüber an, ob Jackie bleiben durfte oder nicht. Sie wurden handgreiflich, und irgendwann fiel der Mann mit dem Messer genau vor Jackies Füße. „Ich schickte schnell ein Stoßgebet zum Himmel und bat Gott, die Situation unter Kontrolle zu bringen. Kaum hatte ich den Namen ‚Jesus' gesagt, da stand der Mann auf, sah mich an, und rannte davon", erzählte sie. Für Jackie war das eine richtige Gotteserfahrung.

„Damals merkte ich, dass es immer dann gefährlich wird, wenn Gott etwas Großes bewirken will, aber sein Gegenspieler es aufzuhalten versucht. Die Frage ist nur, wie reagiert man? Läuft man weg oder verlässt sich auf Gott und bleibt? Ich bin jedenfalls sehr froh, dass ich an diesem Tag dortgeblieben bin. Ich konnte nicht nur mit den Frauen reden, sondern den Kopf der Familie davon überzeugen, nie wieder eine seiner Töchter zu beschneiden. Und er fing sogar an, andere Männer im Dorf darauf anzusprechen, wie falsch die Verstümmelung eigentlich ist."

Die Aufforderung in der Bibel ist klar: „Lasst euch auf keine finsteren Machenschaften ein, die keine gute Frucht hervorbringen; im Gegenteil: helft sie aufzudecken." Deswegen habe ich mit Jackie und ihren Eltern zusammengetan, um dieses Problem anzugehen; aber die Art und Weise, wie Jackie sich trotz der Gefahren einbringt, ist erstaunlich.

Seit der arabische Frühling 2011 die Regierung in Ägypten gestürzt hat, setzt sich Jacqueline intensiv für die Friedensbemühungen, Konsensbildung und Menschenrechtsverbesserungen ein. Sie arbeitet mit christlichen und muslimischen Führern, aber auch mit Wissenschaftlern, Aktivisten und jungen Revolutionären zusammen, um ein Abkommen über Frieden und Menschenrechte umzusetzen, das in Cannes geschlossen wurde. Jacqueline hat *God Created All* (Gott hat uns alle erschaffen) gegründet, eine Sammlungsbewegung, die Ägypter auf der ganzen Welt vereinen will. In Anerkennung ihrer Bemühungen wurde Jacqueline vom mächtigsten Scheich der Welt zur amerikanischen Vertreterin der Organisation „Haus der Familie" ernannt, einem Komitee ägyptischer religiöser Führer, das die Zusammenarbeit zwischen Christen und Muslimen fördern will.

„Die Prophezeiung, die ich als junges Mädchen bekommen habe, erfüllt sich jeden Tag ein Stückchen mehr", sagt Jacqueline. „Manchmal ist es schon gefährlich, aber in meinem Herzen brennt einfach dieses Feuer. Ich habe Angst und mache mir Sorgen, aber ich kann das Feuer nicht löschen. Gerade jetzt, nach der Revolution in Ägypten, ist die Gelegenheit so günstig, wenn man etwas verändern will. Also mache ich einfach einen Schritt nach dem anderen."

In der Bibel steht: „Der Herr hat euch doch längst gesagt, was gut ist! Er fordert von euch nur eines: Haltet euch an das Recht, begegnet anderen mit Güte, und lebt in Ehrfurcht vor eurem Gott" (Micha 6,8). Ungerechtigkeit wie Mobbing, Volksverhetzung, Verfolgung aus religiösen Gründen und andere Menschenrechtsverletzungen verursachen auf der Welt unendlich viel Leid. Ich würde niemals von dir verlangen, wie Jackie in die Bresche zu springen, aber wenn du selbst Opfer bist oder jemanden kennst, der misshandelt wird, bitte hole Hilfe. Kämpfe im Rahmen deiner Möglichkeiten gegen Ungerechtigkeit und Unterdrückung. Setze dich ein für eine Welt, in der jeder Mensch in Frieden leben kann.

Diese Welt fängt bei dir an. Wenn du willst, bitte Gott, dir dort bei der Veränderung zu helfen, wo du selbst andere durch Tratschen oder Hänseln verletzt. Lass ihn dir Halt geben, wenn andere dich schlechtmachen. Allein sind wir schwach, aber mit Gebet steht ein starker Partner hinter uns.

Ich bete dafür, dass unsere Generation nicht mehr nur Zuschauer ist, sondern hilfsbereit eingreift. Wenn du möchtest, bete für deine Schule, für die Schulhoftyrannen, und dafür, dass wir alle unsere Chancen nutzen, unsere Welt zu einem besseren Ort zu machen.

KAPITEL 8
Absprung nach oben

Gary und Marylin Skinner schmiedeten 1983 einen bescheidenen Plan. Die beiden lebten in Kanada, Marylins Heimat, und hatten bereits Kinder. Aber Gary, der eigentlich aus Simbabwe kommt und aus einer langen Linie von Missionaren abstammt, hatte den Herzenswunsch, in Kampala, der vom Bürgerkrieg gebeutelten Hauptstadt von Uganda, eine kleine Kirche zu gründen.

Die Aufgabe hört sich simpel an, aber die Entscheidung, das sichere Kanada zu verlassen, war alles andere als leicht. In Uganda tobte der Bürgerkrieg, Hunderttausende waren auf der Flucht oder ihm zum Opfer gefallen. Guerrilla-Truppen, Diktaturen, Dürreperioden und Seuchen hatten „die Perle Afrikas" trotz ihres Reichtums an Bodenschätzen in eines der ärmsten Länder der Welt verwandelt. Die Bürgerkriegswirren wurden durch eine grassierende HIV-Epidemie noch verschärft, sodass jeglicher soziale Zusammenhalt fehlte.

Gerade einmal zwei Jahre nach Gründung ihrer Gemeinde setzten die beiden eine Mammutaufgabe auf ihre Liste. Sie konnten nicht mit ansehen, wie unzählige Kinder mutterseelenallein durchs Land zogen, auf Müllkippen lebten oder sogar gefesselt dem sicheren Tod überlassen wurden. „In keinem Land der Welt war damals die Infektionsrate höher. Ich hatte einfach das Gefühl, als würde Gott mir sagen: ‚Kümmere dich um meine Kinder'", erzählte mir

Gary, als ich die beiden und ihre drei Kinder vor ein paar Jahren besuchte.

Marylin fügte hinzu: „Die Größe unserer Gemeinde interessierte Gott nicht. Er wollte, dass wir uns um die Waisen kümmern. Wenn Kinder leiden, wird Gott nämlich wütend."

Die Skinners gründeten *Watoto Child Care Ministries* in einer kleinen gemieteten Hütte, aber ihre Ambitionen waren größer als jedes Haus: allen Kindern in Uganda ein Zuhause, eine Ausbildung und medizinische Versorgung zu ermöglichen. In Uganda gibt es etwa zwei Millionen Waisen.

Auf einer Tour durch Afrika besuchte ich einen der drei wunderbaren Zufluchtsorte, die die Skinners für mehr als zweitausend Kinder geschaffen haben. Auf dem sauberen, hübschen Gelände wohnen jeweils acht Kinder mit einer Pflegemutter in einem Haus. Mehr als zweihundert Häuser bilden ein Dorf, zu dem auch Schulen und Kliniken mit Strom, fließend Wasser und Toiletten nach westlichem Standard gehören. Diese Annehmlichkeiten sind in Uganda eine Seltenheit und gehen zum größten Teil auf die Spendenbereitschaft vieler Freiwilliger zurück, die die Skinners unterstützen.

Viele Kinder kommen als Säuglinge in ein Watotodorf und bleiben dort, bis sie fast erwachsen sind. Die Skinners sorgen für das nötige Geld, damit besonders begabte Kinder eine höhere Ausbildung bekommen und in ein produktives Leben starten können. Mehr als fünfzig Kinder aus Watotodörfern erwerben derzeit einen höheren akademischen Grad, und viele werden noch folgen. Im Durchschnitt nehmen die Säuglingshäuser pro Monat fünfzehn verlassene Babys oder Waisen auf. Nicht wenige von ihnen sind HIV-positiv, aber durch die antiretrovirale Therapie und Antikörper der Mütter wird das Virus oft besiegt, sagen die Skinners.

Das Hilfswerk von Gary und Marylin ist unwahrscheinlich erfolgreich, obwohl ringsherum seit Jahrzehnten Kriegszustände herrschen und Zerstörung und Gräueltaten an der Tagesordnung sind. 2004 wurden schätzungsweise zwanzigtausend Kinder von Rebellen verschleppt; die Jungen müssen als Kindersoldaten ihre eigenen Heimatregionen terrorisieren, die Mädchen werden vergewaltigt und zur Prostitution gezwungen.

Das Motto von Watoto ist „Rescue, Raise, Rebuild", was so viel heißt wie „Retten, ein Zuhause geben, Wiederaufbau leisten". Sie wollen die Generation retten, die der Krieg, die Seuchen und die Armut verschlungen haben. Aus den Überlebenden wollen sie gebildete und fähige Männer und Frauen machen, die dann bereit sind, das Land wieder aufzubauen. Die Skinners unterstützen mit ihrem Programm „Living Hope" auch die vielen verarmten und Missbrauch zum Opfer gefallenen Frauen, die in ihrer Region leben. Sie bringen ihnen grundlegende Alltagsfähigkeiten und auch berufliche Fertigkeiten bei. Darüber hinaus werden sie seelsorgerlich betreut, damit sie ihre Würde zurückbekommen und wieder eine Zukunft haben.

Marylin erzählte, dass sie ihre Arbeit trotz Raubüberfällen, Drohungen und Gewaltausbrüchen immer fortgesetzt haben. Mehr als einmal wagten sie sich mutig in die gefährlichsten Regionen vor. Vor ein paar Jahren führten die Skinners eine Rettungsmission in den gesetzlosen Norden Ugandas durch, um einige Kinder aus der Hand der Rebellen zu befreien. Oft wussten sie nicht, wie sie unter den vorhandenen Bedingungen ihre Arbeit fortführen sollen, aber sie haben gelernt, ihre Überzeugungen im Vertrauen auf Gott praktisch umzusetzen.

„Anfangs wollten wir nur unsere Gemeinde gründen und predigen, aber Gott hatte uns nicht nach Uganda geholt, damit wir tun, was wir wollen. Er hatte andere Pläne: Wir sollten dem verwundeten Volk dienen", sagte Marylin. Die Gemeinde der Skinners hat mittlerweile übrigens mehr als zwanzigtausend Mitglieder an acht Standorten. Ihre Arbeit weite sich immer mehr aus, weil der Bedarf enorm ist, erklärte Gary. „Aber wir haben einen starken Gott, und deswegen können wir auch etwas bewegen", fügte er hinzu.

Heute kennt man die Skinners und ihre wertvolle Arbeit auch durch den berühmten Watoto-Kinderchor, der auf Welttournee geht und Geld für ihre Arbeit sammelt.

WER STARK IST, LÄSST LOS

Das Konzept des Loslassens ist auf den ersten Blick schwer zu verstehen, weil wir normalerweise Versagen, Aufhören oder Aufgeben damit assoziieren. Als die Skinners von ihrem ursprünglichen Plan in Uganda abließen, gaben sie aber nichts weiter auf als die Illusion, sie hätten alles in der Hand. Ihnen wurde klar, dass Gott etwas Größeres für sie geplant hatte, etwas, das sie sich in Kanada noch überhaupt nicht hatten vorstellen können.

Das Handtuch zu werfen, hätte bedeutet, Afrika und Millionen Menschen in Not im Stich zu lassen. Die Skinners akzeptierten stattdessen, dass ihr himmlischer Vater den besseren Überblick hat. Sie setzten ihr Vertrauen in ihn und sagten: „Wir wissen nicht, was du da vorhast, aber wenn du uns die Kraft gibst, dann gehen wir den Weg, den du willst."

Loslassen muss jeder im Leben. Es gibt Zeiten, da muss man akzeptieren, dass man nicht alles steuern kann. Man sollte sich dann lieber darauf konzentrieren, sein Bestes zu geben, Schritt für Schritt weiterzugehen und seine Talente, Fähigkeiten und den Verstand zu nutzen. Wahrscheinlich hast du das unbewusst sogar schon oft gemacht. Vielleicht hast du wegen der schlechten Wirtschaftslage oder einer Kündigung noch mal umgesattelt. Aufgegeben hast du aber nicht. Stattdessen hast du die veränderte Situation akzeptiert, die du nicht in der Hand hattest. Du hast deine Pläne anhand der verfügbaren Optionen überarbeitet und dann auf deine Fähigkeit vertraut, das Beste draus zu machen.

Was einem passiert, ist nämlich längst nicht so wichtig wie die Art und Weise, wie man darauf reagiert. Als Christ versuche ich immer erst einmal loszulassen und Gott die Zügel in die Hand zu geben. Ich merke sofort, wenn ich nicht mehr im Gleichklang mit seinen Plänen bin. Dann bin ich frustriert, fühle mich hilflos und bin deprimiert – genauso, wie ich mich als Junge kurz vor der Pubertät fühlte, weil ich einfach nicht in eine Welt für Menschen mit Armen und Beinen passte. Ich grübelte mich halb zu Tode, wie mein Leben aussehen würde, und dabei hatte Gott seinen Plan längst fertig.

Loslassen bedeutet, die Illusion aufzugeben, man würde am Steuer sitzen. Ja, du entscheidest, wie du handelst und wann und mit welcher Einstellung du der Welt begegnest. Natürlich solltest du auch Ziele und Träume haben. Aber es ist eine Illusion zu glauben, du hättest in der Hand, was um dich herum passiert. Wir können nur versuchen, auf das Schlimmste gefasst zu sein und trotzdem nach den Sternen zu greifen. Entwickle dein ganzes Potenzial und vertraue auf deine Fähigkeit, durchzuhalten und immer nach vorn zu streben.

Das Bedürfnis, alles um dich herum zu kontrollieren, kann ein echtes Hindernis werden. Hier ist ein Beispiel dafür, das ich zwar nicht vormachen kann, aber du schaffst das bestimmt auch so. Mach einmal eine Faust, so fest wie du kannst. So hast du die maximale Kontrolle über deine Hand, oder? Wenn dir nun jemand den Schlüssel für einen nagelneuen BMW hinhalten würde, würdest du die Gelegenheit verstreichen lassen, um weiterhin die Kontrolle zu behalten, oder würdest du die Faust öffnen, um das Geschenk anzunehmen? Genau so ist es mit dem Leben. Wenn du die ganze Zeit nur darauf bedacht bist, das Steuer in der Hand zu haben, dann wirst du all das verpassen, was man nur bekommt, wenn man loslässt. Hätten die Skinners sich an ihren bescheidenen Plan einer kleinen Kirche in Uganda gehalten, dann hätten sie die viel größere Chance verpasst, Tausende von Menschen positiv zu beeinflussen, wenn nicht sogar das ganze Land.

Es geht mir nicht darum, dir deine Träume auszureden, aber ich möchte dich ermutigen: Öffne dich für noch größere Möglichkeiten und Chancen. Lass los und hör auf, immer die Kontrolle haben zu wollen. Das ganze Konzept des Loslassens und Kontrollverlusts versteht man nicht gleich, es sei denn natürlich, man ist verheiratet ... Kleiner Scherz am Rande! Obwohl, nicht ganz. Wenn man sich auf eine echte Beziehung einlässt, dann muss man so einiges loslassen und aufgeben. Zum Beispiel den Egoismus und das ichbezogene Verhalten. Oder das Bedürfnis, immer recht zu haben. Und natürlich die Fernbedienung!

Auf das geistliche Leben bezogen würde ich es so formulieren: Wenn du eine Beziehung mit Gott eingehst, dann ordnest du dich seinem Plan für dein Leben unter. Du wirst sehen, auf einmal verliert das Loslassen und Aufgeben jeden negativen Beigeschmack. Stattdessen wird es zu einer Erfahrung, die dich befähigt und fröhlich macht. Ich wurde schon so oft gefragt, wie ich ein unverschämt gutes Leben führen kann, wenn mir doch Arme und Beine fehlen. Die Leute gehen davon aus, dass ich darunter leide, was ich alles nicht habe. Sie sehen meinen Körper an und fragen sich, wie ich mein Leben einem Gott übergeben konnte, der mich ohne Gliedmaßen auf die Welt kommen ließ. Andere haben versucht mich zu trösten: Gott habe alle Antworten, und im Himmel werde ich eines Tages seine Gründe erfahren. Ich habe mich stattdessen entschlossen, einfach auf das zu vertrauen, was in der Bibel steht: Gott selbst ist die Antwort – heute, gestern und morgen.

Wenn Leute etwas über mich lesen oder mich live erleben, wollen sie mir oft dazu gratulieren, dass ich meine Behinderung „besiegt" habe. Ich sage ihnen dann, dass mein Sieg nur durchs Aufgeben kam. Das wiederholt sich jeden Tag, wenn ich mir eingestehe, dass ich es allein nicht schaffe. Deswegen sage ich: „Mach du, lieber Gott." Als ich das konnte – loslassen –, machte Gott aus meinem Schmerz etwas Gutes, und heute habe ich echte Lebensfreude.

Was war dieses Gute? Für mich war es, ein Ziel und einen Lebenssinn zu haben. Mein Leben bedeutet etwas. Bisher war ich daran gescheitert, einen Sinn darin zu sehen. Also ließ ich los, und Gott sprang ein. Er gab meinem Leben Bedeutung, als nichts und niemand sonst es konnte.

Ich bin behindert, aber Gott sicher nicht. Er macht Unmögliches möglich. Wo ich schwach bin, ist er stark. Wo ich an Grenzen stoße, sprengt er sie. Mein Leben ohne Limits ist das Ergebnis davon, dass ich ihm meine Träume, Pläne und Wünsche überlassen habe. Ich habe nicht aufgegeben, sondern losgelassen. Sein Plan für mich ist mir wichtiger als mein eigener.

In der Bibel findet man viele Beweise dafür, dass Gott es gut mit uns meint: „Denn ich bin der Herr, dein Gott. Ich nehme dich an deiner rechten Hand und sage: Hab keine Angst! Ich helfe dir" (Jesaja 41,13). Gott sagt auch: „Denn ich allein weiß, was ich mit euch vorhabe: Ich, der Herr, werde euch Frieden schenken und euch aus dem Leid befreien. Ich gebe euch wieder Zukunft und Hoffnung" (Jeremia 29,11).

Im Alten Testament wird berichtet, wie Gott Abraham auftrug, seinen Sohn Isaak als Sündopfer zu verbrennen. Abraham gehorchte und bereitete sich darauf vor, aber ohne Isaak etwas davon zu sagen. Er bat ihn nur, ihn auf den Berg zu begleiten. Isaak dachte, sie würden dort ein Lamm opfern. Erst beim Aufstieg fragte der Junge seinen Vater, wo das Lamm sei. Abraham antwortete, Gott würde schon dafür sorgen. Oben auf dem Gipfel erklärte Abraham dann seinem Sohn, dass *er* das Opfer sein sollte.

Isaak unternahm nichts dagegen. Er ordnete sich genauso wie sein Vater dem Willen Gottes unter, weil er wusste, dass Gott am Ende immer den richtigen Weg weist. Zum Glück war das alles nur eine Art Vertrauenstest: In dem Moment, wo Abraham das Messer hob, schritt ein Engel ein und hielt ihn auf.

Sowohl Abraham als auch Isaak ließen Gott ans Steuer ihres Lebens. Genauso möchte ich das auch tun. Ich stehe zu meiner Schwachheit und verlasse mich auf Gottes Zusage: „Meine Gnade ist alles, was du brauchst! Denn gerade wenn du schwach bist, wirkt meine Kraft ganz besonders an dir" (2. Korinther 12,9). Wenn Gott mir dann große Träume schenkt, kann ich es wirklich wagen, weil ich weiß: Er kriegt das hin.

Natürlich kommt es vor, dass mir das Leben immer wieder neue Hindernisse in den Weg stellt. Dann halte ich mich an Gottes Zusagen fest und bete: „Wenn du willst, dass ich diesen Traum verwirkliche, dann musst du mir auch helfen." Alles in allem würde ich es so sagen: Für mich führt der Weg zur vollen Entfaltung meines Potenzials über Gott. Ich strenge mich an und gebe mein Bestes, und dann überlasse ich ihm das Ergebnis. Im Laufe der Zeit fügt sich das Puzzle zusammen. „Gott ist weise, stark und mächtig!" (Hiob 9,4), steht in der Bibel, und das kann ich nur bestätigen.

Vielleicht bist du drauf und dran, etwas zu wagen, aber dich lähmt die Angst, dass du es vielleicht nicht schaffen könntest. Versuch doch einmal, es an Gott abzugeben. Was kostet es dich, ihm zu vertrauen? Du wirst sehen, er wird dir Freude und Zufriedenheit schenken. Er möchte deinem Leben neuen Sinn verleihen. Und wenn dir der Mut fehlt, diesen Schritt zu wagen – auch den kann er dir geben.

Als ich die Verbitterung über meine fehlenden Gliedmaßen losließ, blieb kein Loch zurück. Ich wusste, dass Gott mich nicht hängen lassen würde. Egal was mir fehlte, er konnte mich trotzdem durchbringen. Das Loslassen brachte mir letztendlich eine innere Stärke ein, die über meine eigene weit hinausgeht. Mein kleines Gottvertrauen ist mit der Zeit so groß geworden, wie ich es nie für möglich gehalten hätte. Menschen werden verändert – und ich darf dabei mitwirken! Gott hat mich innerlich verwandelt, damit ich für ihn Gutes tun kann. Als ich mit meinen Überzeugungen ernst machte und ihm einfach die Zügel übergab, fing für mich ein erfülltes Leben voller Freude an, das meine kühnsten Träume überstieg.

EINMAL ABGEBEN, BITTE

Vor einigen Jahren schrieb mir eine junge Frau ihre Geschichte. Sie hat mich dermaßen bewegt und inspiriert, dass ich sie gern weitertrage. Die E-Mail fing ganz schnörkellos an: „Ich heiße Jessica. Ich bin sechsundzwanzig. Als ich achtzehn war, diagnostizierte man bei mir Nasenrachenkrebs."

Jessica hatte gerade im kalifornischen Pleasanton die Highschool abgeschlossen und ihr erstes Semester an der Uni in Hayward angefangen, als sie wegen einer Nebenhöhlenentzündung zum Arzt ging, weil diese einfach nicht abklingen wollte. Dieser entdeckte einen großen Tumor in den Nebenhöhlen. Der Krebs war bösartig, fortgeschritten und trat sonst eigentlich nur bei älteren männlichen Asiaten auf. Jessica war weder Asiatin noch männlich, aber die Diagnose stimmte. Die Behandlung, der sie sich unterziehen musste, war intensiv und schmerzhaft.

Mehrere Monate lang bekam sie fünfmal in der Woche fünfundvierzig Minuten Bestrahlung, dazu eine sechsmonatige Chemotherapie. Die Bestrahlung verbrannte ihr die ganze Kehle, und wegen der Chemotherapie war ihr ständig übel. Sie konnte nicht essen, behielt auch nichts drin und musste durch einen Schlauch ernährt werden, damit sie die Behandlung überhaupt überlebte.

Als Jessica die Diagnose bekam, schienen all ihre Träume zu zerplatzen. Sie musste das Studium abbrechen und ihren Studentenjob kündigen, weil sie kaum noch aus dem Bett kam, so schwach war sie. Die Haare fielen ihr aus. Ihre Schmerzen, so schrieb sie, waren „grauenvoll, jenseits von Gut und Böse".

Inmitten ihrer Qualen übte sich Jessica darin loszulassen. „Damals fing ich an, mich auf das wirklich Wichtige zu konzentrieren. Wenn man dem Tod ins Auge sieht, dann stellt man automatisch sein Leben auf den Prüfstand und möchte mit Gott im Reinen sein. Ich wollte keine halben Sachen mehr. Ich wollte nicht mehr nur davon reden, gläubig zu sein; mein Leben sollte das endlich auch widerspiegeln."

Gott macht uns nicht krank, aber er nutzt Krankheiten und Krisen, um uns näher zu ihm zu bringen und einen festen Platz in unserem Herzen zu erobern. Krankheit ist ein Teil der natürlichen Welt; Gottes Liebe gehört zur geistigen Welt. Man kann sehen, wie Gott in Jessicas Leben wirkt. Wenn auch die Krankheit ihren irdischen Körper zerrüttete, festigte Gott ihr Herz und ihren Geist.

„Es war, als würde Gott mir sagen: ‚Jetzt, wo du dich auf nichts anderes mehr stützen kannst, liebst du mich immer noch? Liebst du mich, weil ich dir alles schenke, oder weil ich ich bin?'", schrieb Jessica. „Da beschloss ich, ihm ohne Wenn und Aber zu folgen. Er sollte die Nummer eins in meinem Leben sein."

Die gute Nachricht: Nach ihrer schmerzhaften Behandlung war Jessica krebsfrei. Die Heilung hatte aber ihren Preis. Jessicas Sprechvermögen und das normale Schlucken sind gestört. Trotz dieser immensen Nebenwirkungen ist sie aber nicht verbittert oder in Selbstmitleid versunken, sondern dankbar. „Gott sei Dank kann ich sehen, fast so gut wie vorher hören, und – auch wenn es mir nicht leichtfällt – sogar reden und singen", stand in der E-Mail. „Das ist der körperliche Teil. Aber jetzt erzähle ich die andere Seite der Geschichte: Ich trage nun eine Botschaft der Hoffnung, die ich an andere Leute in einer ähnlichen Situation wie ich damals weitergeben möchte."

Weil Jessica in ihrem Glauben fest verwurzelt ist, war ihre erste Reaktion auf die Diagnose und ein Not-CT, loszulassen und Gott die Sache in die Hand zu legen. Was aber nicht heißt, dass sie aufgegeben hat. Sie zapfte nur die größte Kraftquelle an, die es gibt. Später rief sie ihren Pastor an, der am selben Abend noch eine Notfall-Gebetsstunde organisierte.

„Es kam eine Ruhe über mich, die ich nicht beschreiben kann", schrieb sie. „Ich glaube, nur gläubige Menschen können diesen Frieden nachvollziehen. Die Welt hätte für mich in diesem Augenblick eigentlich zusammenbrechen können, aber sie tat es nicht. Ich hatte die Situation absolut nicht unter Kontrolle, aber mein Leben war in Gottes Hand. Und er würde mich keine Sekunde allein lassen, das wusste ich. Mir war klar, dass meine Überlebenschancen nicht besonders gut waren. Ich bin oft mit dem Gedanken eingeschlafen, dass dies mein letzter Moment auf der Erde sein könnte. Die Realität meiner Situation war mir stets bewusst, aber genauso auch die Realität Gottes. Und wenn ich gestorben wäre, dann wäre ich eben in den Armen Gottes wieder aufgewacht."

LOSLASSEN BRINGT FRIEDEN

Atme tief ein ... und wieder aus. Spürst du innere Ruhe, wenn du das tust? Davon könnten wir alle mehr vertragen, oder?

Unser Leben dreht sich nicht nur darum, was *wir* wollen. Für jeden von uns hat Gott einen Plan in petto. Er schickte seinen Sohn ans Kreuz, damit wir für sein Geschenk – ein ewiges Leben mit ihm – qualifiziert sind. Wie Jessica erlebte auch ich einen tiefen Frieden, als ich mein Leben unter Gottes Herrschaft stellte. Ich halte mich seitdem an die Zusage der Bibel: „Macht euch keine Sorgen! Ihr dürft Gott um alles bitten. Sagt ihm, was euch fehlt, und dankt ihm! Und Gottes Friede, der all unser Verstehen übersteigt, wird eure Herzen und Gedanken im Glauben an Jesus Christus bewahren" (Philipper 4,6+7).

Diesen Frieden habe ich aber nur, wenn ich meine Ängste, das

Kontrollbedürfnis und das Verlangen, stets die Ergebnisse meines Handelns sehen zu wollen, loslasse. Ich lege sie in Gottes Hand und versuche das zu tun, was er will. Übrigens, wenn ich vor einer Entscheidung stehe, nach neuen Möglichkeiten suche und wissen will, was Gott dazu denkt, kann ich nicht immer ein Zeichen von ihm erwarten. Das passiert selten und ist eher der Sonderfall. Stattdessen horche ich in mich hinein und wähle den Weg, bei dem mein innerer Frieden am größten ist.

Wenn ich eine Entscheidung treffe oder eine Chance nutze und dabei gelassen bleibe, habe ich das Gefühl, mit Gottes Willen im Einklang zu sein. Kommt mir aber diese Gelassenheit plötzlich abhanden, dann halte ich inne, spreche mit Gott und überdenke meine Entscheidung. Ich hoffe, Gott wird eingreifen und mich darauf aufmerksam machen, wenn ich in die falsche Richtung unterwegs bin.

Vielleicht holst du dir deinen Rat von Freunden und Bekannten. Oder du fällst Entscheidungen anhand der Sterne oder aus dem Bauch heraus. Jeder hat so seinen Weg. Und meiner ist Loslassen. Ich bin nämlich der Meinung, Gott versteht uns am besten, weil er sich uns ausgedacht hat. Er fühlt, was wir fühlen, aber sein Sichtfeld übersteigt das unsere bei Weitem. Ich lasse mir gern von vielen Leuten Ratschläge und Hilfestellungen geben, aber Gott spielt einfach in einer anderen Liga, wenn es um Führung geht. Es bedeutet mir viel, im Leben Möglichkeiten zu haben. Manchmal habe ich das Gefühl, ich laufe den Flur eines gigantischen Hotels entlang und Hunderte von Türen warten darauf, geöffnet zu werden. Welche Türen die Richtigen für mich sind, ist gar nicht so leicht herauszufinden, aber durch Loslassen, Geduld und Vertrauen lasse ich mich von Gott leiten.

An einem Tag sagt Gott vielleicht Nein zu deinem Plan, aber am nächsten sagt er Ja oder hat sogar noch etwas Besseres in petto. Leider findet man erst heraus, was Gott mit einem vorhat, wenn man sich auf ihn einlässt und spürt, wie gut einem die Beziehung tut. Immer wenn ich anfange, mir Sorgen um *meine* Ziele zu machen, dann erinnere ich mich daran, dass ich nur durch seine Liebe lebe und er da sein wird, wenn ich loslasse.

Jessica hat ähnliche Erfahrungen gemacht. Glaube in Aktion heißt für sie, „sich aufzurappeln und Gottes Plan zu folgen, selbst wenn man ihn nicht versteht. Dranzubleiben, auch wenn man alles hinschmeißen will. Liebe zu verschenken, selbst wenn es wehtut. Sich aufzumachen und seinen Dienst zu tun, auch wenn einem überhaupt nicht danach ist. Man muss über den eigenen Tellerrand hinausschauen und die sehen, die Hoffnung dringend nötig haben. Glaube in Aktion heißt für mich, darauf zu vertrauen, dass Gott meine Bedürfnisse schon stillen wird. In der Zwischenzeit mache ich mich daran, die von anderen zu stillen."

Nichts verschafft einem so viel Trost wie die Gewissheit, nicht alles selbst „managen" zu müssen. Ich lasse die Dinge los und warte geduldig. Durch ihn ist alles möglich! Als Jessica ganz unten war, erlaubte sie Gott, mit ihr zu tun und zu lassen, was er wollte. Dieser Schritt des Loslassens war für sie eine große Erleichterung, schrieb sie: „Ich wusste von da an, dass mein Dasein einen Zweck haben würde, wenn er mich überleben lässt." Diese Gewissheit gab ihr innere Ruhe, Kraft und Freiheit.

Als Jessica mir schrieb, lag ihre Krebsdiagnose sechs Jahre zurück. Die Krebssymptome waren weg. Dafür war sie natürlich sehr dankbar, auch wenn ihr Leben nie wieder so wie vorher war und die Nebenwirkungen viele Beschwerden verursachten.

Mit Erlaubnis der Ärzte kehrte Jessica an die Uni zurück und ging auch wieder arbeiten. Sie wurde medizinische Assistentin in der onkologischen und neurologischen Abteilung eines Krankenhauses und half Patienten, denselben Herausforderungen gegenüberzutreten, die sie gemeistert hatte. Aber nach einigen Jahren wurde ihr Körper zu schwach für diese Arbeit. Sie ließ sich als berufsunfähig einstufen und konzentriert sich jetzt darauf, ihre Erkenntnisse weiterzugeben.

„Für mich war die ganze Erfahrung vor allem für eines gut: Ich bin dankbar geworden für alles, was ich habe. Ich habe Geduld gelernt und Entschlossenheit. Heute habe ich ein Ziel, und ich weiß, wofür ich lebe", schrieb sie. „Ich möchte Menschen mit schweren Gesundheitsproblemen den Frieden zeigen, den ich jeden Tag erlebe. Damit meine ich den Frieden, einfach bei Gott geborgen zu sein. Ich weiß, wo es nach dem Tod hingehen wird. Mein Leben ist in der Hand des Schöpfers. Und es gibt keinen sichereren Ort."

Vor Kurzem hörte ich mal wieder von Jessica. Ihre Krebsdiagnose liegt nun elf Jahre zurück. Sie ist nach wie vor gesund, dankbar und ziemlich weise geworden. Ihre Krankheit sieht sie inzwischen ganz anders. Am Anfang hatte sie nach der Diagnose den Gedanken, Gott würde sie für irgendetwas bestrafen. „Ich konnte Gott nur als den Richter sehen, der er ja auch ist, aber dabei vergaß ich völlig den liebenden Vater, der nur das Beste für mich will", sagte sie. „Ich hatte nur Augen für den Rohrstock und keine für die zärtliche und barmherzige Hand. ‚Jetzt hast du bekommen, was du verdient hast', sagte mir mein Gefühl. Dabei ging Gott sehr behutsam und liebevoll mit mir um. Er befreite mich von ‚mir' und füllte die Leerstellen mit sich selbst."

Wenn man sein Leben in Gottes Hände legt, ist das der erste Schritt, um die Person zu werden, die er in einem sieht. Dieser Schritt macht frei, bringt inneren Frieden, aber öffnet auch ganz neue Kraftquellen – schließlich wirkt Gott durch die Menschen Wunder, die sich seinem Willen unterordnen. Jesus hat mal gesagt: „Wer mir nachfolgen will, darf nicht mehr sich selbst in den Mittelpunkt stellen, sondern muss sein Kreuz täglich auf sich nehmen und mir nachfolgen" (Lukas 9,23).

Seine eigensüchtigen Interessen hintenanzustellen und Gott den Vortritt zu geben, fällt oft nicht leicht. Unsere Körper sind nun mal mit einem starken Überlebenswillen ausgestattet, der der Selbsterhaltung dient. Auch wenn man fest im Glauben verwurzelt ist, ist es jeden Tag wieder eine Herausforderung, das Steuer aus der Hand zu geben.

Jessica hatte sich zwar mit vierzehn für ein Leben mit Gott entschieden, aber „was das wirklich bedeutet, wusste ich nicht. Ich drehte mich immer noch hauptsächlich um mich selbst. Gott, so dachte ich, würde mir schön zuarbeiten und meine Träume erfüllen. Damals träumte ich von einem guten Studienabschluss. Ich wollte heiraten und Kinder kriegen – na ja, das ganz normale, leichte Leben. Das Zentrum meines Lebens war ich selbst, und ich dachte, ich hätte ein Recht darauf, glücklich zu sein."

Heute ist Jessica davon überzeugt, dass Gott ihre Erkrankung dafür nutzte, um ihre Seele zu stärken. Die Krankheit zwang sie darüber nachzudenken, was ein Leben mit Gott eigentlich bedeutet. Durch ihre schlimmen Schmerzen und den Verlust ihres normalen, bisherigen Lebens hat Jessica Weisheit und Einsichten gewonnen, die völlig neu für sie waren. „Ich glaube, Gott wollte mir zeigen, dass das Leben nicht nur dafür da ist, um mich zu befriedigen", schrieb sie. „Darum geht es nämlich überhaupt nicht. Mir hat er jedenfalls das Leben geschenkt, damit ich ihm Ehre mache und andere ermutige. Er will das Beste für mich, und er weiß auch besser, was das ist."

MEIN ERSTER, ERSTER PLATZ IST LEER

Jessica lernte loszulassen. „So wie ich das verstehe, heißt Loslassen, Gott freie Hand zu geben. Auch in den Dingen, die einem lieb und teuer sind. Man muss sich von seiner Vorstellung vom Glück verabschieden und darauf vertrauen, dass Gott die Wünsche meines Herzens noch besser kennt als ich. Und dass er mir ein erfülltes

Leben bereiten wird, auch wenn es anders läuft, als ich es mir vorgestellt habe", schrieb sie.

Ich weiß nicht, wie es dir geht, aber mich beeindruckt die Weisheit dieser jungen Frau. In der Bibel steht: „Freue dich über den Herrn; er wird dir alles geben, was du dir von Herzen wünschst" (Psalm 37,4). In diesem Psalm steht nicht, dass wir unsere Freude an uns selbst haben und die Wünsche unseres Herzens alle selbst erfüllen sollen. Trotzdem tun wir oft so, als könnten wir für unser Glück sorgen. Aber in Wahrheit lenken wir uns nur eine Weile ab. Das Glück hält oft nicht lange an. Ein neues Auto, ein neues Kleid oder ein diamantbesetzter Ring sind nichts gegen die Freude, die Gott in einem auslösen kann, wenn man seine Freude an ihm hat!

Jessica hat für sich entdeckt, dass sie „jeden Tag wieder neu an Gott abgeben" muss, vor allem weil sie mit den Nachwirkungen ihrer Krebserkrankung zu kämpfen hat. Die intensiven Schmerzen von damals und die Krebssymptome sind zwar vorbei, aber sie muss mit den Einschränkungen leben, die die Erkrankung und die Behandlung mit sich gebracht haben. Sie kann nur sehr undeutlich sprechen, weil ihre Zunge und die Stimmbänder zum größten Teil gelähmt sind. Essen und Schlucken fällt ihr schwer, und sie ist anfällig für Lungenentzündungen.

Die zurückbleibenden Beschwerden könnten ihr das Leben vermiesen, wenn sie sich ihrem Leid hingeben würde. Stattdessen hat sie beschlossen, jeden Tag „daran zu denken, dass Gott die Kontrolle hat. Ich muss mich daran erinnern, dass er mir nicht wehtun, sondern mich zur Entfaltung bringen will. Er will mir Zukunft und Hoffnung schenken. Dass ich nicht das Leben habe, von dem ich immer träumte, das muss ich einfach loslassen. Dafür lebe ich das Leben, das Gott für mich ausgesucht hat. Und er macht keine Fehler."

Wie bei Jessica sind auch meine größten Kindheitsträume nicht in Erfüllung gegangen. Ich habe für normale Gliedmaßen gebetet, weil ich dachte, sie würden mich glücklich machen. Mit Armen und Beinen, so dachte ich, könnte ich einmal tief durchatmen und endlich zur Ruhe kommen. Ein glückliches Leben ohne Gliedmaßen konnte ich mir nicht vorstellen. Nie und nimmer hielt ich es für möglich, mir solch ein Leben aufzubauen – und ich hatte recht. Glück fand ich nämlich erst dann, als ich ernst machte und Gott die Zügel meines Lebens überließ. Er zeigte mir, dass ich genauso unvollkommen bin wie ich sein soll. Und er hat mir inzwischen mehr Herzenswünsche erfüllt, als ich je selbst geschafft hätte.

Jessica macht ähnliche Erfahrungen. „Ich habe noch keinen Mann gefunden, aber jeden Tag macht mir Gott deutlich, dass er meine Liebe verdient. Eigene Kinder habe ich keine, aber ich bin für eine ganze Reihe von Mädchen so etwas wie die große Schwester, zu der sie mit ihren Problemen kommen. Ich möchte ihnen am liebsten mit meinem Leben zeigen, dass es Gott wirklich gibt und er auch heute noch Wunder tut."

In einer Sache macht sich Jessica nichts vor: Wer sein Leben Gott übergibt, darf nicht jeden Tag eitel Sonnenschein erwarten. Die Welt ist nun mal so, wie sie ist, und obwohl eitel Sonnenschein und Blumen und Kinderlachen dazugehören, gibt es genauso auch Stürme, Mückenstiche und Massenkarambolagen auf der Autobahn.

Loslassen ist ein Prozess, der seine Zeit braucht und immer wieder neu vollzogen werden muss. Als ich noch jünger war, stellte ich Gottes Plan für mein Leben andauernd infrage. Heute bin ich geduldiger und warte darauf, dass er mir zu seiner Zeit die nötigen Antworten gibt.

ÜBER UMWEGE ANS ZIEL

Geduld ist ein wichtiger Bestandteil des Loslassens, genauso wie Vertrauen. Wir Menschen neigen ja dazu, immer gleich alle Antworten haben zu wollen. Aber Gott hat nun mal seinen eigenen Zeitplan. Solange ich ihm vertraue und nicht zumache, offenbart er mir seine Pläne, wenn ich dafür bereit bin. Ein Kind ohne Arme und Beine zu sein, war für mich ein riesiges Rätsel, das sich erst ganz allmählich lüftete. Ich habe ja schon einmal erzählt, dass der Vers in Johannes 9,3, in dem es um den von Geburt an blinden Mann geht, für mich ein Schlüsseltext war. Jesus tut ein Wunder, heilt ihn und erklärt, dass an ihm Gottes Herrlichkeit gezeigt werden soll. Dieser kurze Text half mir zu verstehen, dass auch mein Leben nicht sinnlos war. Vielleicht wollte Gott mich ohne Arme und Beine, damit ich sein Sprachrohr sein kann?

Ganz allmählich entdeckte ich, wie Gott arbeitet und welche Möglichkeiten mir offenstanden. Genauso behutsam fing Gott an, mich einzusetzen und mir die Augen für meinen Weg zu öffnen. Hört man Jessica über ihre Erkrankung und die Nachwirkungen sprechen, entsteht ein ganz ähnlicher Eindruck.

„Manchmal wusste ich ehrlich nicht, wie es weitergehen soll. Am meisten macht mir meine Stimme zu schaffen. Man versteht mich einfach schwer, und obwohl ich etwas zigmal wiederhole, kommt nicht das bei den Leuten an, was ich sagen will. Dann fühle ich mich richtig dumm und manchmal auch wertlos.

An manchen Tagen hatte ich keine Lust, den Mund überhaupt aufzumachen, und ich war wütend auf Gott, wieso er meine Stimme nicht beschützt hat. Schließlich braucht man sie jeden Tag. Aber dann verstand ich, dass es gerade meine Stimme ist, die mir die Aufmerksamkeit der Leute verschafft. Weil man mich so schwer versteht, müssen die Leute sich Zeit nehmen, um mir zuzuhören. Außerdem merken sie, dass ich wirklich einiges durchgemacht habe. Ich habe deswegen schon mehrmals die Möglichkeit gehabt, meine Geschichte zu erzählen und zu berichten, was Gott alles für mich getan hat."

Wenn man sein Leben komplett in Gottes Hände legt und loslässt, dann wird das meiner persönlichen Erfahrung nach noch auf eine andere Weise belohnt: mit Gottes Kraft. Seit meinem achtzehnten Lebensjahr reise ich um die Welt und besuche dabei nicht selten mehr als zwanzig verschiedene Länder pro Jahr. Und ich fliege nicht in Privatjets. Meine Reisen führen mich oft an gefährliche, schwer erreichbare Orte, die wegen verbreiteter Krankheiten, unsauberem Wasser und fehlender medizinischer Infrastruktur nicht risikofrei sind. Und trotzdem bin ich bisher gesund geblieben und habe Kraft gefunden, zu den Menschen zu sprechen.

Jessica und ich haben begriffen, dass Loslassen eine Kraftquelle sein kann. „Gerade wenn ich total erschöpft bin, will Gott oft, dass ich für ihn aktiv werde. Aber wenn ich dann miterlebe, wie Menschen neue Hoffnung schöpfen und Frieden finden, dann geht es mir auch wieder gut. Und mir wird klar, dass die Freude am Herrn meine Stärke ist", schrieb sie. „Allen, die ein schweres Leben haben, möchte ich ans Herz legen, sich im Loslassen zu üben. Habt einen Blick für die Menschen um euch herum und helft gern, dann wird Gott eure Bedürfnisse stillen und euch zeigen, wie sehr er euch liebt."

Diese junge Frau beeindruckt mich wirklich. „Gott gibt mir meinen Wert – das ist genug", meinte Jessica.

Oft denken wir, wir steuern unser Leben und haben alles unter Kontrolle. Jessica und ich haben unser Leben Gott übergeben und wissen nun, dass er jede Minute jedes Tages in der Hand hat. Nicht selten durchkreuzt er zwar meine sorgfältig ausgeklügelten Pläne, aber am Ende kann ich über seine Wege nur staunen. Sie sind einfach brillant. Manchmal stelle ich mir vor, wie es als Jünger an Jesu Seite gewesen sein muss, der mit göttlicher Kraft Unglaubliches vollbracht hat. Ich sehe so richtig seine Nachfolger vor mir, die begeistert zu ihren im Römischen Reich verstreuten Gemeinden zurückkehrten und sagten: „Ihr glaubt nicht, was Gott getan hat!"

Gottes Kraft wirkt noch heute. Wenn du wie ich die Zügel deines Lebens loslässt und ihm in die Hand gibst, wirst du überrascht sein, was er tut. Du wirst ein aufregendes Leben haben, das kann ich dir versprechen.

Ich lasse seine Liebe ungehindert durch mich hindurchströmen und habe mich bewusst für die Bestimmung zur Verfügung gestellt, die er für mich ausgesucht hat. Was in den Psalmen steht, kann ich bestätigen: „Probiert es aus und erlebt selbst, wie gut der Herr ist" (Psalm 34,9)!

KAPITEL 9
Kleine Tat, große Wirkung

Bei meinem ersten Besuch in Liberia hatte ich nur ein Ziel: so vielen Menschen Hoffnung zu geben wie möglich. Bei dem Ruf, den dieses umkämpfte Land in Afrika mit seiner notleidenden Bevölkerung hat, hätte ich aber nie gedacht, dass ich derjenige sein würde, der frische Hoffnung tankt.

Das kleine Land, von befreiten amerikanischen Sklaven gegründet, ist seit jeher eins der ärmsten, korruptesten und gewaltintensivsten Länder der Erde. Obwohl es einst zu Afrikas gebildetsten und fleißigsten Nationen gehörte, litt Liberia mehr als dreißig Jahre unter politischen Turbulenzen. Zwei Bürgerkriege stürzten das Land bis 2003 ins Chaos. Mehr als zweihunderttausend Liberianer verloren ihr Leben. Millionen waren auf der Flucht. Menschen- und Drogenhandel waren an der Tagesordnung.

Die tiefen Narben der Gewalt und Korruption waren noch überall sichtbar, als wir 2008 dort einreisten. Die meisten Straßen waren kaum befahrbar. Außerhalb der Städte gab es fast nie Strom, und selbst wenn, dann nur zeitweise. Nur ein Viertel der Bewohner hatte Zugang zu sauberem Trinkwasser. Tierkadaver verpesteten die Luft und sorgten dafür, dass uns oft übel war. Auf unserer Reiseroute machten viele Leute einen unterernährten und völlig verarmten Eindruck. Immer wieder sahen wir Männer, Frauen und Kinder, die sich durch Müllkippen wühlten.

Nun fragst du dich, wo ich in dieser trostlosen Landschaft Hoffnung tankte?

Überall!

Die Armut und Verwahrlosung, der wir begegneten, war ein Überrest von Liberias Vergangenheit – eine dunkle Phase, geprägt von dekadenten Diktatoren und blutrünstigen Warlords. Aber wir konnten auch Liberias Zukunft sehen, die voller Hoffnung steckt.

Drei Jahrzehnte lang wagte sich kaum eine Hilfsorganisation nach Liberia, weil es einfach zu gefährlich war. Aber seit 2005 hat sich das dramatisch verändert. Heute fließen Milliarden an Hilfsgeldern nach Liberia. Allein die Vereinigten Staaten stellen jährlich rund 230 Millionen Dollar für den Wiederaufbau zur Verfügung.

Während unseres Besuchs fanden wir Unterschlupf bei einer der Wohltätigkeitsorganisationen, die die Wiederaufbaubemühungen Liberias unterstützen. Wir wohnten auf der *Africa Mercy*, einem Schiff der *Mercy Ships*-Flotte. Aus einer ehemaligen Eisenbahnfähre ist ein „Love Boat" der besonderen Art geworden: ein hundertfünfzig Meter langes Hospitalschiff, das von einer christlichen Hilfsorganisation betrieben wird und dessen Besatzung sich aus über vierhundert freiwilligen Chirurgen, Krankenschwestern, Allgemeinärzten, Zahn- und Augenärzten, Physiotherapeuten und anderen medizinischen Fachkräften aus über vierzig Nationen zusammensetzt. Alle diese Leute arbeiten auf der *Africa Mercy*, ohne Lohn dafür zu bekommen. Die meisten von ihnen haben sogar ihre Reisekosten selbst finanziert.

Fünfundneunzig Prozent der Krankenhäuser und Kliniken Liberias wurden während des Bürgerkriegs zerstört. Die medizinische Ausrüstung auf diesem unglaublichen Schiff entspricht jedoch dem neuesten Stand der Technik und ist hochmodern. An manchen Tagen stehen Tausende am Ufer, um an Bord Hilfe zu bekommen.

Die *Africa Mercy* ist das größte Hospitalschiff der weltweiten *Mercy Ships*-Flotte. Hier folgt man dem zweitausend Jahre alten

Vorbild Jesu: den Ärmsten der Armen zu dienen und ihnen Heilung und Hoffnung zu bringen. Ich sprach an Bord zu den vierhundert Freiwilligen und drückte ihnen meine Bewunderung dafür aus, dass sie mit ihren Talenten und Fähigkeiten diejenigen unterstützen, die dringend Hilfe brauchen. Die Mindestdauer für einen Einsatz auf der *Africa Mercy* beträgt zwei Wochen, aber einige bleiben für Jahre. Sie bezahlen sogar für Unterkunft und Verpflegung auf dem Schiff. Wenn man bedenkt, dass die Mediziner die wenige freie Zeit opfern, die sie von ihren stressigen Arbeitsplätzen in der Heimat haben, ist das wirklich erstaunlich.

Ich wurde über das Schiff geführt und besuchte auch einige der sechs Operationssäle, wo Patienten mit Gangrän, grauem Star, Hasenscharten, Verbrennungen, Tumoren, Knochenbrüchen, Geburtstraumata und vielen anderen Beschwerden behandelt wurden. Später hörte ich, dass in den vier Jahren, die die *Africa Mercy* nun vor Liberia liegt, mehr als 71 800 Operationen und 37 700 Zahnbehandlungen durchgeführt worden sind.

Die kostenlose medizinische Betreuung, die Tausende von Patienten auf der *Africa Mercy* in Anspruch nehmen, ist ein tolles Beispiel dafür, wie man anderen dient und guten Samen sät. Als ich wieder zu Hause war, schwärmte ich Michelle so sehr davon vor, dass sie gleich einen Aufenthalt dort buchte! Meine Schwester ist Krankenschwester und wie ich davon überzeugt, dass es sich lohnt, guten Samen zu säen. Dieser wächst nämlich zu großen Bäumen heran, die auf Jahre hin gute Früchte tragen, wiederum Samen hervorbringen und die Grundlage für neue Bäume schaffen. Michelle und ich werden vielleicht nie sehen, welche Früchte genau aufgrund unserer Arbeit heranwachsen, aber das ist nicht schlimm. Wir wollen einfach so viele gute Samen säen wie möglich. Was davon heranwächst und was nicht, überlassen wir Gott. In diesem Kapitel möchte ich dich ermutigen, die kleinen Körner der Ermutigung, Liebe und Freundlichkeit so oft wie möglich auszustreuen.

Das Entscheidende an guten Grundsätzen und einer liebevollen Art ist, sie auch auszuleben. Behalt sie nicht für dich, sondern setze sie zum Wohl aller ein. Jeden Tag kannst du dich neu dafür entscheiden. Beschließe auch heute, deine Talente und Fähigkeiten anderen zugutekommen zu lassen. Schließlich kann jeder von uns irgendetwas, und wenn du deinen Einfluss bei Familie, Freunden oder bei der Arbeit nutzt, machen vielleicht noch andere mit.

Ich habe beschlossen, dem Beispiel Jesu zu folgen. Er hat schließlich aus Liebe zur Menschheit alles für mich gegeben, also werde auch ich meine Liebe verschenken. Obwohl er der König, der Sohn Gottes war, hat er den Menschen gedient. Das Gute an der Saat ist übrigens, dass Gott entscheidet, was daraus wird. Manchmal wächst so das kleinste Samenkorn zu einem 16 572 Tonnen schweren schwimmenden Krankenhaus heran, das Tausenden von Menschen Gutes tut.

Die *Mercy Ship*-Flotte verdankt ihre Existenz einem christlichen Ehepaar, das auch gute Samen säen und anderen Menschen helfen wollte. Don und Deyon Stephens lebten damals in der Schweiz, als sie die Idee für ein schwimmendes Krankenhaus bekamen. Heute sind sie für ihre humanitäre Arbeit weltweit bekannt und bringen die moderne Medizin zu Menschen in Not. Don ist eigentlich Theologe, Deyon Krankenschwester. Nachdem ihr Sohn Johannes Paul mit einer schweren Lernbehinderung geboren wurde, hatten sie 1978 den Impuls, ihr erstes *Mercy Ship* auszurüsten. Don machte auf einer Reise nach Indien die Bekanntschaft von Mutter Teresa, die die beiden ermutigte, sich für die Ärmsten der Armen einzusetzen. „Johannes Paul wird euch helfen, für andere Augen, Ohren und Hände zu sein", sagte sie.

Die Stephens waren nicht gerade reich, aber Mutter Teresas Ermutigung gab ihnen so viel Auftrieb, dass sie eine Schweizer Bank davon überzeugten, ihnen einen Kredit über eine Million Dollar zu geben. Mit diesem Geld kauften sie das erste *Mercy Ship*, ein ausgemustertes italienisches Kreuzfahrtschiff. Von da an fanden sie für ihre Hilfsorganisation immer mehr Unterstützer und Spender, darunter auch die Starbucks-Kette, die ein Geschäft auf dem Schiff eröffnete. Dort bekommt das medizinische Personal kostenlos Kaffee, damit es immer voller Energie arbeiten kann. (Merke: Was wir nicht schaffen, schafft Gott – und Koffein!)

Das ist sie also, meine erste große Inspirationsquelle, die ich in Liberia fand: ein riesiges dänisches Fährschiff, dass dank Hunderter Freiwilliger in ein Schiff der Barmherzigkeit verwandelt wurde. Ein Ehepaar, das sich vom damaligen Paradebeispiel für dienende Leiterschaft, Mutter Teresa, anstecken ließ. Durch Mutter Teresas selbstlose Arbeit in Kalkutta und den anderen Missionswerken, die sie in einhundertdreiundzwanzig Ländern initiierte, hat diese einfache Frau unzählige Menschen motiviert, selbst gute Samen zu säen.

Vielleicht fragst du dich: „Was kann ich schon tun?", oder „Was habe ich zu bieten?" Die Antwort ist einfach: Dich selbst. Du und deine Fähigkeiten sind das Beste, was du zu bieten hast. Wenn du deine Überzeugungen praktisch werden lässt und anderen helfen willst, zapfst du eine Energiequelle an, die dich verblüffen wird. Denk nur an die vielen Menschenleben, die durch die Stephens und ihre *Mercy Ships*-Flotte gerettet wurden, oder an Mutter Teresa, auf die mehr als sechshundert Missionswerke zurückgehen.

MEIN LEBEN FÜR MEIN LAND

Die zweite große Inspirationsquelle in Liberia fand ich bei einer weiteren Frau wie Mutter Teresa, einer dienenden Leiterin und sehr einflussreichen Christin. Es ist vielleicht überraschend, dass sie in diesem für korrupte Herrscher bekannten Land Politikerin ist. Ich hatte zunächst meine Zweifel, aber ich merkte schnell, dass Ellen

Johnson Sirleaf ganz anders ist als die Despoten und Warlords, die in Liberia vor ihr an der Macht waren.

2005 wurde die als „Ma Ellen" bekannte ehemalige Harvard-Studentin die erste Frau im Amt des Präsidenten. Zweimal war sie von ihren Vorgängern inhaftiert worden. Sie war das einzige weibliche Staatsoberhaupt auf dem ganzen afrikanischen Kontinent. Ihre Wahl wurde als großer Fortschritt für das zerschlagene Land gefeiert, das sich bisher mit erstaunlicher Geschwindigkeit zurückentwickelt hatte. Die damalige First Lady der USA, Laura Bush, und die Außenministerin Condoleezza Rice waren bei ihrem Amtsantritt anwesend.

Die neue Präsidentin hatte keinen leichten Auftrag. Sie hoffte vielleicht darauf, die Korruption im Land einzudämmen und neue Arbeitsplätze zu schaffen, damit nicht länger fünfundachtzig Prozent der Bevölkerung ohne Job wären, aber zuerst musste sie das Licht einschalten. Nach Jahren des Bürgerkriegs gab es noch nicht einmal in der Hauptstadt Monrovia Strom, fließend Wasser oder ein funktionierendes Abwassersystem.

Die Tochter des ersten Ureinwohners von Liberia, der ins Repräsentantenhaus gewählt wurde, hatte sich ihre Sporen im rücksichtslosen politischen System redlich verdient. Ihr Stipendium für die Harvard Kennedy School hatte sie zum Teil auch deswegen angenommen, um einer Inhaftierung wegen ihrer Kritik an der korrupten Regierung zu entgehen. Als sie zurückkehrte, steckte man sie zweimal wegen ihrer ungebrochenen Opposition ins Gefängnis. Dann wiederum musste sie für fünf Jahre ins Exil fliehen, wo sie im internationalen Bankwesen arbeitete.

Das Ende der blutigen Herrschaft des liberianischen Diktators Charles Taylor wurde eingeläutet, als Tausende liberianischer Frauen, angeführt von Sirleaf und der furchtlosen Aktivistin Leymah Gbowee, sich ganz in weißer Kleidung auf einem Platz in Monrovia versammelten und für Frieden demonstrierten. Sie harrten monatelang aus, trotzten der glühenden Sommerhitze, der Regenzeit, hielten Pressekonferenzen ab und lenkten das internationale Augenmerk auf die Menschenrechtsverletzungen des Taylor'schen Regimes. Einmal versammelten sie sich vor einem Hotel, in dem Taylors Warlords zusammensaßen, und versperrten ihnen den Ausgang. Taylor floh schließlich aus Liberia. Er wurde festgenommen und vor das Kriegsverbrechertribunal der Vereinten Nationen gestellt. 2005 wurde Sirleaf gewählt, um Frieden und Vernunft in Liberia wiederherzustellen.

Als ich sie drei Jahre später kennenlernte, hatte Liberia noch immer mit den Folgen jahrzehntelanger Misswirtschaft und Gewalt zu kämpfen. Aber zum ersten Mal wurde das liberianische Volk nicht mehr von der Regierung unterdrückt und schikaniert. Die Vereinten Nationen sorgten mit fünfzehntausend Soldaten dafür, dass der Friede auch hielt.

Wir unterhielten uns eine knappe halbe Stunde in ihrem Büro. Für mich vereinte Präsidentin Sirleaf zugleich Stärke und Fürsorge. Es hat wohl seinen Grund, warum sie sowohl die „Mutter Liberias" als auch die „Eiserne Lady" genannt wird. Vor dem Treffen war ich ziemlich nervös, schließlich war das meine erste direkte Begegnung mit einem Staatsoberhaupt.

Präsidentin Sirleaf empfing mich nur wenige Tage vor ihrem siebzigsten Geburtstag, und ihre großmütterliche Art und ihre freundlichen Augen ließen meine Nervosität schnell verschwinden. Sie erzählte mir, dass sie zu den sechzig Prozent der Liberianer gehört, die Christen sind. Sirleaf wuchs in einer methodistischen Familie auf und ging auf methodistische Schulen. Wir unterhielten uns über ihren Glauben, und ich spürte, dass sie daraus viel Kraft zieht.

Wenn ich je selbst Staatsoberhaupt werden sollte, möchte ich so sein wie sie. Sie ist im Glauben verwurzelt und folgt einer Philosophie, die ich ungefähr so umschreiben würde: „Frag nicht, was

Gott für dein Land tun kann, sondern frag Gott, was dein Land für ihn tun kann." Welches bessere Vorbild könnte es geben als ein ganzes Land, das auf Gott vertraut und ihm seine Wiederherstellung und Heilung in die Hände legt? Ich glaube, Liberia hat das Zeug zu einem Wunder.

Da ich in Präsidentin Sirleafs Land diverse Auftritte geplant hatte, bat sie mich, die Liberianer zu ermutigen, ihren Kindern eine Bildung zu ermöglichen und sich auch wieder der Landwirtschaft zu widmen, vor allem dem Anbau von Reis. Der Bürgerkrieg hatte die Landwirtschaft so sehr zum Erliegen gebracht, dass der größte Teil des Reisbedarfs durch Importe abgedeckt werden musste. Ich konnte bei Sirleaf wirklich spüren, dass sie ihrem Volk aus dreieinhalb Millionen Menschen dienen und ihr zerstörtes Land wieder aufbauen will. Seit sie im Amt ist, akzeptiert Liberia die Hilfe anderer Länder und hat seine Türen für ausländische Investitionen in Höhe von sechzehn Milliarden Dollar geöffnet. Auf der persönlichen Ebene machte Präsidentin Sirleaf einen sehr aufmerksamen und mitfühlenden Eindruck. Sie lieh uns vor unserem Termin sogar zwei Geländewagen, damit wir die schlechten Straßen bewältigen konnten.

Ich muss niemanden davon überzeugen, dass Präsidentin Sirleaf ein hervorragendes Beispiel für dienende Leiterschaft auf hoher Ebene ist. Sie hat für ihre gute Arbeit bereits eine der höchsten Ehren erhalten. Wenige Jahre nach unserem Treffen bekam sie gemeinsam mit Leymah Gbowee den Friedensnobelpreis für ihre Friedensbemühungen und Menschenrechtsaktivitäten. Vier Tage nach der Verleihung wurde sie für eine weitere Amtsperiode von sechs Jahren gewählt. Sie kann also weiterhin gute Samen säen.

2011 wurde Sirleaf von der evangelisch-methodistischen Kirche zur Methodistin des Jahres ernannt. Sie genießt weltweit als gutherzige, demokratische Führungsperson hohes Ansehen, während sich ihr Vorgänger Charles Taylor für Verbrechen gegen die

Menschlichkeit verantworten muss. Sie beide bekleideten dasselbe Amt. Beide bekamen viel Verantwortung und Macht verliehen. Und doch gebrauchten sie diese Macht auf so unterschiedliche Art und Weise.

Einer der ersten Missionare, der Apostel Paulus, griff in seinem Brief an die Galater die verschiedenen Möglichkeiten der Leiterschaft auf. Gerade für ein Land, das von ehemaligen Sklaven gegründet und von ihren Nachkommen regiert wird, hat diese Passage Bedeutung: „Ihr seid berufen, liebe Freunde, in Freiheit zu leben – nicht in der Freiheit, euren sündigen Neigungen nachzugeben, sondern in der Freiheit, einander in Liebe zu dienen. Denn das ganze Gesetz lässt sich in dem einen Wort zusammenfassen: ‚Liebe deinen Nächsten wie dich selbst.' Doch wenn ihr euch ständig zankt und übervorteilt, statt einander mit Liebe zu begegnen, dann passt auf, denn sonst vernichtet ihr euch noch gegenseitig" (Galater 5,13-15; NL). Was Paulus damit sagen wollte: Nutzt eure Freiheit und eure Macht nicht dafür, um euch Vorteile zu verschaffen und wie Taylor in die eigene Tasche zu wirtschaften, sondern um einander zu lieben und wie Präsidentin Sirleaf der Allgemeinheit zu dienen.

Man muss übrigens nicht erst Staatsoberhaupt sein, um anderen zu dienen. Man braucht noch nicht mal Arme oder Beine dafür. Ein bisschen Vertrauen, die eigenen Fähigkeiten und das angeeignete Wissen reichen völlig aus, um Großes und Kleines zu bewegen. Selbst die kleinste gute Tat kann einen Schneeballeffekt auslösen, und wer meint, seine Kraft reiche nicht aus, kann sich mit vielen anderen zusammenschließen.

WENN DIE SAAT AUFGEHT

Präsidentin Sirleaf, Leymah Gbowee und ihre Armee von Menschenrechtsaktivistinnen haben ein Land verändert. Sie haben einen wichtigen Beitrag geleistet, damit in Liberia wieder Friede herrschen kann, und führen heute den schweren Wiederaufbau nach Jahrzehnten des Konflikts an. Erst kürzlich verschaffte Präsidentin Sirleaf fünfundzwanzigtausend jungen Leuten Arbeit, indem sie sie vor Weihnachten zum Aufräumen und Säubern ihrer Dörfer anstellte. So hatten sie gleich Geld für das Fest. Sirleafs Regierung bemüht sich darum, für siebenhunderttausend Einwohner die Wasserversorgung wiederherzustellen und genügend Krankenhäuser zu bauen. Darüber hinaus wurden schon mehr als zweihundertzwanzig Schulen eröffnet – ein wunderbares Beispiel für gute Saat, die in den kommenden Generationen aufgehen und Früchte tragen wird.

Bei meinem Besuch wurde ich Zeuge einer weiteren Folge der friedlichen Revolution in Liberia. Diese bedeutet mir besonders viel. Einer meiner Termine war ein Auftritt in einem Fußballstadion. Wir rechneten mit etwa drei- bis vierhundert Besuchern, aber dann strömten acht- bis zehn*tausend* Menschen herbei! Sie saßen sogar auf Dächern und kletterten auf Bäume, um noch einen Blick in das überfüllte Stadion zu erhaschen. Ich musste meinen Vortrag dreimal halten, weil es nur eine kleine Lautsprecherbox auf der Bühne gab. Wir richteten sie also auf einen Teil der Leute aus und ich erzählte kurze Abschnitte aus dem Vortrag. Dann drehten wir die Box und ich musste für die nächste Abteilung alles wiederholen. Das nahm ich gern in Kauf, um wirklich alle zu erreichen.

Das bringt mich zur dritten Inspirationsquelle, die ich in Liberia fand: die Menschen selbst. Trotz der vielen Todesopfer, der Zerstörung, Gewalt und der unfassbaren Not, die sie erleiden mussten, gaben die Menschen in diesem Land nicht auf. Viele leiden noch heute unter den Folgen, aber ich wurde immer wieder Zeuge ihrer Lebensfreude – von singenden und spielenden Schulkindern bis hin zu ganzen Stadien, die Loblieder schmettern. Von unseren Gastgebern hörten wir, dass christliche und muslimische Leiter ihre Differenzen beigelegt und sich in einem interreligiösen Rat zusammengeschlossen hatten, um ein Ende des Bürgerkriegs herbeizuführen. Hoffentlich setzen sie ihre Arbeit zum Wohl des Landes und seiner Kinder auch weiterhin fort.

Ich glaube, ich muss meine Zuhörer etwas verblüfft haben, als ich ihnen verkündete, ich bräuchte keine Arme und Beine. Als das erstaunte Gemurmel wieder verstummt war, sagte ich: „Das Einzige, was ich brauche, ist Jesus Christus." Was ich den von Unterdrückung und Gewalt gebeutelten Leuten damit sagen wollte, war: Mit Gott im Herzen bin ich komplett, auch wenn mir scheinbar so vieles fehlt. Ihr Leben sei extrem schwer, sagte ich, aber dank Gottes Versprechen könnten sie sich auf eine glückliche Ewigkeit freuen, wenn sie das wollten. Nebenbei bemerkte ich, dass auch von Leuten mit Armen und Beinen nach dem Tod nur die Seele übrig bliebe.

Gott wolle ihnen und mir neue Hoffnung schenken, sagte ich. „Ich habe zwar keine Arme und Beine, aber der Heilige Geist verleiht mir Flügel." Wenn Gott jemanden wie mich als seine Hände und Füße gebrauchen könne, dann gäbe es auch für das kriegsgeschundene Liberia eine Zukunft.

Nicht immer geschieht ein Wunder, wenn man eins braucht, meinte ich. Aber das darf einen nicht davon abhalten, selbst ein Wunder zu sein. Kurz darauf sollten sich diese Worte vor Tausenden von Zuschauern bewahrheiten. Als ich so langsam zum Ende meiner Rede kam, schob sich auf einmal eine Liberianerin durch die dichte Menge nach vorn.

Mehrmals wurde sie von Sicherheitsleuten aufgehalten, aber sie gab ihnen ruhig zu verstehen, dass sie nichts Böses im Schilde führte. Als sie näherkam, entdeckte ich, warum sie ihren Weg fortsetzen durfte: Sie trug einen Säugling bei sich, der kaum drei Wochen alt sein mochte. Er hatte keine Arme, aber aus den Schultern ragten winzige Finger hervor. Ich bat die Mutter, mir das Kind zu bringen, damit ich ihm ein Küsschen auf die Stirn geben und für es beten konnte.

Da meine einzige Absicht war, dem Kind etwas Liebe zu zeigen, war ich dementsprechend verwirrt, als viele Zuschauer plötzlich nach Luft schnappten und aufschrien, als ich das Baby küsste. Ich dachte zuerst, sie seien geschockt, ein Kind mit einer ähnlichen Behinderung wie meiner zu sehen. Erst später erfuhr ich, dass die Liberianer sprachlos gewesen waren, wie man ein Kind ohne Gliedmaßen am Leben lassen konnte. In vielen Dörfern werden Kinder mit körperlicher Behinderung getötet, manche sogar lebendig begraben.

Jetzt war ich sprachlos. Man sagte mir, Kinder mit Behinderungen würden in ländlichen Gegenden als Fluch angesehen. Normalerweise wird so ein Kind getötet oder ausgesetzt und die Mutter aus der Gemeinschaft verbannt, damit sich der Fluch nicht weiterverbreitet. In diesem Fall war die Mutter mitsamt Kind geflohen, bevor man es ihr wegnehmen konnte.

Nachdem ich das Baby auf der Bühne auf die Stirn geküsst hatte, muss wohl einigen im Publikum klar geworden sein: Wenn Gott einen Mann ohne Arme und Beine als Hoffnungsbringer einsetzt, dann wird dieses und auch jedes andere Kind von ihm gewollt sein. Ein Zuschauer ließ mich über unsere Sicherheitsleute wissen, dass er meine Rede in die westafrikanische Bassa-Sprache übersetze, um sie Menschen in einer schwer erreichbaren Gegend zu bringen. Ihm gehe es vor allem um meine Aussage, Kinder mit Behinderungen und Missbildungen seien kein Fluch, sondern eine Chance.

Ich kann es nicht belegen, aber einige Zeit später richtete man mir aus, es habe seit meiner Begegnung mit dem liberianischen Baby keine Berichte über getötete oder ausgesetzte Kinder mehr gegeben. Ich wünsche mir natürlich, dass das stimmt. Es wäre mir eine ausgesprochene Ehre, wenn ich diesen Samen säen durfte, der viele Menschenleben retten und Leid verhindern kann.

DU BIST ES WERT

In unserer Welt geht es viel zu sehr darum, sich selbst das Leben so angenehm wie möglich zu gestalten, anstatt anderen das Leben zu erleichtern. Die Suche nach Glück kann einen so gefangen nehmen, dass man an einer einfachen Wahrheit vorbeischrammt: Wahres Glück liegt im Dienst am andern. Jesus, der dienende Leiter schlechthin, hat uns das vorgemacht. Er ließ sich nicht bedienen, sondern wusch seinen Jüngern die Füße. „Denn wer ist größer: der zu Tisch sitzt oder der dient?", sagte er. „Ist's nicht der, der zu Tisch sitzt? Ich aber bin unter euch wie ein Diener" (Lukas 22,27; L). Letzten Endes brachte er das größtmögliche Opfer und ließ sein Leben für uns.

Kein Mensch ist wertvoller als der andere. Vor Kurzem lernte ich jemanden kennen, der dieses Prinzip wirklich lebt. Ich war mitten in Dallas auf einem Open-Air-Gottesdienst der besonderen Art und traf dort Pastor Leon Birdd. Er hat durch ein Erlebnis zu seiner Berufung gefunden, das sich anhört wie ein Gleichnis Jesu. Leon war Schreiner und fuhr gerade mit einem LKW voller Möbel durch das Umland von Dallas, als er einen Mann im besten Alter sah, der die Straße entlanglief.

Zuerst dachte er nicht daran, den Mann mitzunehmen, der auch noch einen ziemlich betrunkenen Eindruck machte. Aber nachdem er an ihm vorbeigefahren war, ließ es ihm keine Ruhe. Ohne großartig nachzudenken, wendete er und fuhr zurück, um dem

Mann eine Mitfahrgelegenheit anzubieten. Als er neben ihm zum Stehen kam, fiel Leon auf, dass ihm das Laufen erhebliche Schwierigkeiten bereitete.

„Alles in Ordnung?", fragte er.

„Ich bin nicht betrunken", gab der Mann schroff zurück.

„Aber so richtig gut laufen Sie auch nicht. Kommen Sie, ich nehme Sie mit", sagte Leon.

Wie sich herausstellte, hatte der Mann, der Robert Shumake hieß, nicht gelogen. Er konnte nicht gut laufen, weil er sich bereits mehreren Gehirnoperationen unterziehen musste. Seine Mobilität war dadurch sehr eingeschränkt, ganz im Gegenteil zu seiner Entschlossenheit, Menschen in Not zu helfen.

Aus Gründen, die er Leon nie verriet, machte sich der schroffe Robert seit mehreren Jahren jeden Samstagmorgen mit Doughnuts und Kaffee für die Obdachlosen in die Innenstadt von Dallas auf.

„Wie schaffen Sie das, wenn Sie kaum laufen können?", fragte Leon.

„Die Leute helfen mir. Und jetzt werden Sie mir helfen."

„Vergessen Sie's. Um wie viel Uhr fangen Sie überhaupt an?", wollte Leon wissen.

„Fünf Uhr dreißig."

„Ich werde Sie nicht fahren, schon gar nicht um diese Zeit", sagte Leon. „Da schläft ja selbst der Herrgott noch."

Aber Robert ließ nicht locker. Er erklärte Leon, wo er ihn aufsammeln sollte.

„Sie werden da sein", sagte er.

„Wenn Sie sich da mal nicht täuschen", erwiderte Leon.

Am nächsten Samstag wurde Leon um fünf Uhr morgens wach. Stand Robert jetzt allein an der Straßenecke und wartete auf ihn? Der Treffpunkt war in keiner schönen Gegend der Stadt, also hatte Leon auch noch Angst um Roberts Sicherheit.

Und wieder war da dieses innere Drängen.

Die Sonne war noch nicht aufgegangen, aber Robert stand schon am Straßenrand und hatte mehr als fünfzehn Liter Kaffee in riesigen Thermoskannen dabei. Er bat Leon, ihn zu einem Doughnutbäcker zu fahren, wo sie sich mit dem süßen Gebäck eindeckten. Dann fuhren sie weiter in die Innenstadt. Die Straßen waren wie leer gefegt.

„Warten Sie's ab", meinte Robert.

Mit den großen Thermoskannen voll dampfendem Kaffee standen sie auf dem Bürgersteig und warteten. Als die Sonne aufging, tauchten Obdachlose auf, einer nach dem anderen. Fast fünfzig Menschen versammelten sich um Roberts Kaffee und Doughnuts. Obwohl Robert nicht gerade freundlich mit den Obdachlosen umsprang, waren sie doch dankbar für den heißen Kaffee und das Gebäck. Leon war ein paar Jahre zuvor gläubig geworden und merkte, dass Robert hier gute Samen aussäte und dass er dringend Hilfe brauchte. Also fing er an, ihm jeden Samstagmorgen zu helfen. Leider verschlechterte sich Roberts Gesundheitszustand in den folgenden Monaten.

„Robert, was passiert denn, wenn Sie das hier nicht mehr machen können?", fragte Leon eines Tages beim Zusammenpacken.

„Dann machen Sie weiter", antwortete Robert.

„Nein, da müssen Sie jemand anderen finden", beharrte Leon.

„Sie werden weitermachen", meinte Robert nur.

Und er behielt recht. Aus Leon Birdd wurde Pastor Birdd, ein ordinierter Pastor mit einer Stadtmission, die von neun Gemeinden und anderen Spendern unterstützt wird. Robert starb 2009, aber die gute Saat, die er ausbrachte, wird heute von Pastor Birdd und seiner Frau Jennifer gepflegt. Aus den Begegnungen am Straßenrand mit Kaffee und Doughnuts sind ausgewachsene Open-Air-Gottesdienste mit Musik geworden. Heute versammeln sich an jedem Sonntagmorgen mehr als fünfzig Freiwillige, um mit Pastor Birdd Leib und Seele der Hunderten von Obdachlosen in Dallas zu versorgen.

Als ich der Einladung folgte, in einem ihrer Gottesdienste eine Rede zu halten, begeisterten mich die Birdds mit ihrer fürsorglichen Art sofort. Die Leiter und Freiwilligen der „SOUL Church" von Pastor Birdd sehen jeden Menschen als wertvoll an. Sie wissen, dass wir alle Liebe und Zuwendung brauchen, selbst wenn es nur ein nettes Wort, ein Lächeln und ein Becher Kaffee mit einem Doughnut ist.

Birdd sieht sich selbst als Diener Gottes und hat mir erzählt, dass viele seiner Mitarbeiter früher selbst entweder obdachlos oder in Schwierigkeiten waren. „Aber weil Gott sie annimmt, nehmen wir sie auch an, ohne Wenn und Aber."

WAS DIE KÖNNEN ...

Jeder kann gute Samen säen. Egal wo und unter welchen Umständen man lebt. Ob du nun Gründer oder Freiwilliger bei einer großen Hilfsaktion wie dem *Africa Mercy*-Schiff bist, Präsidentin eines Landes wie Sirleaf oder Pastor für Obdachlose, deine guten Taten werden vervielfacht, weil sie viele Menschenleben berühren.

Alle Leiter mit sozialer Ader, die ich kenne, haben eine gewisse Lebenseinstellung und bestimmte Eigenschaften gemeinsam. Ich finde, es lohnt sich, diese zu übernehmen und auch auszubilden. Zuallererst erlebe ich sie als unglaublich demütig und selbstlos. Viele von ihnen widmen ihr ganzes Leben dem Dienst am andern, und dabei ist es ihnen egal, ob sie dafür Anerkennung bekommen oder nicht. Anstatt unbedingt auf die Bühne zu wollen, arbeiten sie lieber im Hintergrund, motivieren ihre Helfer und stehen für die ein, denen sie helfen wollen. Sie loben lieber andere, als selbst gelobt zu werden.

Zweitens: Sie zeigen Mitgefühl und können zuhören. Sie hören zu, weil sie echte Bedürfnisse stillen wollen, und sie beobachten und fühlen mit, um unausgesprochene Nöte wahrzunehmen. Normalerweise müssen die Leute gar nicht zu ihnen kommen und um Hilfe bitten, weil sie längst herausgefunden haben, wo der Schuh drückt. Leiter mit dem „Dienstgen" arbeiten mit diesen Fragen im Hinterkopf: *Wenn ich an seiner/ihrer Stelle wäre, was würde mir helfen? Was würde mich aufbauen? Und was müsste passieren, damit ich wieder auf die Beine komme?*

Drittens: Sie packen einfach an. Andere wälzen Probleme – sie schaffen Lösungen. Ich bin mir sicher, dass schon viele gute Leute über das Leid und die Krankheiten in Entwicklungsländern nachgedacht haben und auf immense Probleme gestoßen sind. Wie soll man es schaffen, in diesen abgelegenen und bettelarmen Gegenden genügend Krankenhäuser zu bauen? Don und Deyon Stephens sahen über das Problem hinaus und überlegten sich eine geniale Lösung: Ausgediente Kreuzfahrtschiffe in schwimmende Krankenhäuser zu verwandeln und sie mit Freiwilligen zu bestücken, damit man überall dorthin fahren kann, wo Not herrscht.

Viertens: Dienende Leiter sind nicht an kurzfristigen Lösungen interessiert. Sie säen Samen, die nachhaltige, langfristige und immer weiter um sich greifende Auswirkungen haben. Präsidentin Sirleaf sorgte in ihrem vom Krieg gebeutelten Land für Frieden und machte sich dann daran, Schulen zu bauen und ausländische Investoren zu gewinnen, damit zukünftige Generationen in Liberia mehr Möglichkeiten haben.

Wenn sie gute Samen säen, bauen dienende Leiter darauf auf und pflegen die zarten Pflänzchen selbst oder finden jemanden, der bei ihrem Projekt einsteigt und es übernimmt, so wie Robert Shumake seinen Dienst an den Obdachlosen an Leon und Jennifer Birdd weitergab.

Fünftens: Dienende Leiter sind Brückenbauer. Sie stellen eigene Interessen zurück, um mit der gemeinsamen Kraft von vielen etwas zu bewirken. Während manche Leiter nur nach dem Prinzip „Teile und herrsche" arbeiten, versammeln sie eine Gemeinschaft von Männern und Frauen um sich, die alle dasselbe Ziel haben. Ihre Erfahrung ist: Wenn man Ziele und Erfolge miteinander teilt, gibt es kein Gerangel um Belohnungen, sondern geteilte Freude ist doppelte Freude.

Wie viel Gutes Brückenbauen bringen kann, habe ich zuletzt bei dem Event namens „I Heart Central Oregon" erlebt, bei dem mehr als zweitausendfünfhundert Freiwillige aus drei Landkreisen und siebzig Kirchen verschiedenster Glaubensrichtungen mitmachten. Der Organisator, Jay Smith, hatte mich eingeladen, um zu den Freiwilligen und auch zu Schulklassen aus der Gegend zu sprechen.

Jay und Bandmitglieder der Gruppe „Elliot" organisieren Events wie „I Heart Central Oregon" schon seit einigen Jahren. Das Beste daran ist, wie sie es schaffen, so viele Menschen und Glaubensrichtungen an einen Tisch zu bringen. Hier werden nicht nur Sprüche geklopft, hier wird angepackt. In einer konzertierten Aktion schwärmen die Freiwilligen an einem Samstag aus und erneuern die Farbe an Hydranten, reparieren Häuser, kehren Laub ein, mähen Rasen, erledigen Besorgungen, helfen bei Umzügen und was ihnen sonst noch einfällt, um den Nachbarn das Leben leichter zu machen.

Ich meinte zu Jay, es sei überhaupt nicht so leicht, die Organisatoren zu erkennen, weil jeder für seine Aufgabe automatisch eine gewisse Leitungsfunktion übernimmt. Interessanterweise stellte Jay diese allgemeinen Hilfseinsätze auf die Beine, als es ihm überhaupt nicht gut ging. Er war fünfzehn Jahre als Missionar unterwegs gewesen, hatte in vierundzwanzig Ländern und mit unzähligen Freiwilligen zusammengearbeitet. Aber 2006 kam eine schwere Zeit, und Jay blieb zu Hause, wo er sich um seine Frau und die vier kleinen Kinder kümmern wollte. Er machte eine „geknickte Phase" durch, wie er sagte, und ihm wurde klar, dass seine Tage als Weltreisender erst einmal gezählt waren. Anstatt in Uganda oder der

Ukraine Gutes zu tun, blieb ihm nun höchstens noch seine Heimatstadt Bend in Oregon.

Aber obwohl es ihm nicht gut ging, steckte er den Kopf nicht in den Sand, sondern beschloss, trotzdem aktiv zu werden. Bend ist eigentlich ein recht wohlhabender Ferienort und eine Altersruhesitz für viele Leute, aber nicht wenige der umliegenden Ortschaften leiden unter der Wirtschaftskrise, einer hohen Kriminalitätsrate und Drogenhandel. Also fasste Jay den Beschluss, seine Kräfte auf die Problemgegenden zu konzentrieren.

„Geld hatten wir keins, aber wir fingen trotzdem an und versammelten hundertfünfzig Freiwillige für unseren ersten Hilfseinsatz. Und dann gab es ausgerechnet an dem Tag dreißig Zentimeter Neuschnee", erzählte er mir. „Unser Plan war sozusagen auf Eis gelegt. Also schnappten wir uns Schaufeln, Schneeräumer und unsere Autos und verbrachten den Tag damit, Ausfahrten und Bürgersteige vom Schnee zu befreien. Dabei konnten wir so einigen älteren Leuten helfen, die ans Haus gefesselt oder eingeschneit waren."

Unterwegs wechselten sie ein paar Worte mit einem älteren Herrn, der gerade sein Dach freischaufelte. Während sie sprachen, brach er vor Erschöpfung zusammen. Einige der Freiwilligen kümmerten sich sofort um ihn, während die anderen den Rest Schnee vom Dach holten. Der gemeinsame Einsatz endete am Abend mit einem Konzert der Gruppe „Eliott", ein zentrales Element jedes dieser Events. Fast siebenhundert junge Leute kamen. Mehr als hundertzwanzig beschlossen an diesem Abend, es mit Gott zu versuchen.

Der Erfolg dieses ersten Hilfseinsatzes war der Anstoß für Jay und die Bandmitglieder, ihren Glauben so oft wie möglich praktisch umzusetzen. In den darauffolgenden Jahren organisierten sie fünfzehn ähnliche „I Heart"-Events in elf Städten Oregons mit bis zu zweitausendfünfhundert Freiwilligen. Ich kann das bezeugen, weil ich bei mehreren dieser Veranstaltungen auftreten durfte.

2010 stand ich im Expo Center von Redmond vor achttausend Leuten.

Vor meiner Rede hatten wir uns eine lustige Aktion überlegt: „I Hug". Wir haben den Weltrekord für die meisten Umarmungen in einer Stunde gebrochen! Ich wurde in sechzig Minuten von 1749 Menschen umarmt. Man kann das Video auf YouTube sehen. Der Komiker Nick Cannon, der mit Mariah Carey verheiratet ist, hat später versucht, unseren Rekord zu brechen, aber er ist gescheitert. Da war ich ihm wohl eine Armlänge voraus ...

Für Jay steckt natürlich eine ernste Absicht hinter diesen Einsätzen: Er möchte zeigen, dass Christen nicht nur reden, möchte mit der Nachbarschaft ins Gespräch kommen und die Mauern zwischen den verschiedenen Kirchen einreißen. „Die einzelnen Konfessionen halten oft alle anderen für völlig inkompatibel und haben wenig mit ihnen zu tun. Ich habe viele Freunde in den verschiedensten Kirchen und schätze sie alle sehr", sagt Jay. „Christus gehört nicht einer Kirche allein. Zusammen können wir den Menschen die verschiedenen Facetten des Glaubens zeigen, egal, ob man Baptist, Katholik, Protestant, Methodist und alles, was es noch gibt, ist. Wenn die Leute unseren Glauben nicht praktisch sehen können, dann hören sie uns auch nicht zu. Deswegen ist unser Grundsatz: Liebe in Aktion."

Jay und ich sind der Meinung, Kirchen sollten ein Ort der Hoffnung sein. Ich als Motivationstrainer und Evangelist kann zwar irgendwo auftreten, zum Nachdenken anregen und Lebensmut versprühen, aber die Kirche ist Tag für Tag vor Ort und für ihre Nachbarschaft da. Deswegen stört es uns, dass so wenige Kirchen sich zusammentun, um etwas auf die Beine zu stellen.

„Wir sind zusammen einfach besser als allein, und vielen Kirchen wird klar, dass ihre Unterschiede in der Lehre weniger im Mittelpunkt stehen als früher. Das Wichtigste ist, dass wir uns bei Jesus als Erlöser einig sind. So lange wir darin übereinstimmen, können wir unsere Unterschiede überwinden und gemeinsam das Wohl der Menschen suchen."

Als dienender Leiter darf man nicht von oben herab auf die Leute schauen und ihnen irgendetwas aufzwingen. Man muss zuhören und sich auch auf seine Mitstreiter einstellen. Jay weiß, dass manche Kirchen weniger Geld zu Verfügung haben als andere, also versucht er über Spenden und Zuschüsse die Kosten für die Teilnehmer niedrig zu halten.

In einer relativ armen Stadt in Oregon hatten Jay und sein Team sogar mehr Geld als nötig gesammelt. Am Ende hatten sie siebenhundert Dollar übrig. Einer der dort tätigen Pastoren hatte eine ungewöhnliche Idee, was sie mit diesem Geld kurz vor Weihnachten machen könnten: Sie wechselten es in Fünf-Dollar-Scheine und verteilten diese an die Kirchenmitglieder mit dem Auftrag, für gemeinnützige Zwecke mehr daraus zu machen. Wie, das war ihnen überlassen: Sie konnten Süßigkeiten im Großmarkt kaufen und wieder verkaufen, Limonade selbst machen und anbieten oder für das Geld Benzin kaufen und den Rasen anderer Leute mähen.

Aus den siebenhundert Dollar wurden zehntausend Dollar, und mit ihnen wurden Projekte wie Hilfspakete für die Obdachlosen der Stadt, Weihnachtsgeld für alleinerziehende Mütter, Plüschtiere für missbrauchte Kinder und andere kreative Ideen finanziert.

„Wir wollen unsere Nächstenliebe ganz praktisch zeigen und als Kirchen den Menschen um uns herum damit sagen, dass sie uns nicht egal sind. Wir predigen nicht von oben auf sie herab, sondern machen uns ganz klein und dienen ihnen", sagte Jay. „Und unsere Hilfseinsätze sind keine Eintagsfliege. Oft entsteht hinterher ein gutes Verhältnis zwischen den Kirchen und der Stadt. Wir haben schon erlebt, dass der Bürgermeister den Pastor anruft und um ein paar Leute mit Arbeitsklamotten bittet, die bei irgendetwas mit anpacken sollen. Und unsere Leute sind begeistert dabei, nachdem sie einmal gemerkt haben, wie viel Freude es macht, anderen zu helfen."

Jay und seine Armee der Freiwilligen stellen die Städte vor ganz neue Situationen. „Wir melden uns und sagen, wir hätten da fünfhundert Freiwillige, wie wir der Stadt wohl behilflich sein könnten? Eine Stadt konnte aufgrund ihres gekürzten Haushalts die überwucherten Friedhöfe nicht mehr mähen, also haben die Ortskirchen das gemacht. Und seitdem sind sie dafür verantwortlich. Plötzlich tun sich neue Türen auf, wie Kirchen für das Wohl ihrer Umgebung eintreten können."

In Bend sagten die Behörden, ihnen fehle das Geld, um die Hydranten neu zu streichen. Alle paar Jahre ist das nötig, damit man sie im Notfall schnell sieht. Also strichen die Freiwilligen in drei „I Heart"-Einsätzen über einen Zeitraum von zwei Jahren dreitausendsechshundert Hydranten und entlasteten die Stadtkasse um Tausende von Dollar. Die Idee dahinter ist, die Stadt bestimmen zu lassen, was sie braucht, und damit ihren guten Willen und ihre Begeisterung zu wecken. In manchen Städten arbeiten Jay und seine Leute auch mit gemeinnützigen Initiativen wie Suppenküchen, Tafeln, Frauenhäusern und Organisationen wie *Head Start* oder *Habitat for Humanity* zusammen.

„Unsere Truppe ist eine Art Katalysator. Oft haben die Pastoren anfangs Bedenken, aber wenn wir einmal beisammensitzen, beten, essen und arbeiten, dann fallen die Mauern. Das Ganze entwickelt eine richtige Eigendynamik. Die nächste Stadt hat schon davon gehört, was in der letzten Stadt alles passiert ist, und wir rennen offene Türen ein."

Ich freue mich sehr darüber, dass Jay inzwischen nach Kalifornien gezogen ist und wir dabei sind, hier eine ähnliche Aktion auf die Beine zu stellen.

Das Tolle am Säen von guten Samen ist, dass man nicht erst so große Projekte wie Jay organisieren muss. Jede noch so kleine gute Tat kann für einen anderen Menschen die Welt bedeuten. Jay erinnerte mich erst vor Kurzem an einen solchen Vorfall, der sich rund um ein „I Heart"-Event in Oregon zugetragen hatte.

Ich war gerade auf Tour und sauste von einer Highschool zur nächsten. Nachdem ich an einer Schule fertig war, stürzten wir schon wieder zur Tür, weil wir spät dran waren (wie üblich). Ich hatte leider keine Zeit, um mich von denen, die wollten, umarmen zu lassen. Das passiert mir nicht oft. (Ich mag nämlich meine Knuddelzeit.)

Auf dem Weg nach draußen fiel mir plötzlich ein kahler Kopf auf, den man in einer Menge von Teenagern sonst nicht oft sieht. Ich hielt den Rollstuhl an, fuhr zurück und sah, dass er zu einem Mädchen gehörte, dessen Haare offensichtlich einer Chemotherapie zum Opfer gefallen waren. (Ich besuche viele Krebspatienten und weiß, wie das aussieht.)

Vorsichtig manövrierte ich meinen Rollstuhl zu ihrem Platz am Ende einer Reihe und sagte: „Von dir würde ich gern mal umarmt werden." Ich brauche wohl nicht zu erwähnen, dass mir mein Zuspätkommen auf einmal ziemlich egal war. Sie legte die Arme um mich, und bald darauf flossen bei ihr, bei mir und bei allen um ums herum die Tränen.

Warum? Ich kann nicht genau sagen, was in ihr oder den anderen vorging, aber ich war einfach dankbar dafür, jemandem helfen zu können, der es brauchte. Es fällt mir schwer, das in Worte zu kleiden. Die E-Mail, die ich von einem Mädchen bekam, das ich Bailey nennen werde, fasst viel besser zusammen, wie Helfen und Dienen die Welt aus den Angeln heben kann.

„Vor zwölf Jahren schleppte mich meine Mutter auf ein Camp für Erwachsene mit Entwicklungsstörungen mit. Ich sollte als freiwillige Helferin eine Woche lang einen Behinderten betreuen. Für mich als Zwölfjährige gab es keine schrecklichere Vorstellung, als eine Woche lang nur unter Behinderten zu sein.

Aber meine Mom ließ mir keine Wahl, und schon gar keinen Ausweg aus dieser furchtbaren Situation. Während der Orientierungsveranstaltung war mein Magen ein einziger Knoten. Später verteilten die Mitarbeiter die Anmeldebögen der Teilnehmer, und auf meinem stand es unter der Sektion „Behinderte" in großen, fetten, Angst einflößenden Buchstaben: DOWN-SYNDROM.

Mit zitternden Händen blätterte ich durch den Anmeldebogen, um mich darauf vorzubereiten, am nächsten Tag meiner Campteilnehmerin gegenüberzutreten. Die ganze Nacht wälzte ich mich im Bett herum und fragte mich, wie Gott mich in so eine schreckliche und unangenehme Situation bringen konnte.

Nach dem Frühstück und noch mehr Orientierungszeit trudelten die Campteilnehmer langsam ein, und mir wurde vor Angst heiß und kalt. Alle, die aus den Autos stiegen, kannte ich, aber nicht mit Namen, sondern nach ihrer Behinderung – Down-Syndrom, Autismus, querschnittsgelähmt. Das war alles, was ich sehen konnte.

Irgendwann wurde schließlich mein Name aufgerufen, und ich sah, wie sich eine schmächtige junge Frau im Wilkommensbereich aus einem Wagen schob. Schüchtern ging ich auf sie zu, und der Leiter des Camps stellte mir meine Teilnehmerin mit Namen Schanna vor. ‚Hallo', war alles, was mir einfiel, aber noch bevor ich überhaupt dazu kam, hatte Schanna mir schon die Arme um den Hals geschlungen und mich mit vollem Körpereinsatz umarmt.

‚Ich freu mich ja schon so, deine beste Freundin zu sein diese Woche', sagte sie, schnappte sich meine Hand und zog mich zur ersten Aktivität davon.

Wie konnte mich jemand bedingungslos mögen, den ich gerade erst kennengelernt hatte? Die Campteilnehmer kannten meine Schulnoten nicht, wussten nicht, wie viele Freunde ich hatte oder ob ich beliebt war. Sie hatten keine Ahnung, was mich vor diesem Camp als Mensch ausmachte. Als der Abend hereinbrach, war bei mir dank einer jungen Frau mit Entwicklungsstörung jede Mauer der Unsicherheit und jede Hecke der Angst gefallen. Ich musste mich nur darauf einlassen, ihre Freundin zu sein.

Diese Campwoche liegt nun zwölf Jahre zurück. Das nächste Mal musste mich meine Mutter übrigens nicht hinschleifen. Ich ging aus freien Stücken und absolvierte in den letzten Jahren mehr als dreißig solcher Camps, erst als Freiwillige, später als Sommerpraktikum.

Während der letzten zwei Sommer war ich sogar stellvertretende Campleiterin. Und nichts erfüllt mich mit mehr Freude, als zu sehen, wie freiwillige Helfer zum ersten Mal mit zitternden Knien und dem Herz in der Hose anreisen und dann von einer Bevölkerungsgruppe eines Besseren belehrt werden, die unsere Gesellschaft überhaupt nicht wahrnimmt.

Ich fühle mich durch die Zeit in den Camps unheimlich beschenkt. Die Menschen, für die wir diese Camps veranstalten, sind mir sehr ans Herz gewachsen. Ich bin mir sicher, dass jeder, der sich auf Menschen mit Behinderungen einlässt, davon für sein Leben profitieren wird. Von unseren Campteilnehmern habe ich nicht nur gelernt, wie man ganz ungezwungen mit Gott redet, sondern auch wie man andere ohne Vorbedingungen annimmt und Kontakte knüpft.

Als Jesus einmal mit einem Blinden zu tun hatte, fragte man ihn: ‚Warum wurde dieser Mann blind geboren? Ist es wegen seiner eigenen Sünden oder wegen der Sünden seiner Eltern?' Jesus antwortete: ‚Es lag nicht an seinen Sünden oder den Sünden seiner Eltern. Er wurde blind geboren, damit die Kraft Gottes an ihm sichtbar werde' (Johannes 9,2+3; NL).

Ich bin sehr dankbar, dass es diese Menschen gibt, die unsere Gesellschaft als „behindert" bezeichnet. Sie haben mit ihrer Lebensfreude das Zeug dazu, die Welt zu einem besseren Ort zu machen. Für mich sind sie nicht behindert. Behindert sind Leute wie ich, die auf andere herabsehen, Gott nichts zutrauen, sich nicht trauen, über ihn zu reden, und bloß nicht verletzlich sein wollen. Unsere Gesellschaft und auch unsere Kirchen nehmen diese Bevölkerungsgruppe oft überhaupt nicht wahr, dabei haben sie mir so viel beigebracht und mein Leben auf tausend verschiedene Arten bereichert.

Nach meiner Zeit in den Camps und den unzähligen Stunden mit Menschen mit Entwicklungsstörungen habe ich beschlossen, im Herbst ein Studium aufzunehmen, einen Abschluss im Counseling zu machen und eines Tages als Beraterin für Eltern zu arbeiten, die plötzlich mit einem behinderten Kind konfrontiert sind – ob nun schon vor seiner Geburt ein Chromosom zu viel entdeckt wird oder Eltern erst nach Jahren merken, dass ihr Kind autistische Züge entwickelt.

Ich träume davon, unserer Gesellschaft beizubringen, dass man Behinderte nicht nur akzeptieren, sondern *mit* ihnen gemeinsam Gutes tun kann!"

Aus Baileys E-Mail kann man gut herauslesen, wie viel Spaß dienendes Leiten machen kann, oder? Wenn man anderen dient, wird das eigene Herz gesund. Ich finde nichts schöner, als mitzuerleben, wie jemand sein Ziel erreicht, oder als eine Art menschliche Rettungsleine jemandem neuen Mut und Anregungen zu geben. Bailey sperrte sich erst dagegen, aber dann lernte sie im Camp etwas fürs Leben. Ich halte es für eine wichtige Erfahrung, wenn Leute wie Bailey schon in jungen Jahren lernen, jemandem zur Seite zu stehen – ob in einem Altersheim, in der Arbeit mit Behinderten oder einer Notunterkunft.

Trau dich und fang an, gute Samen zu säen. Vielleicht machst du die dieselbe Entdeckung wie Bailey: Deine Hilfe verändert – dich selbst.

KAPITEL 10
Leben im Gleichgewicht

Bei unserer ersten Begegnung versuchte ich, dem ehrwürdigen Billy Graham ein Lächeln zu entlocken, aber der zweiundneunzigjährige weltberühmte Evangelist hatte ein ernsthaftes Anliegen. Er wollte mich „einnorden".

Ich hatte Billy Grahams Tochter Anne Graham Lotz auf einer Konferenz 2011 in der Schweiz kennengelernt. Die Pastorin hatte Kanae und mich daraufhin in das Haus ihres Vaters in den Bergen von Carolina eingeladen. Wir waren über die Einladung hocherfreut, und schon einen Monat später machten wir uns auf den Weg. Die Vorfreude wuchs noch mehr, als wir die wunderschöne Strecke zu seiner Hütte entlangfuhren. Mit jeder Kurve und jedem Höhenmeter, den wir in den Blue Ridge Mountains machten, wurde der Himmel blauer und lebendiger. Man konnte ihn fast mit Händen greifen.

Vielleicht lag es an der Höhe und der dünnen Luft, aber ich wurde zunehmend nervöser, was mir sonst nicht oft passiert. Der Gedanke, mein Vorbild Billy Graham zu treffen, war angesichts seiner Errungenschaften und seines Platzes in der Geschichte ziemlich respekteinflößend. Er hat schließlich einhundertsiebenundachtzig Länder bereist, war für mehrere Staatsoberhäupter der geistliche Berater, hat persönlich und im Fernsehen zu Milliarden von Menschen gesprochen, und mehr als drei Millionen haben sich durch seine Arbeit an ein Leben mit Gott gewagt. In den vergangenen fünf Jahren produzierte die *Billy Graham Evangelistic Association* ein weltweit ausgestrahltes Fernsehformat, und allein durch dieses Projekt sind weitere sieben Millionen neue Gläubige hinzugekommen.

Bei seinem letzten großen öffentlichen Auftritt sprach Graham, den man in den USA nur „America's Pastor" nennt, zu mehr als zweihundertdreißigtausend Menschen. Diese letzte seiner vierhundertachtzehn Verkündigungsreihen fand 2005 in New York statt und dauerte drei Tage. Billy Graham hat in seinem Leben auf viele verschiedene Weisen die Menschen erreicht. Besonders bewundert habe ich ihn immer dafür, wie er die verschiedenen Konfessionen aufruft zusammenzuarbeiten.

In letzter Zeit kann er wegen gesundheitlicher Probleme nicht mehr so häufig auftreten wie früher, aber er ist nach wie vor eine international beachtete Größe. Irgendjemand meinte während der Fahrt zu mir, dass Präsident Barack Obama erst vor wenigen Monaten auf derselben Straße zu Billy Graham unterwegs gewesen sei. Aber das machte es nicht besser.

Als Billy Graham uns bei sich hereinbat, versuchte ich das Eis mit einer witzigen Bemerkung zu brechen. Aber er verzog keine Miene und überging meine nervöse Bemerkung einfach.

„Als Anne mir erzählt hat, dass ihr kommt, habe ich mich sehr gefreut. Ich habe schon von dir gehört", sagte er. „Heute Morgen um drei hat mich der Herr geweckt, damit ich für euch bete."

Anne war an diesem Tag auch dabei und hatte uns schon vorgewarnt, dass ihr Vater gerade eine Lungenentzündung und andere gesundheitliche Probleme überstanden hatte. Er würde schnell müde werden, sagte sie, aber obwohl er noch nicht ganz bei Kräften war, klang seine Stimme fest und sehr vertraut für mich, der ich ihn schon so oft hatte reden hören.

Pastor Graham sagte, er sähe mich als Vertreter der neuen Generation und als Erbe seines Schaffens und deswegen wolle er mich mit einigen Worten der Ermutigung auf meine Aufgabe vorbereiten. Die Zeit, in der wir lebten, sei spannend, meinte er, aber egal welcher Wind uns entgegenschlüge, als Verkündiger hätten wir eine große Aufgabe: die gute Nachricht von Jesus zu verbreiten.

Ich erzählte ihm von meinen Reisen, und dass ich auch schon in muslimischen Ländern gewesen sei. Daraufhin warnte er mich davor, mich gegen andere Religionen auszusprechen und Andersgläubigen zu unterstellen, sie würden falsch glauben. Ich solle vielmehr allen immer „mit Liebe und Respekt" begegnen und für meine Sache eintreten.

„Verkündige einfach die Wahrheit des Evangeliums, ohne dich gegen bestimmte Personen oder Gruppen zu wenden", sagte Billy Graham. „Denn die Wahrheit ist stark, und sie macht frei."

Er gratulierte Kanae und mir zu unseren Hochzeitsplänen und riet uns, nicht mehr allzu lange zu warten. Dann beteten wir gemeinsam. Es war ein sehr aufregendes Treffen für mich: Ich hatte das Gefühl, mit einer Person aus dem Alten Testament zu reden, etwa mit Mose oder Abraham. Billy Graham ist einfach schon so lange eine der Schlüsselfiguren für mein geistliches Leben!

Am tiefsten berührte mich aber seine Menschlichkeit. Er dachte mit uns ganz offen über sein Leben nach und knabberte derweil ein paar Schokokekse. Seine Frau Ruth, die 2007 verstarb, vermisse er sehr, sagte er. Wenn er etwas in seinem Leben bereue, dann höchstens, nicht genügend Bibelverse auswendig gelernt und Jesus nicht oft genug gesagt zu haben, wie viel er ihm bedeute.

Ich wette, Billy Graham hat schon mehr Bibelverse vergessen als der Rest von uns je aufsagen konnte, und seiner Liebe zu Gott verleiht er bestimmt mehr Ausdruck als die meisten von uns. Und trotzdem wünschte sich dieser legendäre Prediger nicht nur mehr Zeit mit der Familie, sondern noch mehr für Gott getan zu haben.

Ich habe die Gedanken eines meiner größten Vorbilder zum Anlass genommen, meine eigene Arbeit zu überdenken. Schließlich bin ich ja kein einsamer Wolf mehr. Im Gegenteil, es fällt mir schon schwer, länger als einen oder zwei Tage von Kanae getrennt zu sein. Wir wollen mindestens vier Kinder, und ich möchte gern dabei sein, wenn sie aufwachsen.

Weil ich möglichst lange für meine Familie da sein will, werde ich meine Reisetätigkeit in Zukunft etwas einschränken. Ich werde von nun an auf größeren Veranstaltungen auftreten, die von mehreren Kirchengemeinden auf die Beine gestellt wurden, und stärker die Medien und sozialen Netzwerke nutzen. Eine Radiosendung für alle Altersgruppen haben wir schon gestartet, und eines Tages möchte ich auch im Internet auf Sendung gehen.

VON JEDEM ETWAS

Zu hören, wie Billy Graham über sein langes und erfolgreiches Leben als Evangelist nachdenkt, brachte mich darauf, selbst einmal innezuhalten. Worauf möchte ich zurückblicken, wenn ich einmal an seiner Stelle bin? Die täglichen Herausforderungen können einen so schnell gefangen nehmen. Man muss sehen, wie man über die Runden kommt, wie man ein bestimmtes Problem löst, mit einer Situation klarkommt und den Kopf über Wasser hält. Und schon vergisst man, sich um seine Beziehungen zu kümmern, sich geistig und geistlich weiterzuentwickeln, mehr von der Welt zu verstehen und für seine langfristige Gesundheit zu sorgen.

Wir dürfen nicht mit der Erwartung leben, dass das Glück *eines* Tages kommt, wenn wir irgendein Ziel erreicht oder irgendetwas Bestimmtes angeschafft haben. Glück ist in jedem Moment verfügbar. Der Schlüssel dazu ist ein Leben, das mental, emotional, körperlich und geistlich im Gleichgewicht ist.

Ein Weg, deine Balance zu finden, ist, dir den letzten Abschnitt deines Lebens vorzustellen und dann so zu leben, dass du nichts bereuen musst, wenn du dort einmal hinkommst. Überleg dir möglichst genau, was du im Alter für ein Mensch sein willst und auf welches Lebenswerk du zurückblicken möchtest, damit jeder Schritt deiner Reise dich näher an deinen Zielort bringt.

Ich glaube, dass man sich tatsächlich sein Leben erträumen und es dann Minute für Minute, Stunde für Stunde und Tag für Tag zur Realität machen kann. Ähnlich wie bei einem Hausgrundriss oder einem Businessplan kannst du deinem Lebensplan folgen. Manche raten ja dazu, sich seine eigene Beerdigung vorzustellen und zu überlegen, was die Familienmitglieder und Freunde über einen einmal sagen sollen. Mag sein, dass das für dich funktioniert – ich denke jedenfalls nicht so gern daran, meine Lieben zurückzulassen.

Stattdessen versetze ich mich in Billy Grahams Lage, als wir uns in seinem Haus in den Bergen trafen. Dort saß der große alte Mann, schaute auf ein ungewöhnliches und erfülltes Leben zurück und bereute doch so manches. Vielleicht ist das unausweichlich. Wer lebt schon das perfekte Leben? Aber einen Versuch ist es wert, oder nicht?

Am liebsten würde ich am Ende meines Lebens nichts bereuen. Wahrscheinlich wird das nicht klappen, aber ich gebe mein Bestes. Ich habe meinen Lebenstacho jetzt auf „Gleichgewicht" gestellt. Wenn du wie ich der Meinung bist, dass man ab und zu eine Pause einlegen und darüber nachdenken sollte, wo man herkommt, wo man gerade ist und wo man hin will, dann nimm dir doch jetzt die Zeit dafür.

Auch ohne Beine habe ich den größten Teil meiner Zwanziger damit verbracht, auf Hochtouren zu laufen. Naja, von einem unverheirateten jungen Mann mit einem Unternehmen und einer internationalen Karriere erwartet man wohl auch nichts anderes. Ich neigte dazu, das Gewicht der Welt auf meine Schultern zu nehmen. Durch meine gemeinnützige Organisation und das Unternehmen trage ich ja auch nicht wenig Verantwortung. Billy Graham gab mir den Rat, die Verantwortung auf mehrere Schultern zu verteilen, damit ich ein ausgeglicheneres Leben führen kann und mehr von meiner Familie habe. Genau dasselbe hatte ich auch schon von der Konferenz in der Schweiz mitgenommen, wo ich seine Tochter kennengelernt hatte. Beim zweiten Mal war die Botschaft also endlich bei mir angekommen.

ÜBER DEN TELLERRAND

Anne Graham Lotz und ich nahmen 2011 am Weltwirtschaftsforum (WEF) in Davos teil. Ich war für eine Podiumsdiskussion in der letzten Sitzung des Jahrestreffens angefragt worden, die den Titel trug: „Inspired for a Lifetime". Die anderen Diskussionsteilnehmer machten diesem Titel alle Ehre: Der deutsche Wirtschaftswissenschaftler Klaus Schwab, der auch der Gründer und Präsident des Weltwirtschaftsforums ist, dazu Christine Lagarde, die damalige Wirtschafts- und Finanzministerin Frankreichs, die kurz darauf zur Geschäftsführenden Direktorin des Internationalen Währungsfonds (IWF) ernannt wurde. Außerdem nahmen zwei junge Mitglieder der Organisation „Global Changemakers" – einem Netzwerk junger Aktivisten, Pioniere und Unternehmer – an der Diskussion teil: Daniel Joshua Cullum aus Neuseeland und die Brasilianerin Raquel Helen Silva.

Manche beschreiben das Weltwirtschaftsforum als eine Veranstaltung, wo „grauhaarige Männer in grauen Anzügen und ergrauter Fantasie miteinander ein Kaffeepläuschchen halten". In Wahrheit treffen sich dort mehr als zweitausend Männer und Frauen, die meisten von ihnen Führungspersonen, und sprechen über eine Vielzahl von Themen. Unsere Sitzung war jedenfalls alles andere als trocken. Ich glaube, jeder Diskussionsteilnehmer und Zuschauer hatte an der einen oder anderen Stelle Tränen in den Augen.

Bemerkenswerterweise umarmte mich Christine Lagarde mindestens zweimal an diesem Tag! Sie war sehr nett zu mir und meinte, meine Arbeit würde sie beeindrucken. Ich bin sicher, meine ehemaligen Dozenten wären stolz auf ihren Schützling, der von der zukünftigen IWF-Chefin so freundlich behandelt wurde. (Meinen kurzen Vortrag kann man übrigens auf YouTube sehen, wenn man meinen Namen und „World Economic Forum" eingibt. Das Video von unserer Sitzung ist eins der Videos vom Weltwirtschaftsforum 2011 mit den meisten Klicks.)

Unsere Diskussion in der Schweiz drehte sich darum, wie man die Welt zu einem besseren Ort macht. Auch geistliche Fragen sparten wir dabei nicht aus. Anne Graham Lotz meinte hinterher, das ganze Jahrestreffen hätte einen ungewöhnlich geistlichen Charakter gehabt. Professor Schwab selbst sagte, die Lösung der politischen und wirtschaftlichen Probleme würde aus dem Lager der Gläubigen kommen, zu dem er Christen, Moslems, Hindus und Buddhisten gleichermaßen zähle.

Auf ihrer Webseite (www.annegrahamlotz.com) schrieb Anne später: „Man konnte richtig merken, wie die Wirtschaftsbosse der Welt aufgerüttelt wurden und die Gier und Selbstsucht, die jahrzehntelang die Wirtschaft dominiert haben, bloßgestellt wurden. Das Ergebnis ist, dass viele Führungspersonen offener für gemeinsame Werte sind und bereitwillig auch außerhalb der traditionellen Bastionen der Macht und Weisheit nach Antworten suchen. Könnte es sein, dass sie angesichts von Problemen, die wir Menschen scheinbar nicht gelöst bekommen, nun auf Gott schauen? Er kann ihnen Weisheit, Einsicht und Lösungen schenken, die über ihr Wissen und ihre Erfahrung weit hinausgehen."

Wie Anne war auch ich erfreut, wie offen die Diskussionen bei diesem Treffen der Weltwirtschaftsspitze abliefen. Es entging mir natürlich auch nicht, dass ich gerade kurz nach meiner eigenen Finanzkrise zum Weltwirtschaftsforum eingeladen wurde. Gott hat doch Humor, nicht?

Wie gesagt glaube ich auch, dass ich dort und später bei Billy Graham dazu angeregt werden sollte, ein ausgeglicheneres Leben zu führen. In Davos kam diese Botschaft sogar vom Gründer des WEF selbst. Professor Schwab, der Leiter unserer Diskussionsrunde, sprach über eine persönliche Bilanz am Ende eines Lebens, die – anders als bei einer Geschäftsbilanz – aufweisen sollte, dass man mehr ausgegeben als eingenommen hat. Christine Lagarde, die das eine oder andere über Bilanzen weiß, fügte noch hinzu, dass man auch mit einem Leben mit negativer Bilanz noch etwas weitergeben kann – und wenn es nur ein Lächeln oder ein freundliches Wort ist.

MIT VOLLEM HERZEN DABEI

Wenn weise Leute wie Professor Schwab oder Christine Lagarde über Bilanzen und ein Leben im Gleichgewicht sprechen, motiviert mich das, in allen Bereichen meines Lebens Erfüllung zu suchen. Ich möchte meine mentalen Fähigkeiten ausbauen, meine körperliche Fitness erhalten, emotional gesund bleiben und geistlich wachsen.

In allen vier Bereichen perfektes Gleichgewicht zu erlangen, ist angesichts des Drucks, dem wir im Alltag ausgesetzt sind, allerdings nicht besonders realistisch. Unser armes Gehirn wird überstrapaziert, der Körper überbelastet, Beziehungen kommen und gehen, und nach seinen Glaubensüberzeugungen zu leben, erfordert stete Wachsamkeit und immer wieder Korrekturen. Trotzdem halte ich es für ein erstrebenswertes Ziel, jeden Bereich bewusst wahrzunehmen und mit den anderen in Gleichklang zu bringen.

Ich hoffe, dass ich zumindest am Ende meiner Tage sagen kann, mein Bestes gegeben zu haben.

Jetzt, wo Kanae in mein Leben getreten ist und wir eine Familie gegründet haben, möchte ich schon allein ihretwegen auf mich achten. Ich kann jetzt nicht mehr einfach Raubbau an meinem Körper betreiben, indem ich zu viel arbeite, nicht aufs Essen achte und den Sport vernachlässige. Ich muss in Zukunft Herr meiner Gefühle bleiben, damit ich Kanae gegenüber aufmerksam sein kann, sie ermutige und ihr bei dem beistehe, wo sie Hilfe braucht. Genauso möchte ich meinen Wissensschatz erweitern, damit ich mit Kanae mithalten und für unsere Kinder ein schlauer Vater sein kann. Was das Geistliche betrifft, ist das für uns von entscheidender Bedeutung, schließlich wollen wir beide gerade hier den Großteil unserer Kraft investieren.

Jeder muss für sich selbst entscheiden, was für ihn am Besten funktioniert und ihm das Gefühl gibt, sein inneres und äußeres Leben aktiv zu steuern. Wenn du merkst, dass du nicht im Einklang mit dir selbst bist, und das Gefühl hast, festzustecken, unmotiviert oder ungeliebt zu sein, dann wird es Zeit für eine neue Ausrichtung. Nimm dir jeden Lebensbereich einzeln vor und überlege, ob du ihm in letzter Zeit genug Aufmerksamkeit gewidmet hast. Dann fasse einen Plan, wie du den vernachlässigten Bereich stärker fördern kannst.

Ein paar Hinweise, die man auf der Suche nach seinem Gleichgewicht im Hinterkopf behalten sollte:

1. Du bist einzigartig und deswegen sollte dein „Gleichgewicht" auch an deine persönliche Situation und deine Bedürfnisse angepasst sein. Für einen Single gelten andere Kriterien als für jemanden, der verheiratet ist oder Kinder hat. Verändert sich die Lebenssituation, verändert sich auch das benötigte Gleichgewicht. Man sollte sich auf jeden Fall bewusst sein, dass die Lebensbereiche untereinander einer gewissen Harmonie bedürfen, und keine Scheu haben, korrigierend einzugreifen.

2. Leben im Gleichgewicht heißt nicht absolute Kontrolle. Man kann genauso wenig alle Aspekte seines Lebens kontrollieren wie alle Autofahrer, die mit einem unterwegs sind. Deswegen sollte man für Eventualitäten gewappnet sein und bedacht und flexibel auf die jeweilige Situation reagieren.
3. Denk nicht, du müsstest alles allein schultern. Gerade uns Australiern und Amerikanern steckt der Einzelkämpfer gewissermaßen im Blut. Meinen Eltern wird dieser Punkt eine besondere Genugtuung sein, denn ihr kleiner Nick war nicht gerade gut darin, sich zu öffnen und auf die Ratschläge von anderen zu hören. Oft musste ich meinen Kopf durchsetzen und deswegen so einiges auf die harte Tour lernen. Du wirst sicher auch deine Fehler gemacht haben. Sei in Zukunft zumindest offen für die Möglichkeit, dass diejenigen, denen du am Herzen liegst, wirklich gute Ratschläge haben könnten. Vielleicht wollen sie dich ja gar nicht manipulieren, sondern dir helfen? Ihnen Gehör zu schenken, ist kein Zeichen von Schwäche oder Abhängigkeit, sondern von Stärke und Reife.
4. Halte dich an deine Talente und Leidenschaften. Die glücklichsten, erfülltesten und ausgeglichensten Personen, die ich kenne, haben ihr Leben auf den kontinuierlichen Ausbau und Einsatz ihrer Talente und Interessen ausgerichtet. Sie haben nicht nur einen Job oder machen Karriere. Sie haben eine Leidenschaft und ein Ziel. Sie sind mit vollem Herzen dabei. Wenn du tust, was du liebst, und davon auch noch leben kannst, dann musst du dich keinen Tag zur Arbeit quälen. In Rente gehen, das ist etwas für andere.
5. Bekommst du nicht, was du willst, versuch doch einmal, es selbst zu geben! Wenn du den Durchbruch nicht schaffst, warum nicht jemand anderem zu einem verhelfen? Scheint sich niemand um dich zu kümmern, kümmere dich um jemanden, der noch größeren Bedarf hat. Wende den Blick von deinen

Problemen ab und hilf einem andern, seine zu lösen. Was kannst du dabei schon verlieren, außer deiner Chance auf Selbstmitleid? Manchmal ist der beste Weg, um Körper, Kopf, Herz und Geist wieder auf Trab zu bringen, für andere Tröster und Unterstützer zu sein. Einem andern Wasser zu geben, füllt vielleicht dein eigenes Fass.

6. Versuche, in einem konstanten Zustand der Dankbarkeit zu leben, und lache so oft wie möglich. An manchen Tagen wird dich schon mal ein Berg von immer neuen Problemen zu Boden drücken. Dann ist es das Beste, dir selbst Auftrieb zu verschaffen. Dankbarkeit und Humor sind nämlich die großen Luftkissen des Lebens. Anstatt die Problemberge zu verfluchen, sei dankbar für die Gelegenheit, an ihnen zu wachsen. Sei zumindest dankbar dafür, wieder einen Tag zu erleben, an dem du einen kleinen Schritt nach vorn machen und mit deinen Lieben lachen kannst.

ALLES HAT SEINE ZEIT

In vielerlei Hinsicht sitzen wir alle im selben Boot. Alle haben wir dieselben Grundbedürfnisse, wollen geliebt werden und lieben. Wir wollen ein sinnvolles Leben führen und ein Ziel haben. Leben im Gleichgewicht bedeutet also auch, mit den Menschen um einen herum in Harmonie zu leben. Und das kann durchaus bedeuten, dass man sich selbst ein bisschen aufgeben muss, um Teil von etwas noch Größerem zu sein.

Ich war so lange Single, dass ich einige Dinge ziemlich schnell umstellen musste, als ich eine feste Freundin fand. Natürlich wollte ich das Leben mit jemandem teilen, aber so richtig vorbereitet darauf war ich nicht. Mein Gleichgewicht war erst einmal dahin, weil mein Leben plötzlich nicht mehr nur mir gehörte. Es war, als wäre jemand in mein Boot gesprungen. Plötzlich verschiebt sich alles. Man muss sich anders hinsetzen. Das Gewicht ist größer geworden, aber auch die Paddelkraft. Man muss lernen, gemeinsam zu arbeiten, damit man ohne zu kentern irgendwo hinkommt.

Jetzt muss ich auch daran denken, was Kanae will, was sie braucht und fühlt. Was ihr wichtig ist, ist nun auch für mich wichtig geworden. Alle unsere Beziehungen sind ab jetzt miteinander verflochten. Meine Prioritäten lauten heute: Gott, Kanae, Familie und Freunde und dann alles andere – in dieser Reihenfolge.

Mein Ziel ist es, meine Überzeugungen jeden Tag in die Tat umzusetzen. Man soll an der Art, wie ich mit meiner Frau und anderen Menschen umgehe, sehen, dass in meinem Herzen Gottes Liebe wohnt. Glauben und Überzeugungen allein sind nämlich nicht genug; man muss sie ausleben, umsetzen und mit anderen teilen, damit sie Früchte tragen.

Es gibt Christen, die kennen die Bibel und gehen zur Kirche, aber sie wissen nicht, wozu der Heilige Geist fähig ist. Ihnen fehlt die persönliche Beziehung zu Gott. Diese entsteht aber nur, wenn man die Glaubenstheorie auch in die Praxis umsetzt. Meine Erfahrung ist: Immer dort, wo ich Gott und meinem Nächsten diene, wird das gute Ergebnis vervielfacht.

Die Mitarbeiter und der Vorstand von *Life Without Limbs* sind für mich ein riesiges Geschenk. Sie ermutigen mich, beten für mich und sorgen dafür, dass ich auf dem Teppich bleibe. Mein Onkel Batta war ausschlaggebend dafür, dass ich überhaupt daran glauben konnte, mit meinem Leben etwas Sinnvolles anfangen zu können. Er hatte schon vor zehn Jahren diese Vision und baute mit den anderen Vorstandsmitgliedern ein Hauptquartier in den Vereinigten Staaten auf: David Price, Don McMaster und Pastor Dan'l Markham. Außerdem bin ich mit einer Vielzahl von Leuten gesegnet, die an die Arbeit von *Life Without Limbs* glauben. Sie unterstützen uns sogar finanziell, damit wir möglichst viele Menschen rund um die Welt erreichen.

Unzählige Leute treten im Gebet für mich ein. Das ermutigt mich sehr und gibt mir oft neue Kraft. Onkel Battas Vision hatte denselben Effekt. So hat er sie mir beschrieben:

„Vor einigen Jahren hatten wir Nick zum Abendessen und gemütlichen Beisammensein eingeladen. Nach dem Essen verbrachten wir den größten Teil des Abends damit, Strategien und Pläne für neue Projekte aufzustellen. In dieser Nacht hatte ich einen sehr lebhaften und realen Traum.

Als ich aufwachte, erzählte ich sofort meiner Frau Rita davon. In meinem Traum saß ich inmitten einer Menschenmenge, als jemand aufstand und mich mit aggressiver Stimme fragte: ‚Wer ist Nick Vujicic?' Ohne nachzudenken antwortete ich: ‚Steht in Apostelgeschichte 9,15.'

Die Szene wiederholte sich. Dieses Mal stand jemand anderes auf und fragte mich mit eindringlicher, lauter Stimme. ‚Wer ist Nick Vujicic?'

Meine Antwort war dieselbe: ‚Steht in Apostelgeschichte 9,15.'

Nachdem ich Rita das erzählt hatte, fragte ich sie, ob sie sich erinnere, was in Apostelgeschichte 9,15 stehe. Aus dem Kopf wusste keiner von uns das so genau, also holten wir uns eine Bibel und schlugen den Text nach. Dort steht: ‚Der Herr aber sprach zu ihm: Geh nur! Denn dieser Mann ist mein auserwähltes Werkzeug: Er soll meinen Namen vor Völker und Könige und die Söhne Israels tragen' (EÜ).

Am darauffolgenden Sonntag erzählte ich in unserer Gemeinde davon und machte mich für Nicks Arbeit stark. Ich bin jetzt felsenfest davon überzeugt, dass Gott Nick als sein Werkzeug gebrauchen will. *Life Without Limbs* hat sich Gottes Auftrag auf die Fahnen geschrieben, der in Markus 16,15 steht: ‚Geht hinaus in die ganze Welt und verkündet allen Menschen die rettende Botschaft.'

Wenn ich an meinen Traum denke und sehe, wie sich in den

vergangenen Jahren unzählige Türen für Nick geöffnet haben, dann bin ich immer wieder aufs Neue ermutigt. Ich werde mit Gottes Hilfe auch weiterhin für ihn und *Life Without Limbs* da sein, sowohl als Bruder im Glauben als auch als Vorstandsmitglied der gemeinnützigen Organisation. Aber nur solange ich überzeugt davon bin, dass er nicht an falscher Stelle Kompromisse eingeht oder seine Funktion als Werkzeug Gottes aufs Spiel setzt. Ich wünsche ihm, dass er stets treu, ehrlich, transparent, demütig und bescheiden bleibt."

Wie du sehen kannst, hält mich Onkel Batta in der Spur und passt auf, dass ich meinen Worten auch Taten folgen lasse. Und mein Leben wird mit jeder Gelegenheit, bei der ich meine Hoffnung weitergebe, reicher, erfüllter und glücklicher. Und immer – egal ob in Schulen, Firmen, auf Seminaren, Konferenzen, Staatskongressen, vor Waisen, ehemaligen Sexsklaven oder Präsidenten – werde ich gefragt: „Wie haben Sie das geschafft? Wie haben Sie die Depression überwunden, und woher nehmen Sie Ihre Hoffnung?"

Mein Leben ist auf meinen Glauben und die Aussagen der Bibel gegründet. Sie sind die Quelle meiner optimistischen Grundhaltung, meines Glaubensgebäudes, meiner Entschlossenheit, meiner Hartnäckigkeit und meines Durchhaltevermögens. Weil mich mein Glaube leitet, finde ich für Kopf, Herz, Körper und Geist das Gleichgewicht.

Immer wenn ich neue Inspiration brauche, denke ich an meine serbischen Großeltern, die wegen ihres Glaubens verfolgt wurden. Die kommunistische Regierung verweigerte ihnen das Recht, ihn offen auszuleben. Sie mussten aus ihrer Heimat fliehen, weswegen ich in Australien aufgewachsen bin. Meine Großeltern leben heute nicht mehr, aber ich konnte zu Lebzeiten noch von ihren Ratschlägen und ihrer Weisheit profitieren.

Mein Großvater väterlicherseits sagte immer, zum Glauben gehöre auch Disziplin. Er zitierte oft Psalm 1,3: „Er ist wie ein Baum, der nah am Wasser steht, der Frucht trägt jedes Jahr und dessen Blätter nie verwelken. Was er sich vornimmt, das gelingt." Wenn man tief im Glauben verwurzelt ist, dann wirft einen nichts so schnell um.

Der Vater meiner Mutter hatte einen ähnlichen Ratschlag wie Billy Graham. Er meinte: „Tritt für Gottes Sache ein, füge nichts hinzu und lasse nichts weg."

Ich bin froh, das Kind einer weisen und gläubigen Familie zu sein. Mit ihrer Unterstützung möchte ich immer weiter Menschen begeistern und zum Nachdenken anregen. Ich hoffe, du konntest durch dieses Buch Kraft tanken und etwas für dich mitnehmen! Wo meine persönliche Kraftquelle ist, weiß ich. Ich bin Gottes bescheidenes Werkzeug und darf anderen Menschen helfen, ihren Weg neu zu finden und in ein erfülltes Leben durchzustarten. Dass Gott die Welt liebt, steht fest. Er liebt auch dich und hat sogar dafür gesorgt, dass du dieses Buch in die Hände bekommst! Ich bete für dich und wünsche dir von Herzen frischen Mut!

Danksagung

Zuerst danke ich Gott: dem Sohn, dem Vater und dem Heiligen Geist.

Wie sehr ich mich darüber freue, meiner Frau für ihre Liebe und Unterstützung danken zu können, passt nicht in Worte. Ich liebe dich, *mi amor!*

Meinen Eltern Boris und Dushka Vujicic möchte ich danken, dass sie die tragenden Säulen meines Lebens sind. Danke, Mom und Dad. Meinem Bruder Aaron, der auch mein Trauzeuge war – danke dir und deiner Frau Michelle für eure Liebe und dafür, dass ihr mich auf den Teppich zurückholt, wenn es nötig ist. Meiner Schwester Michelle: Danke, dass du an mich und meine Träume geglaubt hast. Ich danke meiner neuen Familie, den Miyaharas und Osunas, meiner Schwiegermutter Esmeralda, meinen neuen Brüdern Keisuke, Kenzi und Abraham und meiner neuen Schwester Yoshie – danke, dass ihr mich so liebevoll in euren Kreis aufgenommen habt.

Mein Dank gilt auch allen Verwandten und Freunden, die mich die Jahre über unterstützt und ermutigt haben. Ihr habt alle zu meinem Erfolg beigetragen, und ich danke euch. George Miksa – Gott möge dich weiterhin tragen und segnen. Danke, dass du mir geholfen hast, *Life Without Limbs* in den USA zu starten.

Ich danke den Vorstandsmitgliedern von *Life Without Limbs* und ihren Familien: Batta Vujicic, David Price, Dan'l Markham, Don McMaster, Terry Moore und John Phelps. Auch dem Beirat möchte ich herzlich danken. Ein großes Dankeschön auch an alle fleißigen und treuen Mitarbeiter von *Life Without Limbs*. Macht weiter so! Ignatius Ho, danke, dass du unseren Ableger in Hongkong betreust. Ich danke der *Apostolic Christian Church of the Nazarean*, vor allem der Ortsgemeinde in Pasadena dafür, dass sie hinter mir steht. Vielen Dank auch an das Team von *Attitude is Altitude*, das mich unterstützt und für mich betet.

Ein besonderes Dankeschön gilt Wes Smith und seiner Frau Sarah. Wes, einen besseren Ghostwriter hätte ich mir nicht wünschen können. Ich bin sehr stolz auf unsere beiden Bücher!

Wieder einmal danke ich meinen beiden Agenten Jan Miller Rich und Nena Madonia bei Dupree Miller & Associates, die von Anfang an an mich und mein Ziel geglaubt haben. Genauso möchte ich dem Verlag WaterBrook Multnomah und dem bewährten Team, das dort seine großartige Arbeit tut, danken, darunter Michael Palgon, Gary Jansen, Steve Cobb und Bruce Nygren.

Zu guter Letzt: Tausend Dank an alle, die mich, meine Frau und unsere Arbeit im Gebet tragen und finanziell unterstützen. Dank euch können wir bei *Life Without Limbs* unsere Ziele erreichen.

Ich hoffe, dass jeder, der dieses Buch liest, irgendwie bereichert wird. Mögen meine Worte euer Herz und euern Verstand auf frische Art und Weise aktivieren!

Ebenfalls von Nick Vujicic erschienen:

Mein Leben ohne Limits

„Wenn kein Wunder passiert,
sei selbst eins!"

Bereits die 9. Auflage!

208 S., gebunden, mit Fotos
ISBN 978-3-7655-1119-6

„Ohne Arme und Beine ist nicht halb so schlimm wie ohne Hoffnung!" Als Junge will Nick sich das Leben nehmen – heute reist er um die Welt, versprüht Lebensmut und liefert neue Perspektiven. Sein Lachen erobert Herzen, seine Geschichte bewegt Jung und Alt. Mit der Kraft der Hoffnung und einer extra Portion Humor erzählt er hier aus seinem Leben ohne Grenzen.

„Ich bewundere Nick Vujicic, weil er erkannt hat und praktiziert, worum es letztlich geht im Leben: sich selbst und seine Mitmenschen lieben. Diese Botschaft gibt er auf beeindruckende Weise weiter." *Timo Hildebrand, Fußball-Nationalspieler*

BRUNNEN VERLAG GIESSEN
www.brunnen-verlag.de

Der Bestseller jetzt als Hörbuch!

Mein Leben ohne Limits

„Wenn kein Wunder passiert, sei selbst eins!"

2 CDs, gekürzte Fassung
Gesamtspielzeit: ca. 80 Min.
ISBN 978-3-7655-8735-1

BRUNNEN VERLAG GIESSEN
www.brunnen-verlag.de

Personal Trainer
für ein unverschämt gutes Leben

96 Seiten, Taschenbuch,
ISBN 978-3-7655-4180-3

Endlich da: Nick Vujicics „Regeln für ein unverschämt gutes Leben" – als persönlicher Lebensbegleiter und als Anregungsbuch für die Kleingruppe. Mit Fragen, praktischen Anregungen, Impulsen und Ideen zum Umsetzen, Trainieren und Vertiefen – angereichert mit zahlreichen Fotos und Zitaten.

Themen:
Hoffnung finden und eine feste Überzeugung, dass das Leben einen Sinn hat;
Vertrauen in Gott und seine unendlichen Möglichkeiten;
Liebe und Selbstannahme lernen;
ein mutiges Wesen, ein vertrauensvolles Herz, eine positive Grundeinstellung entwickeln;
bereit werden für Veränderung, Chancen nutzen;
Risiken einschätzen lernen und über das Leben lachen.

BRUNNEN VERLAG GIESSEN
www.brunnen-verlag.de

Bethany Hamilton

Soul Surfer

Meine Geschichte

10. erweiterte Auflage
208 Seiten, gebunden
mit zahlreichen Farbfotos
ISBN 978-3-7655-1197-4

Seit Bethany Hamilton im Jahr 2003 bei einer Haiattacke den linken Arm verlor und ihre Geschichte in einem Bestseller veröffentlicht hat, ist viel passiert. Heute ist Bethany 22 Jahre alt. Ihr Leben wurde mit hochkarätigen Stars wie Helen Hunt und Dennis Quaid fürs Kino verfilmt. Doch dass sie nicht nur hinter die Kulissen eines Hollywoodfilmdrehs blicken konnte, sondern auch als gefragter Gast in Talkshows, Gemeinden und für Hilfsorganisationen wie World Vision um die Welt reist, beschreibt sie jetzt in der Neuauflage ihres Bestsellers „Soul Surfer".

Bethany will ihren Lebensmut, ihr unermüdliches Gottvertrauen und ihren Spaß am Surfen auch anderen Menschen vermitteln, am liebsten denen, die vom Leben bisher wenig Gutes erfahren haben. So hat sie beispielsweise mitgeholfen, Kindern aus Tsunamigebieten spielerisch die Furcht vor dem Meer zu nehmen. Bethany Hamilton surft heute für die US-Nationalmannschaft und wurde im Februar 2012 von der Vereinigung der Profisurfer mit dem Preis als beste und fairste Surferin mit großem Vorbildcharakter geehrt.

BRUNNEN VERLAG GIESSEN
www.brunnen-verlag.de

Zum Thema Mobbing:

Helen Endemann

Operation Unsichtbar

192 Seiten, Taschenbuch
ISBN 978-3-7655-4187-2

Auf dem Heimweg geschubst, von Mitschülern ausgelacht, in der Schule gemobbt – schlagartig ist der zwölfjährige Nikolas all diese Probleme los, denn er wird unsichtbar. Keiner kann ihn sehen oder hören, keiner sucht nach ihm. Ist er etwa ganz allein? In der Schule trifft er die freche Alice und andere Mädchen und Jungen – ebenfalls unsichtbar.

Eine abenteuerliche Zeit beginnt: Sie gehen umsonst ins Kino, spionieren im Lehrerzimmer und genießen ihre Freiheit. Aber das Unsichtbarsein hat nicht nur schöne Seiten. Einige Schüler drohen völlig zu verschwinden, als hätte es sie nie gegeben ... Gibt es einen Weg, wieder gesehen zu werden?

Ein spannender, unterhaltsamer Roman, der ganz nebenbei eine in der Praxis erprobte Anti-Mobbing-Strategie vorstellt.

BRUNNEN VERLAG GIESSEN
www.brunnen-verlag.de